Das Randfigurenkabinett des Doktor Thomas Mann

vorgestellt
von Barbara Hoffmeister
und
dargestellt von
Robert Gernhardt

S. Fischer

A. H. gewidmet

© S. Fischer Verlag GmbH, Frankfurt am Main 2005
Abbildung S. 7: Thomas-Mann-Archiv / Keystone
Satz: Stempel-Garamond (PageOne)
Gesamtherstellung: Clausen & Bosse, Leck
Printed in Germany
ISBN 3-10-032002-6

Inhalt

Vorbemerkung

Warnung an den Leser

Am Anfang war der Sonderling, diese Karikatur von Mensch, der Außenseiter, die lächerliche Gestalt – Thomas Mann reimt und malt zur Jahrhundertwende zusammen mit Bruder Heinrich anlässlich der Konfirmation ihrer jüngsten Schwester das leider verloren gegangene *Bilderbuch für artige Kinder* – Kostprobe: »Baron Tobias ging zu Bette, / doch plötzlich ward er leichenpfahl, / er lauschte bang, er hörte Schrette / im angelegnen Ahnensaal …«. Der Dichter dieser Zeilen (und Zeichner des nebenstehenden Selbstporträts) wird Autor und Redakteur bei der Satirezeitschrift Simplicissimus und er schreibt auch noch die *Buddenbrooks* vor allem zur abgründigen Erheiterung der eigenen karikierten Familie. Als sich später einzelne Mitglieder übel bloßgestellt fühlen, beharrt der Autor, »als Künstler zwingt Dich der Dämon, zu ›beobachten‹, blitzschnell und mit einer schmerzlichen Bosheit, jede Einzelheit zu perzipieren, die im literarischen Sinne charakteristisch ist« …

Am Anfang war der Spaß am Sonderling – auch bei uns.

Wir wollten uns diese »schmerzliche Bosheit« des bekennenden Humanisten, die im Rahmen der großen Themen und Figuren seiner Werke – Leverkühn, Aschenbach, Goethe – beinahe untergeht, einmal speziell vor Augen führen: Lobgott Piepsam zum Beispiel, den drolligen alten Alkoholiker, der sich mit einer letzten Anklage gegen das »Leben« um eben dieses bringt und dann als Leiche von dieser Welt verschwindet wie bei Wilhelm Busch der Brotlaib im Backofen. Oder den dicken devoten Rechtsanwalt Jacoby, ein weiterer abrupter Todesfall dieses Buches, der als »Luischen« in Samt und Seide reüssiert und dabei als Gehörnter auf der Bühne einbricht. Oder den schmierigen greisen Geck in Venedig, der sich Gustav von Aschenbach mit falschen Zähnen und übertünchter Welkheit aufdrängt, und nicht zu vergessen all die »wollhaarigen« dienenden Jungfrauen oder liebeskranken Hysterikerinnen. Sie haben Buckel und Klumpfüße, tragen Wollsocken in Sandalen oder Kapuzenmäntel gegen den Sonnenschein, sie haben Ehrgeiz oder töten Hunde, sind Gedemütigte oder Genialische, sie haben Sprachfehler oder sind schon mit ihren Namen geschlagen: Meta Nackedey, Felix Schimmelpreester, Anton Klöterjahn. Und manchmal tauchen sie gleich in Grüppchen auf – als »Verein halbe Lunge« im *Zauberberg* oder als seltsame »Verbrecher des Traumes« auf einem vorstädtischen Dachboden ...

Mit einem Wort: Sie sind uns über den Kopf gewachsen, sie sind einfach zu viele – man könnte Genealogien, Typologien und sonstige Register aufstellen, denn es gibt nicht eine Figur im Werk Thomas Manns, die nicht in Bezug zum Ganzen stünde, die nicht im Sinne des meist hehren Darstellungszieles mit äußerstem Bedacht vom Autor gestaltet worden wäre.

So gilt auch für die Randfiguren, was Thomas Mann seinem Freund Otto Grautoff 1897 in Briefen aus Rom schreibt: Ich habe jetzt »öffentlichkeitsfähige Formen und Masken« gefunden, »um meine Liebe, meinen Haß, mein Mitleid, meine Verachtung, meinen Stolz, meinen Hohn und meine Anklagen – von mir zu geben …« Diese Formen und Masken haben ihren Autor zu dem viel beschworenen »großen Ironiker« der deutschen Literatur gemacht – und an diesen Masken, mit denen Thomas Mann von nun an unter die Leute geht, haben auch wir uns mit der Auswahl dieses Bändchens orientiert: Unter den in der chronologischen Reihenfolge ihres Entstehens versammelten 24 Figuren finden sich lächerliche Bürger, kostümierte Hochstapler und religiöse Eiferer, dilettierende Schriftsteller und von Geburt Erwählte, asketische Künstler, fragwürdige Juden, geistverliebte Teufel und nicht zuletzt Hunde!

Jede Randfigur und die Episoden, in die Thomas Mann sie verwickelt hat, sollten direkt oder indirekt möglichst auch etwas den Autor in seinem Selbstverständnis Kennzeichnendes einfangen, den Blick vom Rande ins Zentrum seiner Hauptthemen eröffnen – dabei haben wir die verblüffende Erkenntnis gewonnen: ungeachtet dessen, wie klein der Ausschnitt gewählt wird, man bekommt immer den ganzen Thomas Mann, so dicht sind seine Erzählfäden gewebt. Die Eingriffe in den Mann'schen Text beschränken sich dabei auf Auslassungen, die jeweils gekennzeichnet sind: *(…)* und manchmal durch eine Überleitung ergänzt werden.

Mit diesem Gang durch das Gesamtwerk, der hier und da einer Achterbahnfahrt durch die Kulturen und Zeitalter gleichkam – von Lübeck über Venedig, Weimar und Kaisersaschern bis ins vorchristliche Ägypten –, haben

wir uns wohl nicht der »Einschüchterung durch Klassizi-
tät« (Bertolt Brecht) unterworfen, und glauben doch, der
Humorist Thomas Mann kann es vertragen. Der Künstler, der nicht sein ganzes Selbst preisgibt, ist ein unnützer
Knecht, heißt es bei ihm einmal – Robert Gernhardt hat
es sich in doppelter Hinsicht zu Herzen genommen –,
und wem in diesem Lesebuch der Randfiguren die
»schmerzliche Bosheit« allzu nahe geht, der behalte Thomas Manns Worte im Sinn: »Nicht von Euch ist die Rede,
gar niemals, seid des nun getröstet, sondern von mir, von
mir …«.

B. H.

Juli 2005

Tobias Mindernickel

Die ganze traurige Geschichte

Eine der Straßen, die von der Quaigasse aus ziemlich steil zur mittleren Stadt emporführen, heißt der Graue Weg. Etwa in der Mitte dieser Straße und rechter Hand, wenn man vom Flusse kommt, steht das Haus No. 47, ein schmales, trübfarbiges Gebäude, das sich durch nichts von seinen Nachbarn unterscheidet. In seinem Erdgeschoß befindet sich ein Krämerladen, in welchem man auch Gummischuhe und Ricinusöl erhalten kann. Geht man, mit dem Durchblick auf einen Hofraum, in dem sich Katzen umhertreiben, über den Flur, so führt eine enge und ausgetretene Holztreppe, auf der es unaussprechlich dumpfig und ärmlich riecht, in die Etagen hinauf. Im ersten Stockwerk links wohnt ein Schreiner, rechts eine Hebamme. Im zweiten Stockwerk links wohnt ein Flickschuster, rechts eine Dame, welche laut zu singen beginnt, sobald sich Schritte auf der Treppe vernehmen lassen. Im dritten Stockwerk steht linker Hand die Wohnung leer, rechts wohnt ein Mann namens Mindernickel, der obendrein Tobias heißt. Von diesem Manne giebt es eine Geschichte, die erzählt werden soll, weil sie rätselhaft und über alle Begriffe schändlich ist.

Das Äußere Mindernickels ist auffallend, sonderbar

und lächerlich. Sieht man beispielsweise, wenn er einen Spaziergang unternimmt, seine magere, auf einen Stock gestützte Gestalt sich die Straße hinaufbewegen, so ist er schwarz gekleidet, und zwar vom Kopfe bis zu den Füßen. Er trägt einen altmodischen geschweiften und rauhen Cylinder, einen engen und altersblanken Gehrock und in gleichem Maße schäbige Beinkleider, die unten ausgefranst und so kurz sind, daß man den Gummieinsatz der Stiefeletten sieht. Übrigens muß gesagt werden, daß diese Kleidung aufs reinlichste gebürstet ist. Sein hagerer Hals erscheint um so länger, als er sich aus einem niedrigen Klappkragen erhebt. Das ergraute Haar ist glatt und tief in die Schläfen gestrichen, und der breite Rand des Cylinders beschattet ein rasiertes und fahles Gesicht mit eingefallenen Wangen, mit entzündeten Augen, die sich selten vom Boden erheben, und zwei tiefen Furchen, die grämlich von der Nase bis zu den abwärts gezogenen Mundwinkeln laufen.

Mindernickel verläßt selten das Haus, und das hat seinen Grund. Sobald er nämlich auf der Straße erscheint, laufen viele Kinder zusammen, ziehen ein gutes Stück Wegs hinter ihm drein, lachen, höhnen, singen: »Ho, ho, Tobias!« und zupfen ihn wohl auch am Rocke, während die Leute vor die Thüren treten und sich amüsieren. Er selbst aber geht, ohne sich zu wehren und scheu um sich blickend, mit hochgezogenen Schultern und vorgestrecktem Kopfe davon, wie ein Mensch, der ohne Schirm durch einen Platzregen eilt; und obgleich man ihm ins Gesicht lacht, grüßt er hie und da mit einer demütigen Höflichkeit jemanden von den Leuten, die vor den Thüren stehn. Später, wenn die Kinder zurückbleiben, wenn man ihn nicht mehr kennt und nur wenige sich nach ihm umsehen, ändert sich sein Benehmen nicht wesentlich. Er fährt fort, ängstlich um sich zu blicken und geduckt davonzustreben, als fühlte er tausend höhnische Blicke auf sich, und wenn er unschlüssig und scheu den Blick vom Boden erhebt, so bemerkt man das Sonderbare, das er nicht imstande ist, irgend einen Menschen oder auch nur ein Ding mit Festigkeit und Ruhe ins Auge zu fassen. Es scheint, möge es fremdartig klingen, ihm die natürliche, sinnlich wahrnehmende Überlegenheit zu fehlen, mit der das Einzelwesen auf die Welt der Erscheinungen blickt, er scheint sich einer jeden Erscheinung unterlegen zu fühlen, und seine haltlosen Augen müssen vor Mensch und Ding zu Boden kriechen …

Was für eine Bewandtnis hat es mit diesem Manne, der stets allein ist und der in ungewöhnlichem Grade unglücklich zu sein scheint? Seine gewaltsam bürgerliche Kleidung sowie eine gewisse sorgfältige Bewegung der Hand über das Kinn scheint anzudeuten, daß er keineswegs zu der Bevölkerungsklasse gerechnet werden will, in deren Mitte er wohnt. Gott weiß, in welcher Weise ihm mitgespielt worden ist. Sein Gesicht sieht aus, als hätte ihm das Leben verächtlich lachend mit voller Faust hineingeschlagen … Übrigens ist es sehr möglich, daß er, ohne schwere Schicksalsschläge erlebt zu haben, einfach dem Dasein selbst nicht gewachsen ist, und die leidende Unterlegenheit und Blödigkeit seiner Erscheinung macht den peinvollen Eindruck, als hätte die Natur ihm das Maß von Gleichgewicht, Kraft und Rückgrat versagt, das hinlänglich wäre, mit erhobenem Kopfe zu existieren.

Hat er, gestützt auf seinen schwarzen Stock, einen Gang in die Stadt hinauf gemacht, so kehrt er, im Grauen Weg von den Kindern johlend empfangen, in seine Wohnung zurück; er begibt sich die dumpfige Treppe hinauf in sein Zimmer, das ärmlich und schmucklos ist. Nur die

Kommode, ein solides Empire-Möbel mit schweren Metallgriffen, ist von Wert und Schönheit. Vor dem Fenster, dessen Aussicht von der grauen Seitenmauer des Nachbarhauses hoffnungslos abgeschnitten ist, steht ein Blumentopf, voll von Erde, in der jedoch durchaus nichts wächst; gleichwohl tritt Tobias Mindernickel zuweilen dorthin, betrachtet den Blumentopf und riecht an der bloßen Erde. – Neben dieser Stube liegt eine kleine, dunkle Schlafkammer. – Nachdem er eingetreten, legt Tobias Cylinder und Stock auf den Tisch, setzt sich auf das grün überzogene Sofa, das nach Staub riecht, stützt das Kinn in die Hand und blickt mit erhobenen Augenbrauen vor sich nieder zu Boden. Es scheint, daß es für ihn auf Erden nichts weiter zu thun giebt.

Was Mindernickels Charakter betrifft, so ist es sehr schwer, darüber zu urteilen; der folgende Vorfall scheint zu Gunsten desselben zu sprechen. Als der sonderbare Mann eines Tages das Haus verließ und wie gewöhnlich eine Schar von Kindern sich einfand, die ihn mit Spottrufen und Gelächter verfolgten, strauchelte ein Junge von etwa zehn Jahren über den Fuß eines anderen und schlug so heftig auf das Pflaster, daß ihm das Blut aus der Nase und von der Stirne lief und er weinend liegen blieb. Alsbald wandte Tobias sich um, eilte auf den Gestürzten zu, beugte sich über ihn und begann mit milder und bebender Stimme ihn zu bemitleiden. »Du armes Kind«, sagte er, »hast Du Dir wehgethan? Du blutest! Seht, das Blut läuft ihm von der Stirn herunter! Ja, ja, wie elend Du nun daliegst! Freilich, es thut so weh, daß es weint, das arme Kind! Welch Erbarmen ich mit Dir habe! Es war Deine Schuld, aber ich will Dir mein Taschentuch um den Kopf binden ... So, so! Nun fasse Dich nur, nun erhebe Dich nur wieder ...« Und nachdem er mit diesen Worten dem

Jungen in der That sein eigenes Schnupftuch umgewunden hatte, stellte er ihn mit Sorgfalt auf die Füße und ging davon. Seine Haltung und sein Gesicht aber zeigten in diesem Augenblicke einen entschieden anderen Ausdruck als gewöhnlich. Er schritt fest und aufrecht, und seine Brust atmete tief unter dem engen Gehrock; seine Augen hatten sich vergrößert, sie hatten Glanz erhalten und faßten mit Sicherheit Menschen und Dinge, während um seinen Mund ein Zug von schmerzlichem Glücke lag...

Dieser Vorfall hatte zur Folge, daß sich die Spottlust der Leute vom Grauen Wege zunächst ein wenig verminderte. Nach Verlauf einiger Zeit jedoch war sein überraschendes Betragen vergessen, und eine Menge von gesunden, wohlgemuten und grausamen Kehlen sang wieder hinter dem geduckten und haltlosen Manne drein: »Ho, ho, Tobias!«

Eines sonnigen Vormittags um 11 Uhr verließ Mindernikkel das Haus und begab sich durch die ganze Stadt hinauf zum Lerchenberge, jenem langgestreckten Hügel, der um die Nachmittagsstunden die vornehmste Promenade der Stadt bildet, der aber bei dem ausgezeichneten Frühlingswetter, welches herrschte, auch um diese Zeit bereits von einigen Wagen und Fußgängern besucht war. Unter einem Baum der großen Hauptallee stand ein Mann mit einem jungen Jagdhund an der Leine, den er den Vorübergehenden mit der ersichtlichen Absicht zeigte, ihn zu verkaufen; es war ein kleines gelbes und muskulöses Tier von etwa vier Monaten, mit einem schwarzen Augenring und einem schwarzen Ohr.

Als Tobias dies aus einer Entfernung von zehn Schritten bemerkte, blieb er stehen, strich mehrere Male mit der Hand über das Kinn und blickte nachdenklich auf den

Verkäufer und auf das alert mit dem Schwanze wedelnde Hündchen. Hierauf begann er aufs neue zu gehen, umkreiste, die Krücke seines Stockes gegen den Mund, dreimal den Baum, an welchem der Mann lehnte, trat dann auf den letzteren zu und sagte, während er unverwandt das Tier im Auge behielt, mit leiser und hastiger Stimme:

»Was kostet dieser Hund?«

»Zehn Mark«, antwortete der Mann.

Tobias schwieg einen Augenblick und wiederholte dann unschlüssig:

»Zehn Mark?«

»Ja«, sagte der Mann.

Da zog Tobias eine schwarze Lederbörse aus der Tasche, entnahm derselben einen Fünf-Mark-Schein, ein Drei- und ein Zwei-Mark-Stück, händigte rasch dieses Geld dem Verkäufer ein, ergriff die Leine und zerrte eilig, gebückt und scheu um sich blickend, da einige Leute den Kauf beobachtet hatten und lachten, das quiekende und sich sträubende Tier hinter sich her. Es wehrte sich während der Dauer des ganzen Weges, stemmte die Vorderbeine gegen den Boden und blickte ängstlich fragend zu seinem neuen Herrn empor; er jedoch zerrte schweigend und gelangte glücklich durch die Stadt hinunter.

Unter der Straßenjugend des Grauen Weges entstand ein ungeheurer Lärm, als Tobias mit dem Hunde erschien, aber er nahm ihn auf den Arm, beugte sich über ihn und eilte verhöhnt und am Rocke gezupft durch die Spottrufe und das Gelächter hindurch, die Treppen hinauf und in sein Zimmer. Hier setzte er den Hund, der beständig winselte, auf den Boden, streichelte ihn mit Wohlwollen und sagte herablassend:

»Nun, nun, Du brauchst Dich nicht vor mir zu fürchten, Du Tier; das ist nicht nötig.«

Hierauf entnahm er einer Kommodenschieblade einen Teller mit gekochtem Fleisch und Kartoffeln und warf dem Tiere einen Anteil davon zu, worauf es seine Klagelaute einstellte und schmatzend und wedelnd das Mahl verzehrte.

»Übrigens sollst Du Esau heißen«, sagte Tobias; »verstehst Du mich? Esau. Du kannst den einfachen Klang sehr wohl behalten...« Und indem er vor sich auf den Boden zeigte, rief er befehlend:

»Esau!«

Der Hund, in der Erwartung vielleicht, noch mehr zu essen zu erhalten, kam in der That herbei, und Tobias klopfte ihn beifällig auf die Seite, indem er sagte:

»So ist es recht, mein Freund; ich darf Dich loben.«

Dann trat er ein paar Schritte zurück, wies auf den Boden und befahl aufs neue:

»Esau!«

Und das Tier, das ganz munter geworden war, sprang wiederum herzu und leckte den Stiefel seines Herrn.

Diese Übung wiederholte Tobias mit unermüdlicher Freude am Befehl und dessen Ausführung wohl zwölf- bis vierzehnmal; endlich jedoch schien der Hund ermüdet, er schien Lust zu haben, zu ruhen und zu verdauen, und legte sich in der anmutigen und klugen Pose der Jagdhunde auf den Boden, beide langen und feingebauten Vorderbeine dicht nebeneinander ausgestreckt.

»Noch einmal!« sagte Tobias. »Esau!«

Aber Esau wandte den Kopf zur Seite und verharrte am Platze.

»Esau!« rief Tobias mit herrisch erhobener Stimme; »Du hast zu kommen, auch wenn Du müde bist!«

Aber Esau legte den Kopf auf die Pfoten und kam durchaus nicht.

»Höre«, sagte Tobias, und sein Ton war voll von leiser und furchtbarer Drohung; »gehorche, oder Du wirst erfahren, daß es nicht klug ist, mich zu reizen!«

Allein das Tier bewegte kaum ein wenig seinen Schwanz.

Da packte den Mindernickel ein maßloser, ein unverhältnismäßiger und toller Zorn. Er ergriff seinen schwarzen Stock, hob Esau am Nackenfell empor und hieb auf das schreiende Tierchen ein, indem er außer sich vor entrüsteter Wut und mit schrecklich zischender Stimme ein Mal über das andere wiederholte:

»Wie, Du gehorchst nicht? Du wagst es, mir nicht zu gehorchen?«

Endlich warf er den Stock beiseite, setzte den winselnden Hund auf den Boden und begann tief atmend und die Hände auf dem Rücken mit langen Schritten vor ihm auf und ab zu schreiten, während er dann und wann einen stolzen und zornigen Blick auf Esau warf. Nachdem er diese Promenade eine Zeit lang fortgesetzt hatte, blieb er bei dem Tiere stehen, das auf dem Rücken lag und die Vorderbeine flehend bewegte, verschränkte die Arme auf der Brust und sprach mit dem entsetzlich kalten und harten Blick und Ton, mit dem Napoleon vor die Compagnie hintrat, die in der Schlacht ihren Adler verloren:

»Wie hast Du Dich betragen, wenn ich Dich fragen darf?«

Und der Hund, glücklich bereits über diese Annäherung, kroch noch näher herbei, schmiegte sich gegen das Bein des Herrn und blickte mit seinen blanken Augen bittend zu ihm empor.

Während einer guten Weile betrachtete Tobias das demütige Wesen schweigend und von oben herab; dann je-

Tobias Mindernickel und Esau,
Tobias Mindernickel (1898)

doch, als er die rührende Wärme des Körpers an seinem Bein verspürte, hob er Esau zu sich empor.

»Nun, ich will Erbarmen mit Dir haben«, sagte er; als aber das gute Tier begann, ihm das Gesicht zu lecken, schlug plötzlich seine Stimmung völlig in Rührung und Wehmut um. Er preßte den Hund mit schmerzlicher Liebe an sich, seine Augen füllten sich mit Thränen, und ohne den Satz zu vollenden, wiederholte er mehrere Male mit erstickter Stimme:

»Sieh, Du bist ja mein einziger … mein einziger …« Dann bettete er Esau mit Sorgfalt auf das Sofa, setzte sich neben ihn, stützte das Kinn in die Hand und sah ihn mit milden und stillen Augen an.

Tobias Mindernickel verließ nunmehr das Haus noch seltener als früher, denn er verspürte keine Neigung, sich mit Esau in der Öffentlichkeit zu zeigen. Seine ganze Aufmerksamkeit aber widmete er dem Hunde, ja, er beschäftigte sich vom Morgen bis zum Abend mit nichts Anderem, als ihn zu füttern, ihm die Augen auszuwischen, ihm Befehle zu erteilen, ihn zu schelten und aufs menschlichste mit ihm zu reden. Allein die Sache war die, daß Esau sich nicht immer zu seinem Wohlgefallen betrug. Wenn er neben ihm auf dem Sofa lag und ihn, schläfrig vor Mangel an Luft und Freiheit, mit melancholischen Augen ansah, so war Tobias voll Zufriedenheit; er saß in stiller und selbstgefälliger Haltung da und streichelte mitleidig Esaus Rücken, indem er sagte:

»Siehst Du mich schmerzlich an, mein armer Freund? Ja, ja, die Welt ist traurig, das erfährst auch Du, so jung Du bist …«

Wenn aber das Tier, blind und toll vor Spiel- und Jagdtrieb, im Zimmer umherfuhr, sich mit einem Pantoffel balgte, auf die Stühle sprang und sich mit ungeheurer Munterkeit überkugelte, so verfolgte Tobias seine Bewegungen aus der Entfernung mit einem ratlosen, mißgünstigen und unsicheren Blick und einem Lächeln, das häßlich und ärgervoll war, bis er es endlich in unwirschem Tone zu sich rief und es anherrschte:

»Laß nun den Übermut. Es liegt kein Grund vor, umherzutanzen.«

Einmal geschah es sogar, daß Esau aus der Stube entwischte und die Treppen hinunter auf die Straße sprang, woselbst er alsbald begann, eine Katze zu jagen, Pferdekot zu fressen und sich überglücklich mit den Kindern umherzutreiben. Als aber Tobias unter dem Applaus und Gelächter der halben Straße mit schmerzlich verzogenem Gesichte erschien, geschah das Traurige, daß der Hund in langen Sätzen vor seinem Herrn davonlief … An diesem Tage prügelte Tobias ihn lange und mit Erbitterung.

Eines Tages – der Hund gehörte ihm bereits seit einigen Wochen – nahm Tobias um Esau zu füttern, einen Brotlaib aus der Kommodenschieblade und begann mit dem großen Messer mit Knochengriff, dessen er sich hierbei zu bedienen pflegte, in gebückter Haltung kleine Stücke abzuschneiden und auf den Boden fallen zu lassen. Das Tier aber, unsinnig vor Appetit und Albernheit, sprang blindlings herzu, rannte sich das ungeschickt gehaltene Messer unter das rechte Schulterblatt und wand sich blutend am Boden.

Erschrocken warf Tobias alles beiseite und beugte sich über den Verwundeten; plötzlich jedoch veränderte sich der Ausdruck seines Gesichtes, und es ist wahr, daß ein Schimmer von Erleichterung und Glück darüber hin ging. Behutsam trug er den wimmernden Hund auf das Sofa, und niemand vermag auszudenken, mit welcher Hingebung er den Kranken zu pflegen begann. Er wich während des Tages nicht von ihm, er ließ ihn zur Nacht auf seinem eigenen Lager schlafen, er wusch und verband ihn, streichelte, tröstete und bemitleidete ihn mit unermüdlicher Freude und Sorgfalt.

»Schmerzt es sehr?« sagte er. »Ja, ja, Du leidest bitterlich, mein armes Tier! Aber sei still, wir müssen es ertragen« ... Sein Gesicht war ruhig, wehmütig und glücklich bei solchen Worten.

In dem Grade jedoch, in welchem Esau zu Kräften kam, fröhlicher wurde und genas, ward das Benehmen des Tobias unruhiger und unzufriedener. Er befand es nunmehr für gut, sich nicht mehr um die Wunde zu bekümmern, sondern lediglich durch Worte und Streicheln dem Hunde sein Erbarmen zu zeigen. Allein die Heilung war weit vorgeschritten, Esau besaß eine gute Natur, er begann bereits wieder, sich im Zimmer umherzubewegen, und eines Tages nachdem er einen Teller mit Milch und Weißbrot leergeschlappt hatte, sprang er völlig gesundet vom Sofa herunter, um mit freudigem Geblaff und der alten Unbändigkeit durch die beiden Stuben zu fahren, an der Bettdecke zu zerren, eine Kartoffel vor sich her zu jagen und sich vor Lust zu überkugeln.

Tobias stand am Fenster, am Blumentopfe, und während eine seiner Hände, die lang und mager aus dem ausgefransten Ärmel hervorsah, mechanisch an dem tief in die Schläfen gestrichenen Haare drehte, hob seine Gestalt sich schwarz und sonderbar von der grauen Mauer des Nachbarhauses ab. Sein Gesicht war bleich und gramverzerrt, und mit einem scheelen, verlegenen, neidischen und bösen Blick verfolgte er unbeweglich Esaus Sprünge. Plötzlich jedoch raffte er sich auf, schritt auf ihn zu, hielt ihn an und nahm ihn langsam in seine Arme.

»Mein armes Tier« ... begann er mit wehleidiger Stimme – aber Esau, ausgelassen und gar nicht geneigt, sich ferner in dieser Weise behandeln zu lassen, schnappte munter nach der Hand, die ihn streicheln wollte, entwand sich den Armen, sprang zu Boden, machte einen neckischen Seitensatz, blaffte auf und rannte fröhlich davon.

Was nun geschah, war etwas so Unverständliches und Infames, daß ich mich weigere, es ausführlich zu erzählen. Tobias Mindernickel stand mit am Leibe herunterhängenden Armen ein wenig vorgebeugt, seine Lippen waren zusammengepreßt, und seine Augäpfel zitterten unheimlich in ihren Höhlen. Und dann, plötzlich, mit einer Art von irrsinnigem Sprunge, hatte er das Tier ergriffen, ein großer, blanker Gegenstand blitzte in seiner Hand, und mit einem Schnitt, der von der rechten Schulter bis tief in die Brust lief, stürzte der Hund zu Boden – er gab keinen Laut von sich, er fiel einfach auf die Seite, blutend und bebend ...

Im nächsten Augenblicke lag er auf dem Sofa, und Tobias kniete vor ihm, drückte ein Tuch auf die Wunde und stammelte:

»Mein armes Tier! Mein armes Tier! Wie traurig alles ist! Wie traurig wir beide sind! Leidest Du? Ja, ja, ich weiß, Du leidest ... wie kläglich Du da vor mir liegst! Aber ich, ich bin bei Dir! Ich tröste Dich! Ich werde mein bestes Taschentuch ...«

Allein Esau lag da und röchelte. Seine getrübten und fragenden Augen waren voll Verständnislosigkeit, Unschuld und Klage auf seinen Herrn gerichtet – und dann streckte er ein wenig seine Beine und starb.

Tobias aber verharrte unbeweglich in seiner Stellung. Er hatte das Gesicht auf Esaus Körper gelegt und weinte bitterlich.

Lobgott Piepsam

Der Weg zum Friedhof

Auf dem Wege zum Friedhof ging nur *ein* Mann; er ging langsam, gesenkten Hauptes und gestützt auf einen schwarzen Stock. Dieser Mann hieß Piepsam, Lobgott Piepsam und nicht anders. Wir nennen ausdrücklich seinen Namen, weil er sich in der Folge aufs Sonderbarste benahm.

Er war schwarz gekleidet, denn er befand sich auf dem Wege zu den Gräbern seiner Lieben. Er trug einen rauhen, geschweiften Cylinderhut, einen altersblanken Gehrock, Beinkleider, die sowohl zu eng als auch zu kurz waren und schwarze, überall abgeschabte Glacéhandschuhe. Sein Hals, ein langer, dürrer Hals mit großem Kehlkopfapfel, erhob sich aus einem Klappkragen, der ausfranste, ja, er war an den Kanten schon ein wenig aufgerauht, dieser Klappkragen. Wenn aber der Mann seinen Kopf erhob, was er zuweilen that, um zu sehen, wie weit er noch vom Friedhof entfernt sei, so bekam man etwas zu sehen, ein seltenes Gesicht, ohne Frage ein Gesicht, das man nicht so schnell wieder vergaß.

Es war glatt rasiert und bleich. Zwischen den ausgehöhlten Wangen aber trat eine vorn sich knollenartig verdickende Nase hervor, die in einer unmäßigen, unnatürlichen Röte glühte und zum Überfluß von einer Menge kleiner Auswüchse strotzte, ungesunder Gewächse, die ihr ein unregelmäßiges und phantastisches Aussehen verliehen. Diese Nase, deren tiefe Glut scharf gegen die matte Blässe der Gesichtsfläche abstach, hatte etwas Unwahrscheinliches und Pittoreskes, sie sah aus wie angesetzt, wie eine Faschingsnase, wie ein melancholischer Spaß. Aber es war nicht an dem ... Seinen Mund, einen breiten Mund mit gesenkten Winkeln, hielt der Mann fest geschlossen, und wenn er aufblickte, so zog er seine schwarzen, mit weißen Härchen durchsetzten Brauen hoch unter die Hutkrempe empor, daß man so recht zu sehen vermochte, wie entzündet und jämmerlich umrändert seine Augen waren. Kurzum, es war ein Gesicht, dem man die lebhafteste Sympathie dauernd nicht versagen konnte.

Lobgott Piepsams Erscheinung war nicht freudig, sie paßte schlecht zu diesem lieblichen Vormittag, und auch für einen, der die Gräber seiner Lieben besuchen will, war sie allzu trübselig. Wenn man aber in sein Inneres sah, so mußte man zugeben, daß ausreichende Gründe dafür vorhanden waren. Er war ein wenig gedrückt, wie? ... es ist schwer, so lustigen Leuten wie euch dergleichen begreiflich zu machen ... ein wenig unglücklich, nicht wahr? ein bischen schlecht behandelt. Ach, die Wahrheit zu reden, so war er dies nicht nur ein wenig, er war es in hohem Grade, es war ohne Übertreibung elend mit ihm bestellt.

Erstens trank er. Nun, davon wird noch die Rede sein. Ferner war er verwitwet, verwaist und von aller Welt verlassen; er hatte nicht eine liebende Seele auf Erden. Seine Frau, eine geborene Lebzelt, war ihm entrissen worden, als sie ihm vor Halbjahrsfrist ein Kind geschenkt hatte; es war das dritte Kind, und es war tot gewesen. Auch die bei-

Lobgott Piepsam,
Der Weg zum Friedhof (1900)

den anderen Kinder waren gestorben; das eine an der Diphtherie, das andere an nichts und wieder nichts, vielleicht an allgemeiner Unzulänglichkeit. Nicht genug damit, hatte er bald darauf seine Erwerbsstelle eingebüßt, war schimpflich aus Amt und Brot gejagt worden, und das hing mit jener Leidenschaft zusammen, die stärker war als Piepsam.

Er hatte ihr ehemals einigermaßen Widerpart zu halten vermocht, obgleich er ihr periodenweise unmäßig gefröhnt hatte. Als ihm aber Weib und Kinder entrafft waren, als er ohne Halt und Stütze, von allem Anhang entblößt, allein auf Erden stand, war das Laster Herr über ihn geworden und hatte seinen seelischen Widerstand mehr und mehr gebrochen. Er war Beamter im Dienste einer Versicherungssozietät gewesen, eine Art von höherem Copisten mit monatlich neunzig Reichsmark bar. In unzurechnungsfähigem Zustande jedoch hatte er sich grober Versehen schuldig gemacht und war, nach wiederholten Vermahnungen, endlich als dauernd unzuverlässig entlassen worden.

Es ist klar, daß dies durchaus keine sittliche Erhebung Piepsams zur Folge gehabt hatte, daß er nun vielmehr vollends dem Ruin anheimgefallen war. Ihr müßt nämlich wissen, daß das Unglück des Menschen Würde ertötet — es ist immerhin gut, ein wenig Einsicht in diese Dinge zu besitzen. Es hat eine sonderbare und schauerliche Bewandtnis hiermit. Es nützt nichts, daß der Mensch sich selbst seine Unschuld beteuert: in den meisten Fällen wird er sich für sein Unglück verachten. Selbstverachtung und Laster aber stehen in der schauderhaftesten Wechselbeziehung, sie nähren einander, sie arbeiten einander in die Hände, daß es ein Graus ist. So war es auch mit Piepsam. Er trank, weil er sich nicht achtete, und er achtete

sich weniger und weniger, weil das immer erneute Zu-
schandenwerden aller guten Vorsätze sein Selbstvertrauen
zerfraß. Zu Hause in seinem Kleiderschranke pflegte eine
Flasche mit einer giftgelben Flüssigkeit zu stehen, einer
verderblichen Flüssigkeit, wir nennen aus Vorsicht nicht
ihren Namen. Vor diesem Schranke hatte Lobgott Piepsam buchstäblich schon auf den Knieen gelegen und sich
die Zunge zerbissen; und dennoch war er schließlich erle-
gen … Wir erzählen euch nicht gern solche Dinge; aber
sie sind immerhin lehrreich. – Nun ging er auf dem Wege
zum Friedhof und stieß seinen schwarzen Stock vor sich
hin. Der milde Wind umspielte auch seine *Nase*, aber er
fühlte es nicht. Mit hoch emporgezogenen Brauen starrte
er hohl und trüb in die Welt, ein elender und verlorener
Mensch.

Plötzlich vernahm er hinter sich ein Geräusch und
horchte auf: ein sanftes Rauschen näherte sich aus weiter
Ferne her mit großer Geschwindigkeit. Er wandte sich
um und blieb stehen … Es war ein Fahrrad, dessen Pneu-
matik auf dem leicht mit Kies bestreuten Boden
knirschte, und das in voller Carrière herankam, dann aber
sein Tempo verlangsamte, da Piepsam mitten im Wege
stand.

Ein junger Mann saß auf dem Sattel, ein Jüngling, ein
unbesorgter Tourist. Ach, mein Gott, er erhob durchaus
nicht den Anspruch, zu den Großen und Herrlichen dieser Erde gezählt zu werden! Er fuhr eine Maschine von
mittlerer Qualität, gleichviel aus welcher Fabrik, ein Rad
im Preise von zweihundert Mark, auf gut Glück geraten.
Und damit kutschierte er ein wenig über Land, frisch aus
der Stadt hinaus, mit blitzenden Pedalen in Gottes freie
Natur hinein, hurrah! Er trug ein buntes Hemd und eine
graue Jacke darüber, Sportgamaschen und das keckste

Mützchen der Welt – ein Witz von einem Mützchen, bräunlich karriert, mit einem Knopf auf der Höhe. Darunter aber kam ein Wust, ein dicker Schopf von blondem Haar hervor, das ihm über die Stirne emporstand. Seine Augen waren blitzblau. Er kam daher wie das Leben und rührte die Glocke; aber Piepsam ging nicht um eines Haares Breite aus dem Wege. Er stand da und blickte das Leben mit unbeweglicher Miene an.

Es warf ihm einen ärgerlichen Blick zu und fuhr langsam an ihm vorüber, worauf Piepsam ebenfalls wieder vorwärts zu gehen begann. Als es aber vor ihm war, sagte er langsam und mit schwerer Betonung:

»Numero neuntausendsiebenhundertundsieben.« Dann kniff er die Lippen zusammen und blickte unverwandt vor sich nieder, während er fühlte, daß des Lebens Blick verdutzt auf ihm ruhte.

Es hatte sich umgewendet, den Sattel hinter sich mit der einen Hand erfaßt und fuhr ganz langsam.

»Wie?« fragte es …

»Numero neuntausendsiebenhundertundsieben«, wiederholte Piepsam. »O nichts. Ich werde Sie anzeigen.«

»Sie werden mich anzeigen?« fragte das Leben, wandte sich noch weiter herum und fuhr noch langsamer, so daß es angestrengt mit der Lenkstange hin und her balancieren mußte …

»Gewiß«, antwortete Piepsam in einer Entfernung von fünf oder sechs Schritten.

»Warum?« fragte das Leben und stieg ab. Es blieb stehen und sah sehr erwartungsvoll aus.

»Das wissen Sie selbst sehr wohl.«

»Nein, das weiß ich nicht.«

»Sie müssen es wissen.«

»Aber ich weiß es *nicht*«, sagte das Leben, »und es interessiert mich auch außerordentlich wenig!« Damit machte es sich an sein Fahrrad, um wieder aufzusteigen. Es war durchaus nicht auf den Mund gefallen.

»Ich werde Sie anzeigen, weil Sie hier fahren, nicht dort draußen auf der Chaussee, sondern hier auf dem Wege zum Friedhof«, sagte Piepsam.

»Aber, lieber Herr,« sagte das Leben mit einem ärgerlichen und ungeduldigen Lachen, wandte sich neuerdings um und blieb stehen ... »Sie sehen hier Spuren von Fahrrädern den ganzen Weg entlang ... Hier fährt jedermann ...«

»Das ist mir *ganz* gleich«, entgegnete Piepsam, »ich werde Sie anzeigen.«

(... Der Streit geht eine Weile weiter, eskaliert ins Unfeine, Leute eilen heran, darunter Kinder mit einem Pinscherhund; und Piepsam wird immer noch dreister ...)

Dabei war er längst bei Allgemeinheiten angelangt und stieß Dinge hervor, die nicht im Entferntesten mehr zur Sache gehörten. Es waren Anspielungen auf sein Lasterleben und religiöse Hindeutungen, in so unpassendem Tone vorgebracht und mit Schimpfwörtern liederlich untermischt.

»Kommt nur her, kommt nur alle herbei!« brüllte er. »Nicht ihr, nicht bloß ihr, auch ihr anderen, ihr mit den Mützchen und den blitzblauen Augen! Ich will euch Wahrheiten in die Ohren schreien, daß euch ewig grausen soll, euch windigen Wichten! ... Grinst ihr? Zuckt ihr die Achseln? ... Ich trinke ... gewiß, ich trinke! Ich saufe sogar, wenn ihr's hören wollt! Was bedeutet das?! Es ist noch nicht aller Tage Abend! Es kommt der Tag, ihr nichtiges Geschmeiß, da Gott uns alle wägen wird ... Ach ...

ach … des Menschen Sohn wird kommen in den Wolken, ihr unschuldigen Kanaillen, und seine Gerechtigkeit ist nicht von dieser Welt! Er wird euch in die äußerste Finsternis werfen, euch munteres Gezücht, wo da ist Heulen und …«

Er war jetzt von einer stattlichen Menschenansammlung umgeben. Einige lachten, und einige sahen ihn mit gerunzelten Brauen an. Es waren noch mehr Arbeiter und Mörtelweiber von den Bauten herangekommen. Ein Fuhrmann war von seinem Wagen gestiegen, der auf der Landstraße hielt, und, die Peitsche in der Hand, ebenfalls über den Graben herzugetreten. Ein Mann rüttelte Piepsam am Arm, aber das führte zu nichts. Ein Trupp Soldaten, der vorübermarschierte, reckte lachend die Hälse nach ihm. Der Pinscherhund konnte nicht länger an sich halten, stemmte die Vorderbeine gegen den Boden und heulte ihm mit eingeklemmtem Schwanze gerade ins Gesicht hinein.

Plötzlich schrie Lobgott Piepsam noch einmal aus voller Kraft: »Du steigst ab, du steigst sofort ab, du unwissender Geck!«, beschrieb mit einem Arm einen weiten Halbkreis und stürzte in sich selbst zusammen. Er lag da, jäh verstummt, als ein schwarzer Haufen inmitten der Neugierigen. Sein geschweifter Cylinderhut flog davon, sprang einmal vom Boden empor und blieb dann ebenfalls liegen.

Zwei Maurersleute beugten sich über den unbeweglichen Piepsam und verhandelten in dem biederen und vernünftigen Ton von arbeitenden Männern über den Fall. Dann machte sich der eine von ihnen auf die Beine und verschwand im Geschwindschritt. Die Zurückbleibenden nahmen noch einige Experimente mit dem Bewußtlosen vor. Der eine besprengte ihn aus einer Bütte mit Wasser, ein anderer goß aus seiner Flasche Branntwein in die hohle Hand und rieb ihm die Schläfen damit. Aber diese Bemühungen wurden von keinem Erfolge gekrönt.

So verging eine kleine Weile. Dann wurden Räder laut, und ein Wagen kam auf der Chaussee heran. Es war ein Sanitätswagen, und an Ort und Stelle machte er halt: mit zwei hübschen kleinen Pferden bespannt und mit einem ungeheuren roten Kreuze an jeder Seite bemalt. Zwei Männer in kleidsamer Uniform kletterten vom Bocke herab, und während der eine sich an das Hinterteil des Wagens begab, um es zu öffnen und das verschiebbare Bett herauszuziehen, sprang der andere auf den Weg zum Friedhof, schob die Gaffer bei Seite und schleppte mit Hilfe eines Mannes aus dem Volke Herrn Piepsam zum Wagen. Er wurde auf das Bett gestreckt und hineingeschoben wie ein Brot in den Backofen, worauf die Thür wieder zuschnappte und die beiden Uniformierten wieder auf den Bock kletterten. Das alles ging mit großer Präcision, mit ein paar geübten Griffen, klipp und klapp, wie im Affentheater.

Und dann fuhren sie Lobgott Piepsam von hinnen.

Dr. Christian Jacoby

alias *Luischen*

Er war beleibt, der Rechtsanwalt, er war mehr als beleibt, er war ein wahrer Koloß von einem Manne! Seine Beine, die stets in aschgrauen Hosen steckten, erinnerten in ihrer säulenhaften Formlosigkeit an diejenigen eines Elefanten, sein von Fettpolstern gewölbter Rücken war der eines Bären, und über der ungeheuren Rundung seines Bauches war das sonderbare grüngraue Jäckchen, das er zu tragen pflegte, so mühsam mit einem einzigen Knopfe geschlossen, daß es nach beiden Seiten bis zu den Schultern zurückschnellte, sobald der Knopf geöffnet wurde. Auf diesem gewaltigen Rumpf aber saß, fast ohne den Übergang eines Halses, ein verhältnismäßig kleiner Kopf mit schmalen und wässerigen Äuglein, einer kurzen, gedrungenen Nase und vor Überfülle herabhängenden Wangen, zwischen denen sich ein ganz winziger Mund mit wehmütig gesenkten Winkeln verlor. Den runden Schädel sowie die Oberlippe bedeckten spärliche und harte, hellblonde Borsten, die überall die nackte Haut hervorschimmern ließen, wie bei einem überfütterten Hunde ... Ach! es mußte aller Welt klar sein, daß die Leibesfülle des Rechtsanwaltes nicht von gesunder Art war. Sein in der Länge wie in der Breite riesenhafter Körper war überfett, ohne muskulös zu sein, und oft konnte man beobachten, wie ein plötzlicher Blutstrom sich in sein verquollenes Gesicht ergoß, um ebenso plötzlich einer gelblichen Blässe zu weichen, während sein Mund sich auf säuerliche Weise verzog ...

Die Praxis des Rechtsanwaltes war ganz beschränkt; aber da er, zum Teile von seiten seiner Gattin, ein gutes Vermögen besaß, so bewohnte das – übrigens kinderlose – Paar in der Kaiserstraße ein komfortables Stockwerk und unterhielt einen lebhaften gesellschaftlichen Verkehr: lediglich, wie gewiß ist, den Neigungen Frau Amras gemäß, denn es ist unmöglich, daß der Rechtsanwalt, der nur mit einem gequälten Eifer bei der Sache zu sein schien, sich glücklich dabei befand. Der Charakter dieses dicken Mannes war der sonderbarste. Es gab keinen Menschen, der gegen alle Welt höflicher, zuvorkommender, nachgiebiger gewesen wäre, als er; aber ohne es sich vielleicht auszusprechen, empfand man, daß sein überfreundliches und schmeichlerisches Betragen aus irgend welchen Gründen erzwungen war, daß es auf Kleinmut und innerer Unsicherheit beruhte, und fühlte sich unangenehm berührt. Kein Anblick ist häßlicher, als derjenige eines Menschen, der sich selbst verachtet, der aber aus Feigheit und Eitelkeit dennoch liebenswürdig sein und gefallen möchte: und nicht anders verhielt es sich, meiner Überzeugung nach, mit dem Rechtsanwalt, der in seiner fast kriechenden Selbstverkleinerung zu weit ging, als daß er sich die notwendige persönliche Würde bewahrt haben konnte. Er war imstande, zu einer Dame, die er zu Tische führen wollte, zu sprechen: »Gnädige Frau, ich bin ein widerlicher Mensch, aber wollen Sie die Güte haben? ...« Und dies sagte er, ohne Talent zur Selbstverspottung, bittersüßlich, gequält und abstoßend. – Die folgende Anekdote beruht gleichfalls auf Wahrheit. Als der Rechtsanwalt eines Tages spazieren ging, kam ein rüder Dienstmann mit einem Handwagen daher und fuhr ihm mit dem einen Rade heftig über den Fuß. Zu spät hielt der Mann den Wagen an und wandte sich um, – worauf der Rechtsanwalt, gänzlich fassungslos, blaß und mit bebenden Wangen, ganz tief den Hut zog und stammelte: »Verzeihen Sie mir!« – Dergleichen empört. Aber dieser sonderbare Koloß schien beständig vom bösen Gewissen geplagt zu sein. Wenn er mit seiner Gattin auf dem »Lerchenberge« erschien, der Hauptpromenade der Stadt, so grüßte er, während er hie und da einen scheuen Blick auf die wundervoll elastisch daherschreitende Amra warf, so übereifrig, ängstlich und beflissen nach allen Seiten, als ob er das Bedürfnis empfände, sich demütig vor jedem Lieutenant zu bücken und um Verzeihung zu bitten, daß er, gerade er im Besitz dieser schönen Frau sich befinde; und der kläglich freundliche Ausdruck seines Mundes schien zu flehen, daß man ihn nicht verspotten möge.

Es ist schon angedeutet worden: Warum eigentlich Amra den Rechtsanwalt Jacoby geheiratet hatte, das steht dahin. Er aber, von seiner Seite, er liebte sie, und zwar mit einer Liebe, so inbrünstig, wie sie bei Leuten seiner Körperbildung sicherlich selten zu finden ist, und so demütig und angstvoll, wie sie seinem übrigen Wesen entsprach. Oftmals, spät abends, wenn Amra bereits in dem großen Schlafzimmer, dessen hohe Fenster mit faltigen geblümten Gardinen verhängt waren, sich zur Ruhe gelegt hatte, kam der Rechtsanwalt, so leise, daß man nicht seine Schritte, sondern nur das langsame Schüttern des Fußbodens und der Meubles vernahm, an ihr schweres Mahagonie-Bett, kniete nieder und ergriff mit unendlicher Vorsicht ihre Hand. Amra pflegte in solchen Fällen ihre

Brauen wagerecht in die Stirn zu ziehen und ihren ungeheuren Gatten, der im schwachen Licht der Nachtlampe vor ihr lag, schweigend und mit einem Ausdruck sinnlicher Bosheit zu betrachten. Er aber, während er mit seinen plumpen und zitternden Händen behutsam das Hemd von ihrem Arm zurückstrich und sein traurig dickes Gesicht in das weiche Gelenk dieses vollen und bräunlichen Armes drückte, dort, wo sich kleine blaue Adern von dem dunklen Teint abzeichneten, – er begann mit unterdrückter und bebender Stimme zu sprechen, wie ein verständiger Mensch eigentlich im alltäglichen Leben nicht zu sprechen pflegt. »Amra«, flüsterte er, »meine liebe Amra! Ich störe Dich nicht? Du schliefst noch nicht? Lieber Gott, ich habe den ganzen Tag darüber nachgedacht, wie schön Du bist und wie ich Dich liebe! … Paß auf, was ich Dir sagen will, es ist so schwer, es auszudrücken … Ich liebe Dich so sehr, daß sich manchmal mein Herz zusammenzieht und ich nicht weiß, wohin ich gehen soll; ich liebe Dich über meine Kraft! Du verstehst das wohl nicht, aber Du wirst es mir glauben, und Du mußt mir ein einziges Mal sagen, daß Du mir ein wenig dankbar dafür sein wirst, denn, siehst Du, eine solche Liebe, wie die meine zu Dir, hat ihren Wert in diesem Leben … und daß Du mich niemals verraten und hintergehen wirst, auch wenn Du mich wohl nicht lieben kannst, aber aus Dankbarkeit, allein aus Dankbarkeit … ich komme zu Dir, um Dich darum zu bitten, so herzlich, so innig ich bitten kann …« Und solche Reden pflegten damit zu enden, daß der Rechtsanwalt, ohne seine Lage zu verändern, anfing, leise und bitterlich zu weinen. In diesem Falle aber ward Amra gerührt, strich mit der Hand über die Borsten ihres Gatten und sagte mehrere Male in dem langgezogenen, tröstenden und moquanten Tone, in dem man zu einem Hunde spricht, der kommt, einem die Füße zu lecken: »Ja –! Ja –! Du gutes Tier –!«

Dieses Benehmen Amras war sicherlich nicht das einer Frau von Sitten. Auch ist es an der Zeit, daß ich mich der Wahrheit entlaste, die ich bislang zurückhielt, der Wahrheit nämlich, daß sie ihren Gatten dennoch täuschte, daß sie ihn, sage ich, betrog und zwar mit einem Herrn namens Alfred Läutner. Dies war ein junger Musiker von Begabung, der sich durch amüsante kleine Kompositionen mit seinen siebenundzwanzig Jahren bereits einen hübschen Ruf erworben hatte; ein schlanker Mensch mit keckem Gesicht, einer blonden, losen Frisur und einem sonnigen Lächeln in den Augen, das sehr bewußt war. Er gehörte zu dem Schlage jener kleinen Artisten von heutzutage, die nicht allzuviel von sich verlangen, in erster Linie glückliche und liebenswürdige Menschen sein wollen, sich ihres angenehmen kleinen Talentes dazu bedienen, ihre persönliche Liebenswürdigkeit zu erhöhen, und in Gesellschaft gern das naive Genie spielen.

(... Es kommt, wie es kommen muss: Die so betörende wie betörte Amra hat »einen allerliebsten Einfall«, ein großes Fest soll es geben. In den Lokalitäten des Herrn Wendelin am Lerchenberge treffen über 150 Gäste ein, Juristen, Offiziere, Kaufherren, Künstler, hohe Beamte nebst ihren Gattinnen und Töchtern ...)

Man war ganz einfach, in schwarzem Rock und halbheller Frühlingstoilette, erschienen, denn heitere Ungezwungenheit war heute Gesetz. Die Herren liefen persönlich mit den Krügen zu den großen Fässern, die an der einen Seitenwand aufgestellt waren, und in dem weiten, bunten und lichten Raume, den der süßliche und schwüle Festdunst von Tannen, Blumen, Menschen, Bier und Speisen erfüllte, schwirrte und toste das Geklapper, das laute und einfache Gespräch, das helle, höfliche, lebhafte und sorglose Gelächter aller dieser Leute … Der Rechtsanwalt saß unförmig und hilflos am Ende der einen Tafel, nahe der Bühne; er trank nicht viel und richtete hie und da ein mühsames Wort an seine Nachbarin, die Regierungsrätin Havermann. Er atmete widerwillig mit hängenden Mundwinkeln, und seine verquollenen, trübewässerigen Augen blickten unbeweglich und mit einer Art schwermütiger Befremdung in das fröhliche Treiben hinein, als läge in diesem Festdunst, in dieser geräuschvollen Heiterkeit etwas unsäglich Trauriges und Unverständliches …

Nun wurden große Torten herumgereicht, wozu man anfing, süßen Wein zu trinken und Reden zu halten. Herr Hildebrandt, der Hofschauspieler, feierte das Frühlingsbier in einer Ansprache, die ganz aus klassischen Zitaten, ja, auch aus griechischen, bestand, und der Assessor Witznagel toastete mit seinen koulantesten Bewegungen und in der feinsinnigsten Weise auf die anwesenden Damen, indem er aus der nächsten Vase und vom Tischtuch eine Handvoll Blumen nahm und jeder davon eine Dame verglich. Amra Jacoby aber, die ihm in einer Toilette aus dünner, gelber Seide gegenüber saß, ward »die schönere Schwester der Theerose« genannt.

Gleich darauf strich sie mit der Hand über ihren weichen Scheitel, hob die Augenbrauen und nickte ihrem Gatten ernsthaft zu, – worauf der dicke Mann sich erhob und beinahe die ganze Stimmung verdorben hätte, indem er in seiner peinlichen Art mit häßlichem Lächeln ein paar armselige Worte stammelte … Nur ein paar künstliche Bravos wurden laut, und einen Augenblick herrschte bedrücktes Schweigen. Alsbald jedoch trug die Höflichkeit wieder den Sieg davon und schon begann man auch, sich rauchend und ziemlich bezecht zu erheben und eigenhändig unter großem Lärm die Tische aus dem Saale zu schaffen, denn man wollte tanzen.

Es war nach elf Uhr und die Zwanglosigkeit war vollkommen geworden. Ein Teil der Gesellschaft war in den buntbeleuchteten Garten hinausgeströmt, um frische Luft zu schöpfen, während ein Anderer im Saale verblieb, in Gruppen beisammenstand, rauchte, plauderte, Bier zapfte, im Stehen trank ... Da erscholl von der Bühne ein starker Trompetenstoß, der alles in den Saal berief. Musiker – Bläser und Streicher – waren eingetroffen und hatten sich vorm Vorhang niedergelassen; Stuhlreihen, auf denen rote Programme lagen, waren aufgestellt worden, und die Damen ließen sich nieder, während die Herren hinter ihnen oder zu beiden Seiten sich aufstellten. Es herrschte erwartungsvolle Stille.

Dann spielte das kleine Orchester eine rauschende Ouverture, der Vorhang öffnete sich – und siehe, da stand eine Anzahl scheußlicher Neger, in schreienden Kostümen und mit blutroten Lippen, welche die Zähne fletschten und ein barbarisches Geheul begannen ... Diese Aufführungen bildeten in der That den Höhepunkt von Amras Fest. Begeisterter Applaus brach los, und Nummer für Nummer entwickelte sich das klug komponierte Programm: Frau Hildebrandt trat mit einer gepuderten Perücke auf, stieß mit einem langen Stock auf den Fußboden und sang überlaut: ›*That's Maria*!‹ Ein Zauberkünstler erschien in ordenbedecktem Frack, um das Erstaunlichste zu vollführen, Herr Hildebrandt stellte Goethe, Bismarck und Napoleon zum Erschrecken ähnlich dar, und Redakteur *Dr.* Wiesensprung übernahm im letzten Augenblick einen humoristischen Vortrag über das Thema: »Das

Frühlingsbier in seiner sozialen Bedeutung«. Am Ende jedoch erreichte die Spannung ihren Gipfel, denn die letzte
Nummer stand bevor, diese geheimnisvolle Nummer, die
auf dem Programm mit einem Lorbeerkranze eingerahmt
war und also lautete: »*Luischen*. Gesang und Tanz. Musik
von Alfred Läutner.« –

Eine Bewegung ging durch den Saal und die Blicke tra-
fen sich, als die Musiker ihre Instrumente beiseite stellten
und Herr Läutner, der bislang schweigsam und die Ciga-
rette zwischen den gleichgiltig aufgeworfenen Lippen an
einer Thür gelehnt hatte, zusammen mit Amra Jacoby an
dem Piano Platz nahm, das in der Mitte vorm Vorhang
stand. Sein Gesicht war gerötet und er blätterte nervös in
den geschriebenen Noten, während Amra, die im Gegen-
teile ein wenig blaß war, einen Arm auf die Stuhllehne gestützt, mit einem lauernden Blick ins Publikum sah. Dann
erscholl, während alle Hälse sich reckten, das scharfe
Klingelzeichen. Herr Läutner und Amra spielten ein paar
Takte belangloser Einleitung, der Vorhang rollte empor,
Luischen erschien …

Ein Ruck der Verblüffung und des Erstarrens pflanzte
sich durch die Menge der Zuschauer fort, als diese traurige und gräßlich aufgeputzte Masse in mühsamem Bä-
rentanzschritt hereinkam. Es war der Rechtsanwalt. Ein
weites, faltenloses Kleid aus blutroter Seide, welches bis
zu den Füßen hinabfiel, umgab seinen unförmigen Körper, und dieses Kleid war ausgeschnitten, sodaß der mit
Mehlpuder betupfte Hals widerlich freilag. Auch die Ärmel waren an den Schultern ganz kurz gepufft, aber lange,
hellgelbe Handschuhe bedeckten die dicken und muskel-
losen Arme, während auf dem Kopfe eine hohe, semmel-
blonde Locken-Coiffüre saß, auf der eine grüne Feder hin
und wider wankte. Unter dieser Perücke aber blickte ein

42

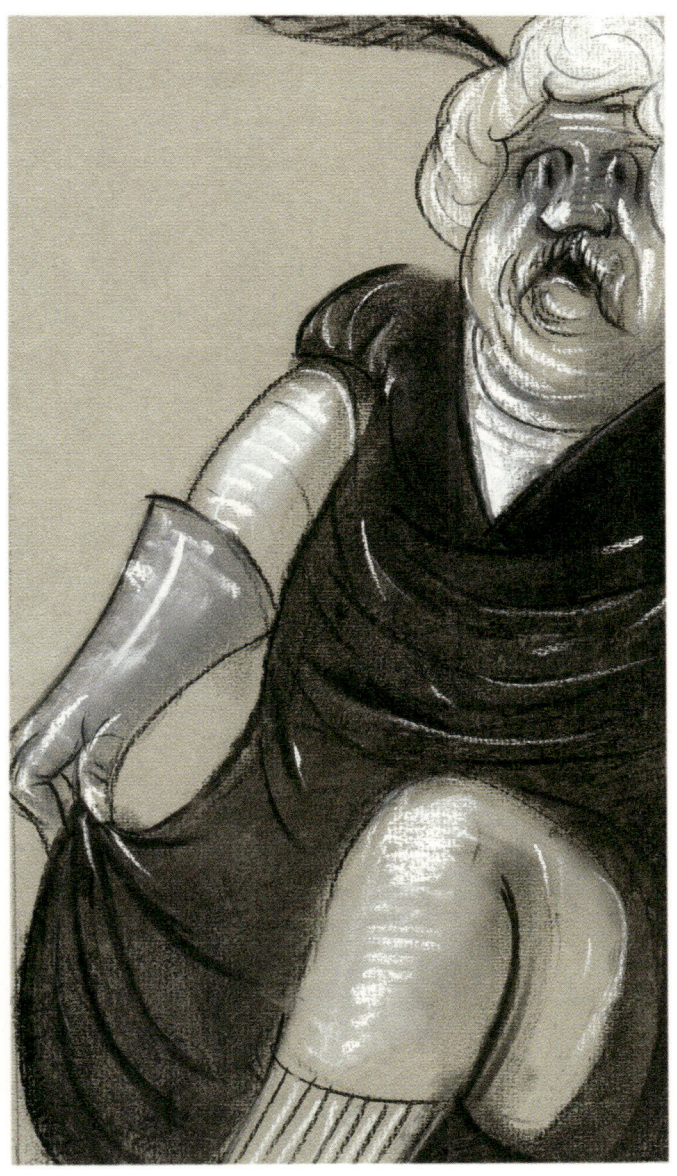

Dr. Christian Jacoby,
Luischen (1900)

gelbes, verquollenes, unglückliches und verzweifelt munteres Gesicht hervor, dessen Wangen beständig in mitleiderregender Weise auf und niederbebten, und dessen kleine, rotgeränderte Augen, ohne etwas zu sehen, angestrengt auf den Fußboden niederstarrten, während der dicke Mann sich mühsam von einem Bein auf das andere warf, wobei er entweder mit beiden Händen sein Kleid erfaßt hielt oder mit kraftlosen Armen beide Zeigefinger emporhob – er wußte keine andere Bewegung; und mit gepreßter und keuchender Stimme sang er zu den Klängen des Pianos ein albernes Lied …

Ging nicht mehr als jemals von dieser jammervollen Figur ein kalter Hauch des Leidens aus, der jede unbefangene Fröhlichkeit tötete und sich wie ein unabwendbarer Druck peinvoller Mißstimmung über diese ganze Gesellschaft legte? … Das nämliche Grauen lag im Grunde aller der zahllosen Augen, die sich wie gebannt gradeaus auf dieses Bild richteten, auf dieses Paar am Klaviere und auf diesen Ehegatten dort oben … Der stille, unerhörte Skandal dauerte wohl fünf lange Minuten.

Dann aber trat der Augenblick ein, den niemand, der ihm beigewohnt, während der Dauer seines Lebens vergessen wird … Vergegenwärtigen wir uns, was in dieser kleinen furchtbaren und komplizierten Zeitspanne eigentlich vor sich ging.

Man kennt das lächerliche Couplet, das »Luischen« betitelt ist, und man erinnert sich ohne Zweifel der Zeilen, welche lauten:

»Den Walzertanz und auch die Polke
Hat keine noch, wie ich, vollführt;
Ich bin Luischen aus dem Volke,
Die manches Männerherz gerührt …«

– dieser unschönen und leichtfertigen Verse, die den Re-
frain der drei ziemlich langen Strophen bilden. Nun
wohl, bei der Neukomposition dieser Worte hatte Alfred
Läutner sein Meisterstück vollbracht, indem er seine Ma-
nier, inmitten eines vulgären und komischen Machwerkes
durch ein plötzliches Kunststück der hohen Musik zu
verblüffen, auf die Spitze getrieben hatte. Die Melodie,
die sich in *cis-dur* bewegte, war während der ersten Strophen ziemlich hübsch und ganz banal gewesen. Zu Beginn des zitierten Refrains wurde das Zeitmaß belebter
und Dissonanzen traten auf, die durch das immer lebhaf-
tere Hervorklingen eines H einen Übergang nach *fis-dur*
erwarten ließen. Diese Disharmonien komplizierten sich
bis zu dem Worte »vollführt«, und nach dem »ich bin«,
das die Verwicklung und Spannung vollständig machte,
mußte eine Auflösung nach *fis-dur* hin erfolgen. Statt dessen geschah das Überraschendste. Durch eine jähe Wendung nämlich, vermittelst eines nahezu genialen Einfalles,
schlug hier die Tonart nach *h-dur* um, und dieser Einsatz,
der unter Benutzung beider Pedale auf der lang ausgehal-
tenen zweiten Silbe des Wortes »Luischen« erfolgte, war
von unbeschreiblicher, von ganz unerhörter Wirkung! Es
war eine vollkommen verblüffende Überrumpelung, eine
jähe Berührung der Nerven, die den Rücken hinunter-
schauerte, es war ein Wunder, eine Enthüllung, eine in
ihrer Plötzlichkeit fast grausame Entschleierung, ein Vorhang, der zerreißt ...

Und bei diesem *H-dur*-Akkord hörte der Rechtsanwalt
Jacoby zu tanzen auf. Er stand still, er stand inmitten der
Bühne wie angewurzelt, beide Zeigefinger noch immer
erhoben – einen wenig niedriger, als den anderen – das i
von Luischen brach ihm vom Munde ab, er verstummte,
und während fast gleichzeitig auch die Klavierbegleitung

sich scharf unterbrach, starrte diese abenteuerliche und gräßlich lächerliche Erscheinung dort oben mit tierisch vorgeschobenem Kopf und entzündeten Augen gerade aus … Er starrte in diesen geputzten, hellen und menschenvollen Festsaal hinein, in dem, wie eine Ausdünstung aller dieser Menschen, der fast zur Atmosphäre verdichtete Skandal lagerte … Er starrte in alle diese erhobenen, verzogenen und scharf beleuchteten Gesichter, in diese Hunderte von Augen, die alle sich mit dem gleichen Ausdruck von Wissen auf das Paar dort unten vor ihm und auf ihn selbst richteten … Er ließ, während eine furchtbare, von keinem Laut unterbrochene Stille über allen lagerte, seine immer mehr sich erweiternden Augen langsam und unheimlich von diesem Paar auf das Publikum und von dem Publikum auf dies Paar wandern … eine Erkenntnis schien plötzlich über sein Gesicht zu gehen, ein Blutstrom ergoß sich in dieses Gesicht, um es rot wie das Seidenkleid aufquellen zu machen und es gleich darauf wachsgelb zurückzulassen – und der dicke Mann brach zusammen, daß die Bretter krachten.

– Während eines Augenblickes herrschte die Stille fort; dann wurden Schreie laut, Tumult entstand, ein paar beherzte Herren, darunter ein junger Arzt, sprangen vom Orchester aus auf die Bühne, der Vorhang ward herabgelassen …

Amra Jacoby und Alfred Läutner saßen, voneinander abgewandt, noch immer am Klavier. Er, gesenkten Hauptes, schien noch seinem Übergang nach *H-dur* nachzuhorchen; sie, unfähig mit ihrem Spatzenhirn so rasch zu begreifen, was vor sich ging, blickte mit vollkommen leerem Gesichte um sich her …

Gleich darauf erschien der junge Arzt aufs Neue im Saal, ein kleiner jüdischer Herr mit ernstem Gesicht und

schwarzem Spitzbart. Einigen Herrschaften, die ihn an
der Thür umringten, antwortete er achselzuckend:
»Aus. Ich hätte es vorher sagen können.«

Sesemi Weichbrodt

Lehrerin von Tony Buddenbrook

Therese Weichbrodt war bucklig, sie war so bucklig, daß sie nicht viel höher war als ein Tisch. Sie war 41 Jahre alt, aber da sie niemals Gewicht auf äußere Wohlgefälligkeit gelegt hatte, so ging sie gekleidet wie eine Dame von 60 bis 70 Jahren. Auf ihren grauen, gepolsterten Ohrlocken saß eine Haube mit grünen Bändern, die über die schmalen Kinder-Schultern hinabfielen, und nie war an ihrem kümmerlichen schwarzen Kleidchen etwas wie Putz gesehen worden ... ausgenommen die große, ovale Brosche, auf der in Porzellan-Malerei das Bild ihrer Mutter prangte.

Das kleine Fräulein Weichbrodt besaß kluge und scharfe braune Augen, eine leichtgebogene Nase und schmale Lippen, die sie aufs entschiedenste zusammenpressen konnte ... Überhaupt lag in ihrer geringen Figur und allen ihren Bewegungen ein Nachdruck, der zwar possierlich, aber durchaus respektgebietend wirkte. Dazu trug in hohem Grade auch ihre Sprache bei. Sie sprach mit lebhafter und stoßweiser Bewegung des Unterkiefers und einem schnellen, eindringlichen Kopfschütteln, exakt und dialektfrei, klar, bestimmt und mit sorgfältiger Betonung jedes Konsonanten. Den Klang der Vokale aber übertrieb sie sogar in einer Weise, daß sie z. B. nicht »Butterkruke«, sondern »Botter-« oder gar »Batterkruke« sprach und ihr eigensinnig kläffendes Hündchen nicht »Bobby«, sondern »Babby« rief. Wenn sie zu einer Schülerin sagte: »Kind, sei nich-t sa domm!« und zweimal dabei ganz kurz mit dem gekrümmten Zeigefinger auf den Tisch pochte, so machte dies Eindruck, das ist sicher; und wenn Mademoiselle Popinet, die Französin, sich beim Kaffee mit allzuviel Zucker bediente, so hatte Fräulein Weichbrodt eine Art, die Zimmerdecke zu betrachten, mit einer Hand auf dem Tischtuch Klavier zu spielen und zu sagen: »Ich wörde die *ganze* Zockerböchse nehmen!«, daß Mlle. Popinet heftig errötete …

Als Kind – mein Gott, wie winzig mußte sie als Kind gewesen sein! – hatte Therese Weichbrodt sich selber »Sesemi« genannt, und diese Änderung ihres Vornamens hatte sie beibehalten, indem sie den besseren und tüchtigeren Schülerinnen, Internen sowohl wie Externen, gestattete, sie so zu nennen. »Nenne mich ›Sesemi‹, Kind«, sagte sie gleich am ersten Tage zu Tony Buddenbrook, indem sie sie kurz und mit einem leicht knallenden Geräusch auf die Stirn küßte … »Ich höre es gern.« Ihre ältere Schwester, Madame Kethelsen, aber hieß Nelly.

Madame Kethelsen, die ungefähr 48 Jahre zählte, war von ihrem verstorbenen Gatten mittellos im Leben zurückgelassen worden, bewohnte bei ihrer Schwester im oberen Stockwerk eine kleine Stube und beteiligte sich an der allgemeinen Tafel. Sie kleidete sich ähnlich wie Sesemi, war aber im Gegensatz zu ihr außerordentlich lang; an ihren hageren Handgelenken trug sie wollene Pulswärmer. Sie war nicht Lehrerin, sie wußte nichts von Strenge, und in Harmlosigkeit und stillem Frohsinn bestand ihr Wesen. Hatte ein Zögling Fräulein Weichbrodts

Sesemi Weichbrodt,
Buddenbrooks (1901)

einen Streich vollführt, so stieß sie darüber ein gutmütiges und vor Herzlichkeit beinahe klagendes Lachen aus, bis Sesemi auf den Tisch pochte und so eindringlich »Nelly!« rief, daß es wie »Nally« klang; dann verstummte sie eingeschüchtert.

Madame Kethelsen gehorchte ihrer jüngeren Schwester, sie ließ sich von ihr ausschelten wie ein Kind, und die Sache war die, daß Sesemi sie herzlich verachtete. Therese Weichbrodt war ein belesenes, ja beinahe gelehrtes Mädchen und hatte sich ihren Kinderglauben, ihre positive Religiosität und die Zuversicht, dort drüben einst für ihr schwieriges und glanzloses Leben entschädigt zu werden, in ernstlichen kleinen Kämpfen bewahren müssen. Madame Kethelsen dagegen war ungelehrt, unschuldig und einfältigen Gemütes. »Die gute Nelly!« sagte Sesemi. »Mein Gott, sie ist ein Kind, sie ist niemals auf einen Zweifel gestoßen, sie hat niemals einen Kampf zu bestehen gehabt, sie ist glücklich ...« In solchen Worten lag ebensoviel Geringschätzung wie Neid, und das war ein schwacher, wenn auch verzeihlicher Charakterzug Sesemis.

Das hochgelegene Erdgeschoß des ziegelroten Vorstadthäuschens, das von einem nett gehaltenen Garten umgeben war, wurde von den Unterrichtsräumen und dem Speisezimmer eingenommen, während sich im oberen Stockwerk und auch im Bodenraum die Schlafzimmer befanden. Die Zöglinge Fräulein Weichbrodts waren nicht zahlreich, denn die Pension nahm nur größere Mädchen auf und besaß, auch für externe Schülerinnen, nur die drei ersten Schulklassen; auch sah Sesemi mit Strenge darauf, daß nur Töchter aus zweifellos vornehmen Familien in ihr Haus kamen ... Tony Buddenbrook ward, wie angedeutet, mit Zärtlichkeit empfangen; ja, zum Abendessen hatte Therese »Bischof« gemacht, einen roten und süßen Punsch, der kalt getrunken ward, und auf den sie sich mit Meisterschaft verstand ... »Noch ein bißchen Beschaf?« fragte sie mit herzlichem Kopfschütteln ... und das klang so appetitlich, daß niemand widerstand.

Fräulein Weichbrodt saß auf zwei Sofakissen am oberen Ende der Tafel und beherrschte die Mahlzeit mit Tatkraft und Umsicht; sie richtete ihr verwachsenes Körperchen ganz stramm empor, pochte wachsam auf den Tisch, rief »Nally!« und »Babby!« und demütigte Mlle. Popinet mit einem Blicke, wenn diese im Begriffe stand, sich alles Gelée des kalten Kalbsbratens anzueignen. Tony hatte ihren Platz inmitten zweier anderer Pensionärinnen erhalten. Zwischen Armgard von Schilling, einer blonden und stämmigen Gutsbesitzerstochter aus Mecklenburg, und Gerda Arnoldsen, die in Amsterdam zu Hause war, einer eleganten und fremdartigen Erscheinung mit schwerem, dunkelrotem Haar, nahe beieinander liegenden braunen Augen und einem weißen, schönen, ein wenig hochmütigen Gesicht. Ihr gegenüber plapperte die Französin, die aussah wie eine Negerin und ungeheure goldene Ohrringe trug. Am unteren Tischende saß mit säuerlichem Lächeln die hagere Engländerin Miss Brown, die gleichfalls im Hause wohnte.

Man befreundete sich rasch mit Hilfe von Sesemis Bischof.

(... *Sei glöcklich, du g u t e s Kind!*«, wird Fräulein Weichbrodt ein paar Jahre später Antonie bei deren Heirat zurufen, um die es auch in der hier nun folgenden Episode geht ...)

Bendix Grünlich

ruiniert die *Buddenbrooks*

Der Himmel, an dem unbeweglich ein paar weiße Wolken standen, begann langsam blasser zu werden. Das Stadtgärtchen lag mit symmetrisch angelegten Wegen und Beeten bunt und reinlich in der Nachmittagssonne. Der Duft der Reseden, die die Beete umsäumten, kam dann und wann durch die Luft daher.

»Na, Tom«, sagte der Konsul gutgelaunt und nahm die Cigarre aus dem Mund; »die Roggenangelegenheit mit van Henkdom & Comp., von der ich dir erzählte, arrangiert sich.«

»Was gibt er?« fragte Thomas interessiert und hörte auf, Tony zu plagen.

»Sechzig Taler für tausend Kilo ... nicht übel, wie?«

»Das ist vorzüglich!« Tom wußte, daß dies ein sehr gutes Geschäft war.

»Tony, deine Haltung ist nicht comme il faut«, bemerkte die Konsulin, worauf Tony, ohne die Augen von ihrem Buche zu erheben, einen Ellbogen vom Tische nahm.

»Das schadet nichts«, sagte Tom. »Sie kann sitzen, wie sie will, sie bleibt immer Tony Buddenbrook. Thilda und sie sind unstreitig die schönsten in der Familie.«

Klothilde war zum Sterben erstaunt. »Gott! Tom –?« machte sie, und es war unbegreiflich, wie lang sie diese kurzen Silben zu ziehen vermochte. Tony duldete schweigend, denn Tom war ihr überlegen, da half nichts; er würde wieder eine Antwort finden und die Lacher auf seiner Seite haben. Sie zog nur mit geöffneten Nasenflügeln heftig die Luft ein und hob die Schultern empor. Als aber die Konsulin von dem bevorstehenden Ball bei Konsul Huneus zu sprechen begann und etwas über neue Lackschuhe fallen ließ, nahm Tony auch den anderen Ellbogen vom Tisch und zeigte sich lebhaft bei der Sache.

»Ihr redet und redet«, rief Christian kläglich, »und dies ist so fürchterlich schwer! Ich wollte, ich wäre auch Kaufmann –!«

»Ja, du willst jeden Tag etwas anderes«, sagte Tom. – Hierauf kam Anton über den Hof; er kam mit einer Karte auf dem Teebrett, und man sah ihm erwartungsvoll entgegen.

»*Grünlich*, Agent«, las der Konsul. »Aus Hamburg. Ein angenehmer, gut empfohlener Mann, ein Pastorssohn. Ich habe Geschäfte mit ihm. Es ist da eine Sache … Sage dem Herrn, Anton – es ist dir recht, Bethsy? –, er möge sich hierher bemühen …«

– Durch den Garten kam, Hut und Stock in der selben Hand, mit ziemlich kurzen Schritten und etwas vorgestrecktem Kopf, ein mittelgroßer Mann von etwa 32 Jahren in einem grüngelben, wolligen und langschößigen Anzug und grauen Zwirnhandschuhen. Sein Gesicht, unter dem hellblonden, spärlichen Haupthaar war rosig und lächelte; neben dem einen Nasenflügel aber befand sich eine auffällige Warze. Er trug Kinn und Oberlippe glattrasiert und ließ den Backenbart nach englischer Mode lang hinunterhängen; diese Favoris waren von ausgesprochen goldgelber Farbe. – Schon von Weitem vollführte er mit seinem großen, hellgrauen Hut eine Gebärde der Ergebenheit …

Mit einem letzten, sehr langen Schritte trat er heran, indem er mit dem Oberkörper einen Halbkreis beschrieb und sich auf diese Weise vor Allen verbeugte.

»Ich störe, ich trete in einen Familienkreis«, sprach er mit weicher Stimme und feiner Zurückhaltung. »Man hat gute Bücher zur Hand genommen, man plaudert … Ich muß um Verzeihung bitten!«

»Sie sind willkommen, mein werter Herr Grünlich!« sagte der Konsul, der sich, wie seine beiden Söhne, erhoben hatte und dem Gaste die Hand drückte. »Ich freue mich, Sie auch außerhalb des Comptoirs und im Kreise meiner Familie begrüßen zu können. Herr Grünlich, Bethsy, mein wackerer Geschäftsfreund … Meine Tochter Antonie … Meine Nichte Klothilde … Sie kennen Thomas bereits … Das ist mein zweiter Sohn, Christian, ein Gymnasiast.«

Herr Grünlich hatte wiederum auf jeden Namen mit einer Verbeugung geantwortet.

»Wie gesagt«, fuhr er fort, »ich habe nicht die Absicht, den Eindringling zu spielen … Ich komme in Geschäften, und wenn ich den Herrn Konsul ersuchen dürfte, einen Gang mit mir durch den Garten zu tun …«

Die Konsulin antwortete:

»Sie erweisen uns eine Liebenswürdigkeit, wenn Sie nicht sofort mit meinem Manne von Geschäften reden, sondern ein Weilchen mit unserer Gesellschaft fürlieb nehmen wollten. Nehmen Sie Platz!«

»Tausend Dank«, sagte Herr Grünlich bewegt. Hierauf ließ er sich auf dem Rande des Stuhles nieder, den Tom herbeigebracht hatte, setzte sich, Hut und Stock auf den Knieen, zurecht, strich mit der Hand über seinen einen Backenbart und ließ ein Hüsteln vernehmen, das ungefähr klang wie: »Hä-ä-hm!« Dies alles machte den Eindruck, als wollte er sagen: »Das wäre die Einleitung. Was nun?«

Die Konsulin eröffnete den Hauptteil der Unterhaltung.

»Sie sind in Hamburg zu Hause?« fragte sie, indem sie den Kopf zur Seite neigte und ihre Arbeit im Schoße ruhen ließ.

»Allerdings, Frau Konsulin«, entgegnete Herr Grünlich mit einer neuen Verbeugung. »Ich habe meinen Wohnsitz in Hamburg, allein ich bin viel unterwegs, ich bin stark beschäftigt, mein Geschäft ist ein außerordentlich reges ... hä-ä-hm, ja, das darf ich sagen.«

Die Konsulin zog die Brauen empor und machte eine Mundbewegung, als sagte sie mit respektvoller Betonung: »So?«

»Rastlose Tätigkeit ist für mich Lebensbedingung«, setzte Herr Grünlich halb zum Konsul gewendet hinzu, und er hüstelte aufs neue, als er den Blick bemerkte, den Fräulein Antonie auf ihm ruhen ließ, diesen kalten und musternden Blick, mit dem junge Mädchen fremde junge Herren messen, und dessen Ausdruck jeden Augenblick bereit scheint, in Verachtung überzugehen.

»Wir haben Verwandte in Hamburg«, bemerkte Tony, um etwas zu sagen.

»Die Duchamps«, erklärte der Konsul, »die Familie meiner seligen Mutter.«

»Oh, ich bin vollkommen orientiert!« beeilte sich Herr Grünlich zu erwidern. »Ich habe die Ehre, ein wenig bei den Herrschaften bekannt zu sein. Es sind ausgezeichnete

Bendix Grünlich,
Buddenbrooks (1901)

Menschen insgesamt, Menschen von Herz und Geist, – hä-ä-hm. In der Tat, wenn in allen Familien ein Geist herrschte wie in dieser, so stünde es besser um die Welt. Hier findet man Gottesglaube, Mildherzigkeit, innige Frömmigkeit, kurz die wahre Christlichkeit, die mein Ideal ist; und damit verbinden diese Herrschaften eine edle Weltläufigkeit, eine Vornehmheit, eine glänzende Eleganz, Frau Konsulin, die mich persönlich nun einmal charmiert!«

Tony dachte: Woher kennt er meine Eltern? Er sagt ihnen, was sie hören wollen ... Der Konsul aber sprach beifällig:

»Diese doppelte Geschmacksrichtung kleidet jeden Mann aufs beste.«

Und die Konsulin konnte nicht umhin, dem Gaste mit einem leisen Klirren des Armbandes die Hand zu reichen, deren Fläche sie in herzlicher Weise ganz weit herumdrehte.

»Sie reden mir aus der Seele, mein werter Herr Grünlich!« sagte sie.

Hierauf verbeugte sich Herr Grünlich, setzte sich zurecht, strich über seinen Backenbart und hüstelte, als wollte er sagen: »Fahren wir fort.«

Die Konsulin ließ ein paar Worte fallen über die für Herrn Grünlichs Vaterstadt so furchtbaren zweiundvierziger Maitage ... »In der Tat«, bemerkte Herr Grünlich, »ein schweres Unglück, eine betrübende Heimsuchung, dieser Brand. Ein Schade von 135 Millionen, ja, das ist ziemlich genau berechnet. Übrigens bin ich meinerseits der Vorsehung zu hohem Danke verpflichtet ... ich bin nicht im geringsten getroffen worden. Das Feuer wütete hauptsächlich in den Kirchspielen Sankt Petri und Nikolai ... Welch reizender Garten«, unterbrach er sich, während er sich dankend mit einer Cigarre des Konsuls bediente, »– doch, für einen Stadtgarten ist er ungewöhnlich groß! Und welch farbiger Blumenflor ... o, mein Gott, ich gestehe meine Schwäche für Blumen und für die Natur im allgemeinen! Diese Klatschrosen dort drüben putzen ganz ungemein ...«

Herr Grünlich lobte die vornehme Anlage des Hauses, er lobte die ganze Stadt überhaupt, er lobte auch die Cigarre des Konsuls und hatte für Jeden ein liebenswürdiges Wort.

»Darf ich es wagen, mich nach Ihrer Lektüre zu erkundigen, Mademoiselle Antonie?« fragte er lächelnd.

Tony zog aus irgend einem Grunde plötzlich die Brauen zusammen und antwortete ohne Herrn Grünlich anzublicken:

»Hoffmanns Serapionsbrüder.«

»In der Tat! Dieser Schriftsteller hat Hervorragendes geleistet«, bemerkte er. »Aber um Vergebung ... ich vergaß den Namen Ihres zweiten Herrn Sohnes, Frau Konsulin.«

»Christian.«

»Ein schöner Name! Ich liebe, wenn ich das aussprechen darf« – und Herr Grünlich wandte sich wieder an den Hausherrn – »die Namen, welche schon an und für sich erkennen lassen, daß ihr Träger ein Christ ist. In Ihrer Familie ist, wie ich weiß, der Name Johann erblich ... wer dächte dabei nicht an den Lieblingsjünger des Herrn. Ich zum Beispiel, wenn ich mir diese Bemerkung gestatten darf«, fuhr er mit Beredsamkeit fort, »heiße wie die meisten meiner Vorfahren Bendix, – ein Name, der ja nur als eine mundartliche Zusammenziehung von Benedikt zu betrachten ist. Und Sie lesen, Herr Buddenbrook? Ah, Cicero! Eine schwierige Lektüre, die Werke dieses großen römischen Redners. Quousque tandem, Catilina ... hä-ä-hm, ja, ich habe mein Latein gleichfalls noch nicht völlig vergessen!«

Der Konsul sagte:

»Ich habe, im Gegensatze zu meinem seligen Vater, immer meine Einwände gehabt gegen diese fortwährende Beschäftigung der jungen Köpfe mit dem Griechischen und Lateinischen. Es gibt so viele ernste und wichtige Dinge, die zur Vorbereitung auf das praktische Leben nötig sind ...«

»Sie sprechen meine Meinung aus, Herr Konsul«, beeilte sich Herr Grünlich zu antworten, »bevor ich ihr Worte verleihen konnte! Eine schwierige und, wie ich hinzuzufügen vergaß, *nicht unanfechtbare* Lektüre. Von allem abgesehen, erinnere ich mich einiger direkt anstößiger Stellen in diesen Reden ...«

Als eine Pause entstand, dachte Tony: »Jetzt komme ich an die Reihe.« Denn Herrn Grünlichs Blicke ruhten auf ihr. Und richtig, sie kam an die Reihe. Herr Grünlich nämlich schnellte plötzlich ein wenig auf seinem Sitze empor, machte eine kurze, krampfhafte und dennoch elegante Handbewegung nach der Seite der Konsulin und flüsterte heftig:

»Ich bitte Sie, Frau Konsulin, beachten Sie? – Ich beschwöre Sie, mein Fräulein«, unterbrach er sich laut, als ob Tony nur dies verstehen sollte, »bleiben Sie noch einen Moment in dieser Stellung ...! – Beachten Sie«, fuhr er wieder flüsternd fort, »wie die Sonne in dem Haare Ihres Fräulein Tochter spielt? – Ich habe niemals schöneres Haar gesehen!« sprach er plötzlich ernst vor Entzücken in die Luft hinein, als ob er zu Gott oder seinem Herzen redete.

Die Konsulin lächelte wohlgefällig, der Konsul sagte:

»Setzen Sie der Dirn keine Schwachheiten in den Kopf!«
und Tony zog wiederum stumm die Brauen zusammen.
Einige Minuten darauf erhob sich Herr Grünlich.

»Aber ich inkommodiere nicht länger, nein, bei Gott,
Frau Konsulin, ich inkommodiere nicht länger! Ich kam
in Geschäften ... allein wer könnte widerstehen ... Nun
ruft die Tätigkeit! Wenn ich den Herrn Konsul ersuchen
dürfte ...«

»Ich brauche Sie nicht zu versichern«, sagte die Konsulin, »wie sehr es mich freuen würde, wenn Sie während
der Dauer Ihres Aufenthaltes am Orte in unserem Hause
vorlieb nehmen möchten ...«

Herr Grünlich blieb einen Augenblick stumm vor
Dankbarkeit. »Ich bin Ihnen von ganzer Seele verbunden,
Frau Konsulin!« sagte er mit dem Ausdruck der Rüh-
rung. »Aber ich darf Ihre Liebenswürdigkeit nicht miß-
brauchen. Ich bewohne ein paar Zimmer im Gasthause
Stadt Hamburg ...«

»Ein *paar* Zimmer«, dachte die Konsulin, und dies war
es auch, was sie nach Herrn Grünlichs Absicht denken
sollte.

»Jedenfalls«, beschloß sie, indem sie ihm noch einmal
mit herzlicher Bewegung die Hand bot, »hoffe ich, daß
wir uns nicht zum letzten Male gesehen haben.«

Herr Grünlich küßte der Konsulin die Hand, wartete
einen Augenblick, daß auch Antonie ihm die ihrige reiche, was aber nicht geschah, beschrieb einen Halbkreis
mit dem Oberkörper, trat einen großen Schritt zurück,
verbeugte sich nochmals, setzte dann mit einem
Schwunge und indem er das Haupt zurückwarf, seinen
grauen Hut auf und schritt mit dem Konsul davon ...

»Ein angenehmer Mann!« wiederholte der letztere, als er zu seiner Familie zurückkehrte und seinen Platz wieder einnahm.

»Ich finde ihn *albern*«, erlaubte sich Tony zu bemerken, und zwar mit Nachdruck.

»Tony! Mein Gott! Was für ein Urteil!« rief die Konsulin ein wenig entrüstet. »Ein so christlicher junger Mann!«

»Ein so wohlerzogener und weltläufiger Mann!« ergänzte der Konsul. »Du weißt nicht was du sagst.« – Es geschah manchmal, daß die Eltern in dieser Weise aus Höflichkeit den Standpunkt wechselten; dann waren sie desto sicherer, einig zu sein.

Christian zog seine große Nase in Falten und sagte:

»Wie wichtig er immer spricht! ... Man plaudert! Wir plauderten gar nicht. Und Klatschrosen putzen ungemein. Manchmal tut er, als ob er ganz laut zu sich selbst spräche. Ich störe – ich muß um Verzeihung bitten! ... Ich habe niemals schöneres Haar gesehen! ...« Und Christian ahmte Herrn Grünlich so vortrefflich nach, daß selbst der Konsul lachen mußte.

»Ja, er macht sich allzu wichtig!« fing Tony wieder an. »Er sprach beständig von sich selbst! *Sein* Geschäft ist rege, *er* liebt die Natur, *er* bevorzugt die und die Namen, *er* heißt Bendix ... Was geht uns das an, möchte ich wissen ... Er sagt alles nur, um sich herauszustreichen!« rief sie plötzlich ganz wütend. »Er sagte dir, Mama, und dir, Papa, *nur*, was ihr gern hört, um sich bei euch einzuschmeicheln!«

»Das ist kein Vorwurf, Tony!« sagte der Konsul streng. »Man befindet sich in fremder Gesellschaft, zeigt sich von seiner besten Seite, setzt seine Worte und sucht, zu gefallen – das ist klar ...«

»Ich finde, er ist ein guter Mensch«, sagte Klothilde sanft und gedehnt, obgleich sie die einzige Person war, um die Herr Grünlich sich nicht im Geringsten bekümmert hatte. Thomas enthielt sich des Urteils.

»Genug«, beschloß der Konsul, »er ist ein christlicher, tüchtiger, tätiger und fein gebildeter Mann, und du, Tony, ein großes Mädchen von 18 oder nächstens 19 Jahren, gegen das er sich so artig und galant betragen hat, du solltest deine Tadelsucht bezähmen. Wir alle sind schwache Menschen, und du bist, verzeih mir, wahrlich die letzte, die einen Stein aufheben dürfte ... Tom, an die Arbeit!«

Tony murmelte vor sich hin: »Ein goldgelber Backenbart!« und dabei zog sie die Brauen zusammen, wie sie es schon mehrere Male getan hatte.

(... Tony Buddenbrook wird Bendix Grünlich nicht zuletzt ihrem Vater, dem Konsul Johann Buddenbrook, zuliebe im Januar 1846 heiraten. Die Mitgift ist stolz, Tony freut sich auf den Umzug nach Hamburg in ein überaus standesgemäßes Ambiente. Im Oktober 1846 wird Tochter Erika geboren. Doch bereits im Januar 1850 muss Grünlich Bankrott anmelden. »›Bankerott?‹ ... das war etwas Gräßlicheres als der Tod, das war Tumult, Zusammenbruch, Ruin, Schmach, Schande, Verzweiflung und Elend«, weiß Tony Grünlich, geb. Buddenbrook. Vielleicht hilft der alte Konsul? Er kommt zu einem Treffen mit Grünlich und Bankier Kesselmeyer nach Hamburg gereist ...)

Es vergingen lange, furchtbare Minuten des Schweigens. In dem unruhigen Kerzenlicht saßen die drei Herren, eingeschlossen von vier dunklen Wänden, dicht bei einander.

Man vernahm keine Bewegung als das Rascheln des Papieres, mit dem der Konsul hantierte. Sonst war draußen der fallende Regen das einzige Geräusch.

Herr Kesselmeyer hatte seine Daumen in die Armlöcher der Weste geschoben, spielte mit den übrigen Fingern an den Schultern Klavier und sah mit unsäglicher Heiterkeit von Einem zum Anderen. Herr Grünlich saß, ohne sich zurückzulehnen, die Hände auf dem Tisch, starrte trüb vor sich hin und ließ dann und wann einen ängstlichen Blick seitwärts zu seinem Schwiegervater gleiten. Der Konsul blätterte im Hauptbuch, verfolgte mit dem Fingernagel Kolonnen von Zahlen, verglich Daten und warf mit dem Bleistift seine kleinen, unleserlichen Ziffern aufs Papier. Sein abgespanntes Gesicht drückte Entsetzen vor den Verhältnissen aus, in die er nun »Einblick gewann« ... Endlich legte er seine Linke auf Herrn Grünlichs Arm und sagte erschüttert:

»Sie armer Mann!«

»Vater ...« brachte Herr Grünlich hervor. Dem bedauernswerten Menschen liefen zwei große Tränen die Wangen hinab und in die goldgelben Favoris hinein. Herr Kesselmeyer verfolgte den Weg dieser beiden Tropfen mit dem größten Interesse; er stand sogar ein wenig auf, beugte sich vor und starrte seinem Gegenüber mit offenem Munde ins Gesicht. Konsul Buddenbrook war heftig bewegt. Weich gemacht durch das Unglück, das ihn selbst betroffen, fühlte er, wie das Erbarmen ihn mit sich fortriß; aber rasch wurde er wieder Herr seiner Gefühle.

»Wie ist es möglich!« sagte er mit einem trostlosen Kopfschütteln ... »In diesen wenigen Jahren!«

»Kinderspiel!« antwortete Herr Kesselmeyer gut gelaunt. »In vier Jahren kann man allerliebst vor die Hunde kommen! Wenn man bedenkt, wie munter Gebrüder

Westfahl in Bremen vor kurzer Zeit noch umhersprangen ...«

Der Konsul sah ihn blinzelnd an, indem er ihn weder sah noch hörte. Er hatte keineswegs seinem wirklichen Gedanken Ausdruck gegeben, über den er grübelte ... Warum, fragte er sich argwöhnisch und dennoch verständnislos, warum dies Alles gerade jetzt? B. Grünlich hätte schon vor zwei, vor drei Jahren stehen können, wo er jetzt stand; das übersah man mit einem Blick. Aber sein Kredit war unerschöpflich gewesen, er hatte von den Banken Kapital erhalten, er hatte die Unterschriften von soliden Häusern wie Senator Bock und Konsul Goudstikker immer wieder für seine Unternehmungen in Empfang genommen, und seine Wechsel hatten koursiert wie Bargeld. Warum gerade jetzt, jetzt, jetzt – und der Chef der Firma Johann Buddenbrook wußte wohl, was er unter diesem Jetzt verstand – dieser Zusammenbruch auf allen Seiten, dieses totale Zurückziehen alles Vertrauens wie auf Verabredung, dieses einmütige Herfallen über B. Grünlich unter Hintansetzung jeder Rücksicht, ja jeder Höflichkeitsform? Der Konsul wäre allzu naiv gewesen, hätte er nicht gewußt, daß das Ansehen seines eignen Hauses nach der Verlobung Grünlichs mit seiner Tochter auch seinem Schwiegersohne hatte zugute kommen müssen. Aber hatte der Kredit des Letzteren so vollkommen, so eklatant, so ausschließlich von dem seinen abgehangen? War Grünlich selbst denn nichts gewesen? Und die Erkundigungen, die der Konsul eingezogen, die Bücher, die er geprüft hatte? ... Mochte es sich damit verhalten, wie es wollte, so stand sein Entschluß, in dieser Sache auch nicht das Glied eines Fingers zu regen, fester als jemals. Man sollte sich verrechnet haben! Augenscheinlich hatte B. Grünlich die Anschauung zu erwecken gewußt, als sei er mit Johann Buddenbrook solidarisch? Diesem, wie es schien, entsetzlich weit verbreiteten Irrtum mußte ein für alle Male vorgebeugt werden! Und auch dieser Kesselmeyer sollte sich wundern! Besaß dieser Bajazz ein Gewissen? Es sprang in die Augen, wie schamlos er ganz allein darauf spekuliert hatte, daß er, Johann Buddenbrook, den Mann seiner Tochter nicht würde fallen lassen, wie er dem längst vernichteten Grünlich zwar fort und fort Kredit gewährt, ihn aber immer blutigere Wucherzinsen hatte unterschreiben lassen ...

»Gleichviel«, sagte er kurz. »Kommen wir zur Sache. Wenn ich hier als Kaufmann mein Gutachten abgeben soll, so bedaure ich, aussprechen zu müssen, daß dies die Lage eines zwar unglücklichen, aber auch eines in hohem Grade schuldigen Mannes ist.«

»Vater ...« stammelte Herr Grünlich.

»Diese Anrede klingt mir *schlecht* in die Ohren!« sagte der Konsul rasch und hart. »Ihre Forderungen, mein Herr«, fuhr er fort, indem er sich flüchtig dem Bankier zuwandte, »an Herrn Grünlich betragen sechzigtausend Mark ...«

»Mit den rückständigen und den zum Kapital geschlagenen Zinsen achtundsechzigtausendsiebenhundertundfünfundfünfzig Mark und fünfzehn Schillinge«, antwortete Herr Kesselmeyer behaglich.

»Sehr wohl ... Und Sie wären unter keinen Umständen geneigt, Ihre Geduld zu verlängern?«

Herr Kesselmeyer begann einfach zu lachen. Er lachte mit offenem Munde, stoßweise, ohne eine Spur von Hohn und sogar gutmütig, indem er dem Konsul ins Gesicht sah, als wollte er ihn auffordern, gleichfalls einzustimmen.

Johann Buddenbrooks kleine, tiefliegende Augen

trübten sich und umgaben sich plötzlich mit roten Rändern, die sich bis zu den Wangenknochen hinzogen. Er hatte nur der Form wegen gefragt und wußte sehr wohl, daß ein Aufschub von seiten dieses einen Gläubigers die Sachlage ganz unwesentlich verändert haben würde. Aber die Art, in der dieser Mensch ihn zurückwies, beschämte und erbitterte ihn aufs Äußerste. Mit einer einzigen Handbewegung schob er Alles weit von sich, was vor ihm lag, legte mit einem Ruck den Bleistift auf den Tisch und sagte:

»So erkläre ich, daß ich nicht willens bin, mich länger in irgend einer Weise mit dieser Angelegenheit zu beschäftigen.«

»Ahah!« rief Herr Kesselmeyer, indem er seine Hände in der Luft schüttelte ... »Das nenne ich ein Wort, das nenne ich würdig gesprochen. Der Herr Konsul wird die Sache ganz einfach regeln! Ohne langes Parlamentieren! Schlanker Hand!«

Johann Buddenbrook sah ihn nicht einmal an.

»Ich kann Ihnen nicht helfen, mein Freund«, wandte er sich ruhig an Herrn Grünlich. »Die Dinge müssen den Weg nehmen, den sie eingeschlagen haben ... Ich sehe mich nicht in der Lage, sie aufzuhalten. Fassen Sie sich und suchen Sie Trost und Kraft bei Gott. Ich muß diese Unterredung als geschlossen betrachten.«

Überraschender Weise nahm Herrn Kesselmeyers Gesicht einen ernsten Ausdruck an, was sich ganz wunderlich ausnahm; dann aber nickte er Herrn Grünlich aufmunternd zu. Dieser saß bewegungslos und rang nur seine langen Hände auf dem Tische so heftig, daß die Finger leise krachten.

»Vater ... Herr Konsul ...« sagte er mit wankender Stimme, »Sie werden ... Sie können meinen Ruin, mein

Elend nicht wollen! Hören Sie mich an! Es handelt sich in Summa um ein Manko von hundertzwanzigtausend ... Sie können mich retten! Sie sind ein reicher Mann! Betrachten Sie die Summe, wie Sie wollen ... als eine endgültige Abfindung, als das Erbteil Ihrer Tochter, als ein verzinsbares Darlehen ... Ich werde arbeiten ... Sie wissen, daß ich rege und findig bin ...«

»Ich habe mein letztes Wort gesprochen«, sagte der Konsul.

»Erlauben Sie mir ... *können* Sie nicht?« fragte Herr Kesselmeyer und sah ihn durch seinen Kneifer mit krauser Nase an ... »Wenn ich dem Herrn Konsul zu bedenken geben dürfte ... dies wäre eigentlich gerade jetzt eine allerliebste Occasion, die Stärke der Firma Johann Buddenbrook zu beweisen ...«

»Sie täten gut daran, mein Herr, die Sorge für das Ansehen meines Hauses mir selbst zu überlassen. Um meine Zahlungsfähigkeit klarzustellen, habe ich nicht nötig, mein Geld in die nächste Pfütze zu werfen ...«

»Nicht doch, nicht doch! A-ahah, ›Pfütze‹ ist höchst spaßhaft! Aber meinen Herr Konsul nicht, daß der Konkurs Ihres Herrn Schwiegersohnes auch Ihre Lage in eine falsche und schiefe Beleuchtung ... wie? ... bringen würde ... wie? ... rücken würde? ...«

»Ich kann Ihnen nur noch einmal empfehlen, meinen Ruf in der Geschäftswelt meine eigene Sache sein zu lassen«, sagte der Konsul.

Herr Grünlich sah ratlos seinem Bankier ins Gesicht und begann von Neuem:

»Vater ... ich flehe Sie an, bedenken Sie, was Sie tun! ... Ist denn von mir allein die Rede? Oh, ich ... mag *ich* immerhin zu Grunde gehen! Aber Ihre Tochter, mein Weib, sie, die ich so liebe, die ich mir in so heißem Kampfe erworben ... und unser Kind, unser Beider unschuldiges Kind ... auch sie im Elend! Nein, Vater, ich würde es nicht tragen! Ich würde mich töten! Ja, mit dieser meiner eigenen Hand würde ich mich töten ... glauben Sie mir! Und möge der Himmel Sie dann von jeder Schuld freisprechen!«

Johann Buddenbrook lehnte bleich und mit pochendem Herzen in seinem Armsessel. Zum zweiten Male stürmten die Empfindungen dieses Mannes auf ihn ein, deren Äußerung durchaus das Gepräge der Echtheit trug, wieder mußte er, wie damals, als er Herrn Grünlich den Travemünder Brief seiner Tochter mitgeteilt hatte, die selbe gräßliche Drohung vernehmen und wieder durchschauerte ihn die schwärmerische Ehrfurcht seiner Generation vor menschlichen Gefühlen, die stets mit seinem nüchternen und praktischen Geschäftssinn in Hader gelegen hatte. Dieser Anfall aber währte nicht länger, als eine Sekunde. Hundertundzwanzigtausend Mark ... wiederholte er innerlich, und dann sagte er ruhig und fest:

»Antonie ist meine Tochter. Ich werde zu verhindern wissen, daß sie unschuldig leidet.«

»Was wollen Sie damit sagen ...?« fragte Herr Grünlich, indem er langsam erstarrte ...

»Das werden Sie erfahren«, antwortete der Konsul. »Für jetzt habe ich meinen Worten nichts hinzuzufügen.« Und damit erhob er sich, stellte seinen Stuhl fest auf den Boden und wandte sich zur Tür.

Herr Grünlich saß stumm, steif, fassungslos, und sein Mund bewegte sich ruckweise nach beiden Seiten, ohne daß sich ihm ein Wort zu entringen vermochte. Herrn Kesselmeyers Munterkeit aber kehrte bei dieser abschließenden und endgültigen Bewegung des Konsuls zurück ... ja, sie nahm Überhand, sie überschritt alle Grenzen und wurde fürchterlich! Das Binocle fiel von seiner Nase, die sich zwischen die Augen hinaufzog, während sein winziger Mund, in dem die beiden Eckzähne gelb und einsam ragten, zu zerreißen drohte. Seine kleinen, roten Hände ruderten in der Luft, seine Flaumfedern flatterten, sein gänzlich verschobenes und vor übermäßiger Fröhlichkeit verzerrtes Gesicht mit dem weißen, geschorenen Backenbart war zinnoberfarben …

»A-ahah!« schrie er, daß seine Stimme sich überschlug … »Das finde ich höchst … höchst spaßhaft! Aber Sie sollten es sich überlegen, Herr Konsul Buddenbrook, ein solch allerliebstes, ein solch köstliches Exemplar von einem Schwiegersöhnchen in den Graben zu werfen! … So etwas von Regsamkeit und Findigkeit gibt es auf Gottes weiter, lieber Erdenwelt nicht zum zweiten Male! Ahah! schon vor vier Jahren, als uns schon einmal das Messer an der Kehle stand … der Strick um den Hals lag … wie wir da plötzlich die Verlobung mit Mademoiselle Buddenbrook an der Börse ausschreien ließen, noch bevor sie wirklich stattgefunden hatte … jederlei Achtung! Na-hein, meine höchste Anerkennung …!«

»Kesselmeyer!« kreischte Herr Grünlich, machte krampfhafte Bewegungen mit den Händen, als ob er ein Gespenst von sich abwehrte, und lief in einen Winkel des Zimmers, woselbst er sich auf einen Stuhl setzte, das Gesicht in den Händen verbarg und sich so tief bückte, daß die Enden seiner Favoris auf seinen Schenkeln lagen. Einige Male zog er sogar die Knie empor.

»Wie haben wir das eigentlich gemacht?« fuhr Herr Kesselmeyer fort. »Wie haben wir es eigentlich angefangen, das Töchterchen und die achtzigtausend Mark zu ergattern? O-ho! das arrangiert sich! Wenn man auch nur für einen Sechsling Regsamkeit und Findigkeit besitzt, so arrangiert sich das! Man legt dem rettenden Herrn Papa recht hübsche Bücher vor, allerliebste, reinliche Bücher, in denen Alles aufs Beste bestellt ist ... nur daß sie mit der rauhen Wirklichkeit nicht völlig übereinstimmen ... Denn in der rauhen Wirklichkeit sind drei Viertel der Mitgift schon Wechselschulden!«

Der Konsul stand totenblaß an der Tür, den Griff in der Hand. Das Grauen rann ihm den Rücken hinunter. Befand er sich in dieser kleinen, unruhig beleuchteten Stube allein mit einem Gauner und einem vor Bosheit tollen Affen?

»Herr, ich verachte Ihre Worte«, brachte er mit geringer Sicherheit hervor. »Ich verachte Ihre wahnsinnigen Verleumdungen um so mehr, als sie auch mich treffen ... mich, der ich meine Tochter nicht leichtfertiger Weise ins Unglück gebracht habe. Ich habe sichere Erkundigungen über meinen Schwiegersohn eingezogen ... das Übrige war Gottes Wille!«

Er wandte sich, er *wollte* nichts mehr hören, er öffnete die Tür. Aber Herr Kesselmeyer schrie ihm nach:

»Ahah? Erkundigungen? Bei wem? Bei Bock? Bei Goudstikker? Bei Petersen? Bei Maßmann & Timm? Die waren ja alle engagiert! Die waren ja Alle ganz ungeheuer engagiert! Die waren ja Alle ungemein froh, daß sie durch die Heirat sicher gestellt wurden ...«

Der Konsul schlug die Tür hinter sich zu.

Hieronymus

Eiferer des *Gladius Dei*

(München leuchtete ...)

Es schritt ein Jüngling die Schellingstraße hinan; er schritt, umklingelt von den Radfahrern, in der Mitte des Holzpflasters der breiten Fassade der Ludwigskirche entgegen. Sah man ihn an, so war es, als ob ein Schatten über die Sonne gienge oder über das Gemüth eine Erinnerung an schwere Stunden. Liebte er die Sonne nicht, die die schöne Stadt in Festglanz tauchte? Warum hielt er in sich gekehrt und abgewandt die Augen zu Boden gerichtet, indes er wandelte?

Er trug keinen Hut, woran bei der Costümfreiheit der leichtgemuthen Stadt keine Seele Anstoß nahm, sondern hatte statt dessen die Kapuze seines weiten, schwarzen Mantels über den Kopf gezogen, die seine niedrige, eckig hervorspringende Stirn beschattete, seine Ohren bedeckte und seine hageren Wangen umrahmte. Welcher Gewissensgram, welche Scrupeln und welche Mißhandlungen seiner selbst hatten diese Wangen so auszuhöhlen vermocht? Ist es nicht schauerlich, an solchem Sonnentage den Kummer in den Wangenhöhlen eines Menschen wohnen zu sehen? Seine dunklen Brauen verdickten sich stark an der schmalen Wurzel seiner Nase, die groß und gehöckert aus dem Gesichte hervorsprang, und seine Lippen waren stark und wulstig. Wenn er seine ziemlich nahe bei einander liegenden braunen Augen erhob, bildeten sich Querfalten auf seiner kantigen Stirn. Er blickte mit einem Ausdruck von Wissen, Begrenztheit und Leiden. Im Profil gesehen, glich dieses Gesicht genau einem alten Bildnis von Möncheshand, aufbewahrt zu Florenz in einer engen und harten Klosterzelle, aus welcher einstmals ein furchtbarer und niederschmetternder Protest gegen das Leben und seinen Triumph ergieng …

Hieronymus schritt die Schellingstraße hinan, schritt langsam und fest, indes er seinen weiten Mantel von innen mit beiden Händen zusammenhielt. Zwei kleine Mädchen, zwei dieser hübschen, untersetzten Wesen mit den Haarbandeaux, den zu großen Füßen und den unbedenklichen Sitten, die Arm in Arm und abenteuerlustig an ihm vorüberschlenderten, stießen sich an und lachten, legten sich vornüber und geriethen ins Laufen vor Lachen über seine Kapuze und sein Gesicht. Aber er achtete dessen nicht. Gesenkten Hauptes und ohne nach rechts oder links zu blicken, überschritt er die Ludwigstraße und stieg die Stufen der Kirche hinan.

Die großen Flügel der Mittelthür standen weit geöffnet. In der geweihten Dämmerung, kühl, dumpfig und mit Opferrauch geschwängert, war irgendwo fern ein schwaches, röthliches Glühen bemerkbar. Ein altes Weib mit blutigen Augen erhob sich von einer Betbank und schleppte sich an Krücken zwischen den Säulen hindurch. Sonst war die Kirche leer.

(… *Ganz anders die Kunsthandlung M. Blüthenzweig am Odeonsplatz, an der Hieronymus nach seiner Einkehr in der Kirche vorbeikommt. Das »weitläufige Schönheitsge-*

Hieronymus,
Gladius Dei (1902)

schäft« zieht die Schaulustigen nur so an mit seinen Aus-
lagen, darunter die Reproduktion einer sehr lebensnah
dargestellten Madonna mit Jesuskind. Schockiert wendet
Hieronymus sich ab …)

Aber das Bild der Madonna gieng mit ihm. Immerdar,
mochte er nun in seinem engen und harten Kämmerlein
weilen oder in den kühlen Kirchen knien, stand es vor seiner empörten Seele, mit schwülen, umränderten Augen,
mit räthselhaft lächelnden Lippen, entblößt und schön.
Und kein Gebet vermochte, es zu verscheuchen.

In der dritten Nacht aber geschah es, daß ein Befehl
und Ruf aus der Höhe an Hieronymus ergieng, einzu-
schreiten und seine Stimme zu erheben gegen leichther-
zige Ruchlosigkeit und frechen Schönheitsdünkel. Vergebens wendete er, Mosen gleich, seine blöde Zunge vor;
Gottes Wille blieb unerschütterlich und verlangte laut
von seiner Zaghaftigkeit diesen Opfergang unter die lachenden Feinde.

Da machte er sich auf am Vormittage und gieng, weil
Gott es wollte, den Weg zur Kunsthandlung, zum großen
Schönheitsgeschäft von M. Blüthenzweig. Er trug die Kapuze über dem Kopf und hielt seinen Mantel von innen
mit beiden Händen zusammen, indes er wandelte.

(… Wir geraten mitten hinein in die Auseinandersetzung
mit dem Besitzer …)

Herr Blüthenzweig blickte eine Weile stumm in Hieronymus' Gesicht, mit einem Ausdruck, als forderte er ihn auf,
über seine abenteuerlichen Worte in Verlegenheit zu gera-
then. Da dies aber keineswegs geschah, so schnüffelte er
heftig und brachte hervor:

»Wollen Sie die Güte haben, mir mitzutheilen, ob Sie hier in irgend einer amtlichen Eigenschaft stehen, die Sie befugt, mir Vorschriften zu machen, oder was Sie eigentlich herführt ...«

»O nein«, antwortete Hieronymus; »ich habe weder Amt noch Würde von Staates wegen. Die Macht ist nicht auf meiner Seite, Herr. Was mich herführt, ist allein mein Gewissen.«

Herr Blüthenzweig bewegte nach Worten suchend den Kopf hin und her, blies heftig mit der Nase in seinen Schnurrbart und rang mit der Sprache. Endlich sagte er:

»Ihr Gewissen ... Nun, so wollen Sie gefälligst ... Notiz davon nehmen ... daß Ihr Gewissen für uns eine ... eine gänzlich belanglose Einrichtung ist!«

Damit drehte er sich um, ging schnell zu seinem Pult im Hintergrunde des Ladens und begann zu schreiben. Die beiden Ladendiener lachten von Herzen. Auch das hübsche Fräulein kicherte über ihrem Contobuche. Was den gelben Herrn mit dem schwarzen Ziegenbart betraf, so zeigte es sich, daß er ein Fremder war, denn er verstand augenscheinlich nichts von dem Gespräch, sondern fuhr fort, sich mit den französischen Zeichnungen zu beschäftigen, wobei er von Zeit zu Zeit sein meckerndes Lachen vernehmen ließ.

»Wollen Sie den Herrn abfertigen«, sagte Herr Blüthenzweig über die Schulter hinweg zu seinem Gehilfen. Dann schrieb er weiter. Der junge Mensch mit dem Aspect von Schlechtbezahltheit und Pflanzenkost trat auf Hieronymus zu, indem er sich des Lachens zu enthalten trachtete, und auch der andere Verkäufer näherte sich.

»Können wir Ihnen sonst irgendwie dienlich sein?« fragte der Schlechtbezahlte sanft. Hieronymus hielt unverwandt seinen leidenden, stumpfen und dennoch durchdringenden Blick auf ihn gerichtet.

»Nein«, sagte er, »sonst können Sie es nicht. Ich bitte Sie, das Madonnenbild unverzüglich aus dem Fenster zu entfernen und zwar für immer.«

»O ... Warum?«

»Es ist die heilige Mutter Gottes ...« sagte Hieronymus gedämpft.

»Allerdings ... Sie hören ja aber, daß Herr Blüthenzweig nicht geneigt ist, Ihren Wunsch zu erfüllen.«

»Man muß bedenken, daß es die heilige Mutter Gottes ist«, sagte Hieronymus, und sein Kopf zitterte.

»Das ist richtig. – Und weiter? Darf man keine Madonnen ausstellen? Darf man keine malen?«

»Nicht so! Nicht so!« sagte Hieronymus beinahe flüsternd, indem er sich hoch emporrichtete und mehrmals heftig den Kopf schüttelte. Seine kantige Stirn unter der Kapuze war ganz von langen und tiefen Querfalten durchfurcht. »Sie wissen sehr wohl, daß es das Laster selbst ist, das ein Mensch dort gemalt hat ... die entblößte Wollust! Von zwei schlichten und unbewußten Leuten, die dieses Madonnenbild betrachteten, habe ich mit meinen Ohren gehört, daß es sie an dem Dogma der unbefleckten Empfängnis irre mache ...«

»O, erlauben Sie, nicht darum handelt es sich«, sagte der junge Verkäufer überlegen lächelnd. Er schrieb in seinen Mußestunden eine Broschüre über die moderne Kunstbewegung und war sehr wohl imstande, ein gebildetes Gespräch zu führen. »Das Bild ist ein Kunstwerk«, fuhr er fort, »und man muß den Maßstab daran legen, der ihm gebührt. Es hat allerseits den größten Beifall gehabt. Der Staat hat es angekauft ...«

»Ich weiß, daß der Staat es angekauft hat«, sagte Hieronymus. »Ich weiß auch, daß der Maler zweimal beim Regenten gespeist hat. Das Volk spricht davon, und Gott weiß, wie es sich die Thatsache deutet, daß jemand für ein solches Werk zum hochgeehrten Manne wird. Wovon legt diese Thatsache Zeugnis ab? Von der Blindheit der Welt, einer Blindheit, die unfaßlich ist, wenn sie nicht auf schamloser Heuchelei beruht. Dieses Gebilde ist aus Sinnenlust entstanden und wird in Sinnenlust genossen ... ist dies wahr oder nicht? Antworten Sie! Antworten auch Sie, Herr Blüthenzweig!«

Eine Pause trat ein. Hieronymus schien allen Ernstes eine Antwort zu verlangen und blickte mit seinen leidenden und durchdringenden braunen Augen abwechselnd auf die beiden Verkäufer, die ihn neugierig und verdutzt anstarrten, und auf Herrn Blüthenzweigs runden Rükken. Es herrschte Stille. Nur der gelbe Herr mit dem schwarzen Ziegenbart ließ, über die französischen Zeichnungen gebeugt, sein meckerndes Lachen vernehmen.

»Es *ist* wahr!« fuhr Hieronymus fort und in seiner belegten Stimme bebte eine tiefe Entrüstung ... »Sie wagen nicht, es zu leugnen! Wie aber ist es dann möglich, den Verfertiger dieses Gebildes im Ernste zu feiern, als habe er der Menschheit ideale Güter um eines vermehrt? Wie ist es dann möglich, davor zu stehen, sich unbedenklich dem schnöden Genusse hinzugeben, den es verursacht, und sein Gewissen mit dem Worte Schönheit zum Schweigen zu bringen, ja, sich ernstlich einzureden, man überlasse sich dabei einem edlen, erlesenen und höchst menschenwürdigen Zustande? Ist dies ruchlose Unwissenheit oder verworfene Heuchelei? Mein Verstand steht still an dieser Stelle ... er steht still vor der absurden Thatsache, daß ein Mensch durch die dumme und zuversichtliche Entfaltung seiner thierischen Triebe auf Erden zu höchstem Ruhme gelangen kann! … Schönheit … Was ist Schönheit? Wodurch wird die Schönheit zutage getrieben und worauf wirkt sie? Es ist unmöglich, dies nicht zu wissen, Herr Blüthenzweig! Wie aber ist es denkbar, eine Sache so sehr zu durchschauen und nicht angesichts ihrer von Ekel und Gram erfüllt zu werden? Es ist verbrecherisch, die Unwissenheit der schamlosen Kinder und kecken Unbedenklichen durch die Erhöhung und frevle Anbetung der Schönheit zu bestätigen, zu bekräftigen und ihr zur Macht zu verhelfen, denn sie sind weit vom Leiden und weiter noch von der Erlösung! … Du blickst schwarz, antworten Sie mir, du, Unbekannter. Das Wissen, sage ich Ihnen, ist die tiefste Qual der Welt; aber es ist das Fegefeuer, ohne dessen läuternde Pein keines Menschen Seele zum Heile gelangt. Nicht kecker Kindersinn und ruchlose Unbefangenheit frommt, Herr Blüthenzweig, sondern jene Erkenntnis, in der die Leidenschaften unseres eklen Fleisches hinsterben und verlöschen.«

Stillschweigen. Der gelbe Herr mit dem schwarzen Ziegenbart meckerte kurz.

»Sie müssen nun wohl gehen«, sagte der Schlechtbezahlte sanft.

Aber Hieronymus machte keineswegs Anstalten, zu gehen. Hoch aufgerichtet in seinem Kapuzenmantel, mit brennenden Augen stand er inmitten des Kunstladens, und seine dicken Lippen formten mit hartem und gleichsam rostigem Klange unaufhaltsam verdammende Worte …

»Kunst! rufen sie, Genuß! Schönheit! Hüllt die Welt in Schönheit ein und verleiht jedem Dinge den Adel des Stiles! … Geht mir, Verruchte! Denkt man, mit prunkenden Farben das Elend der Welt zu übertünchen? Glaubt man, mit dem Festlärm des üppigen Wohlgeschmacks das

Ächzen der gequälten Erde übertönen zu können? Ihr irrt, Schamlose! Gott läßt sich nicht spotten, und ein Greuel ist in seinen Augen euer frecher Götzendienst der gleißenden Oberfläche! ... Du schmähst die Kunst, antworten Sie mir, du, Unbekannter. Sie lügen, sage ich Ihnen, ich schmähe nicht die Kunst! Die Kunst ist kein gewissenloser Trug, der lockend zur Bekräftigung und Bestätigung des Lebens im Fleische reizt! Die Kunst ist die heilige Fackel, die barmherzig hineinleuchte in alle fürchterlichen Tiefen, in alle scham- und gramvollen Abgründe des Daseins; die Kunst ist das göttliche Feuer, das an die Welt gelegt werde, damit sie aufflamme und zergehe sammt all ihrer Schande und Marter in erlösendem Mitleid! ... Nehmen Sie, Herr Blüthenzweig, nehmen Sie das Werk des berühmten Malers dort aus Ihrem Fenster ... ja, Sie thäten gut, es mit einem heißen Feuer zu verbrennen und seine Asche in alle Winde zu streuen, in alle vier Winde! ...«

Seine unschöne Stimme brach ab. Er hatte einen heftigen Schritt rückwärts gethan, hatte einen Arm der Umhüllung des schwarzen Mantels entrissen, hatte ihn mit leidenschaftlicher Bewegung weit hinausgereckt und wies mit einer seltsam verzerrten, krampfhaft auf und nieder bebenden Hand auf die Auslage, das Schaufenster, dorthin, wo das aufsehenerregende Madonnenbild seinen Platz hatte. In dieser herrischen Haltung verharrte er. Seine große, gehöckerte Nase schien mit einem befehlshaberischen Ausdruck hervorzuspringen, seine dunklen, an der Nasenwurzel stark sich verdickenden Brauen waren so hoch emporgezogen, daß die kantige, von der Kapuze beschattete Stirn ganz in breiten Querfalten lag, und über seinen Wangenhöhlen hatte sich eine hektische Hitze entzündet.

Hier aber wandte Herr Blüthenzweig sich um. Sei es, daß die Zumuthung, diese Siebenzig-Mark-Reproduction zu verbrennen ihn so aufrichtig entrüstete, oder daß überhaupt Hieronymus' Reden seine Geduld am Ende erschöpft hatten: jedenfalls bot er ein Bild gerechten und starken Zornes. Er wies mit dem Federhalter auf die Ladenthür, blies mehrere Male kurz und erregt mit der Nase in den Schnurrbart, rang mit der Sprache und brachte dann mit höchstem Nachdruck hervor:

»Wenn Sie Patron nun nicht augenblicklich von der Bildfläche verschwinden, so lasse ich Ihnen durch den Packer den Abgang erleichtern, verstehen Sie mich?!«

»O, Sie schüchtern mich nicht ein, Sie verjagen mich nicht, Sie bringen meine Stimme nicht zum Schweigen!« rief Hieronymus, indem er oberhalb der Brust seine Kapuze mit der Faust zusammenraffte und furchtlos den Kopf schüttelte ... »Ich weiß, daß ich einsam und machtlos bin, und dennoch verstumme ich nicht, bis Sie mich hören, Herr Blüthenzweig! Nehmen Sie das Bild aus Ihrem Fenster und verbrennen Sie es noch heute! Ach, verbrennen Sie nicht dies allein! Verbrennen Sie auch diese Statuetten und Büsten, deren Anblick in Sünde stürzt, verbrennen Sie diese Vasen und Zierate, diese schamlosen Wiedergeburten des Heidenthums, diese üppig ausgestatteten Liebesverse! Verbrennen Sie alles, was Ihr Laden birgt, Herr Blüthenzweig, denn es ist ein Unrath in Gottes Augen! Verbrennen, verbrennen, verbrennen Sie es!« rief er außer sich, indem er eine wilde, weite Bewegung rings in die Runde vollführte ... »Die Ernte ist reif für den Schnitter ... Die Frechheit dieser Zeit durchbricht alle Dämme ... Ich aber sage Ihnen ...«

»Krauthuber!« ließ Herr Blüthenzweig, einer Thür im

Hintergrund zugewandt, mit Anstrengung seine Stimme vernehmen ... »Kommen Sie sofort herein!«

Das, was infolge dieses Befehles auf dem Schauplatze erschien, war ein massiges und übergewaltiges Etwas, eine ungeheuerliche und strotzende menschliche Erscheinung von schreckeneinflößender Fülle, deren schwellende, quellende, gepolsterte Gliedmassen überall formlos in einander übergiengen ... eine unmäßige, langsam über den Boden wuchtende und schwer pustende Riesengestalt, genährt mit Malz, ein Sohn des Volkes von fürchterlicher Rüstigkeit! Ein fransenartiger Seehundsschnauzbart war droben in seinem Angesicht bemerkbar, ein gewaltiges, mit Kleister besudeltes Schurzfell bedeckte seinen Leib, und die gelben Aermel seines Hemdes waren von seinen sagenhaften Armen zurückgerollt.

»Wollen Sie diesem Herrn die Thüre öffnen, Krauthuber«, sagte Herr Blüthenzweig, »und, sollte er sie dennoch nicht finden, ihm auf die Straße hinausverhelfen.«

»Ha?« sagte der Mann, indem er mit seinen kleinen Elephantenaugen abwechselnd Hieronymus und seinen erzürnten Brotherrn betrachtete ... Es war ein dumpfer Laut von mühsam zurückgedämmter Kraft. Dann gieng er, mit seinen Tritten alles um sich her erschütternd, zur Thür und öffnete sie.

Hieronymus war sehr bleich geworden. »Verbrennen Sie ...« wollte er sagen, aber schon fühlte er sich von einer furchtbaren Uebermacht umgewandt, von einer Körperwucht, gegen die kein Widerstand denkbar war, langsam und unaufhaltsam der Thür entgegengedrängt.

»Ich bin schwach ...« brachte er hervor. »Mein Fleisch erträgt nicht die Gewalt ... es hält nicht stand, nein ... Was beweist das? Verbrennen Sie ...«

Er verstummte. Er befand sich außerhalb des Kunstladens. Herrn Blüthenzweigs riesiger Knecht hatte ihn schließlich mit einem kleinen Stoß und Schwung fahren lassen, so daß er, auf eine Hand gestützt, seitwärts auf die steinerne Stufe niedergesunken war. Und hinter ihm schloß sich klirrend die Glasthür.

Er richtete sich empor. Er stand aufrecht und hielt schwer athmend mit der einen Faust seine Kapuze oberhalb der Brust zusammengerafft, indes er die andere unter dem Mantel hinabhängen ließ. In seinen Wangenhöhlen lagerte eine graue Blässe; die Flügel seiner großen, gehöckerten Nase blähten und schlossen sich zuckend; seine häßlichen Lippen waren zu dem Ausdruck eines verzweifelten Hasses verzerrt, und seine Augen, von Glut umzogen, schweiften irr und ekstatisch über den schönen Platz.

Er sah nicht die neugierig und lachend auf ihn gerichteten Blicke. Er sah auf der Mosaikfläche vor der großen Loggia die Eitelkeiten der Welt, die Maskencostüme der Künstlerfeste, die Zierate, Vasen, Schmuckstücke und Stilgegenstände, die nackten Statuen und Frauenbüsten, die malerischen Wiedergeburten des Heidenthums, die Porträts der berühmten Schönheiten von Meisterhand, die üppig ausgestatteten Liebesverse und Propagandaschriften der Kunst pyramidenartig aufgethürmt und unter dem Jubelgeschrei des durch seine furchtbaren Worte geknechteten Volkes in prasselnde Flammen aufgehen … Er sah gegen die gelbliche Wolkenwand, die von der Theatinerstraße heraufgezogen war und in der es leise donnerte, ein breites Feuerschwert stehen, das sich im Schwefellicht über die frohe Stadt hinreckte …

»*Gladius Dei super terram* …« flüsterten seine dicken Lippen, und in seinem Kapuzenmantel sich höher emporrichtend, mit einem versteckten und krampfigen Schütteln seiner hinabhängenden Faust, murmelte er bebend: »*Cito et velociter!*«

(*»Gladius Dei super terram ... Cito et velociter«: Es komme das Schwert Gottes über die Erde ... Unmittelbar und schnell.*)

Ein Reisender

Im Aufruhr der Elemente, *Tonio Kröger*

Die Nacht fiel ein, und mit einem schwimmenden Silberglanz stieg schon der Mond empor, als Tonio Krögers Schiff die offene See gewann. Er stand am Bugspriet, in seinen Mantel gehüllt vor dem Winde, der mehr und mehr erstarkte, und blickte hinab in das dunkle Wandern und Treiben der starken, glatten Wellenleiber dort unten, die um einander schwankten, sich klatschend begegneten, in unerwarteten Richtungen auseinander schossen und plötzlich schaumig aufleuchteten ...

Eine schaukelnde und still entzückte Stimmung erfüllte ihn. Er war ein wenig niedergeschlagen gewesen, daß man ihn daheim als Hochstapler hatte verhaften wollen, ja, – obgleich er es gewissermaßen in der Ordnung gefunden hatte. Aber dann, nachdem er sich eingeschifft, hatte er, wie als Knabe zuweilen mit seinem Vater, dem Verladen der Waaren zugesehen, mit denen man, unter Rufen, die ein Gemisch aus Dänisch und Plattdeutsch waren, den tiefen Bauch des Dampfers füllte, hatte gesehen, wie man außer den Ballen und Kisten auch einen Eisbären und einen Königstiger in dick vergitterten Käfigen hinabließ, die wohl von Hamburg kamen und für eine dänische Menagerie bestimmt waren; und dies hatte ihn zerstreut.

Während dann das Schiff zwischen den flachen Ufern den Fluß entlang glitt, hatte er Polizist Petersens Verhör ganz und gar vergessen, und Alles, was vorher gewesen war, seine süßen, traurigen und reuigen Träume der Nacht, der Spaziergang, den er gemacht, der Anblick des Wallnuß- baumes, war wieder in seiner Seele stark geworden. Und nun, da das Meer sich öffnete, sah er von fern den Strand, an dem er als Knabe die sommerlichen Träume des Mee- res hatte belauschen dürfen, sah die Glut des Leuchtturms und die Lichter des Kurhauses, darin er mit seinen Eltern gewohnt ... Die Ostsee! Er lehnte den Kopf gegen den starken Salzwind, der frei und ohne Hindernis daherkam, die Ohren umhüllte und einen gelinden Schwindel, eine gedämpfte Betäubung hervorrief, in der die Erinnerung an alles Böse, an Qual und Irrsal, an Wollen und Mühen träge und selig unterging. Und in dem Sausen, Klatschen, Schäumen und Aechzen rings um ihn her glaubte er das Rauschen und Knarren des alten Wallnußbaumes, das Kreischen einer Gartenpforte zu hören ... Es dunkelte mehr und mehr.

»Die Sderne, Gott, sehen Sie doch bloß die Sderne an«, sagte plötzlich mit schwerfällig singender Betonung eine Stimme, die aus dem Innern einer Tonne zu kommen schien. Er kannte sie schon. Sie gehörte einem rotblonden und schlicht gekleideten Mann mit geröteten Augenli- dern und einem feuchtkalten Aussehen, als habe er so- eben gebadet. Beim Abendessen in der Kajüte war er To- nio Krögers Nachbar gewesen und hatte mit zagen und bescheidenen Bewegungen erstaunliche Mengen von Hummer-Omelette zu sich genommen. Nun lehnte er neben ihm an der Brüstung und blickte zum Himmel em- por, indem er sein Kinn mit Daumen und Zeigefinger er- faßt hielt. Ohne Zweifel befand er sich in einer jener außerordentlichen und festlich-beschaulichen Stimmungen, in denen die Schranken zwischen den Menschen dahinsinken, in denen das Herz auch Fremden sich öffnet und der Mund Dinge spricht, vor denen er sich sonst schamhaft verschließen würde …

»Sehen Sie, Herr, doch bloß die Sderne an. Da sdehen sie und glitzern, es ist, weiß Gott, der ganze Himmel voll. Und nun bitt' ich Sie, wenn man hinaufsieht und bedenkt, daß viele davon doch hundert mal größer sein sollen, als die ganze Erde, wie wird einem da zu Sinn? Wir Menschen haben den Telegraphen erfunden und das Telephon und so viele Errungenschaften der Neuzeit, ja, das haben wir. Aber wenn wir da hinaufsehen, so müssen wir doch erkennen und versdehen, daß wir im Grunde Gewürm sind, elendes Gewürm, und nichts weiter, – hab' ich Recht oder Unrecht, Herr? Ja, wir sind Gewürm!« antwortete er sich selbst und nickte demütig und zerknirscht zum Firmament empor.

Au … nein, der hat keine Litteratur im Leibe! dachte Tonio Kröger. Und alsbald fiel ihm etwas ein, was er kürzlich gelesen hatte, der Aufsatz eines berühmten französischen Schriftstellers über kosmologische und psychologische Weltanschauung; es war ein recht feines Geschwätz gewesen.

Er gab dem jungen Mann etwas wie eine Antwort auf seine tief erlebte Bemerkung, und dann fuhren sie fort, mit einander zu sprechen, indem sie, über die Brüstung gelehnt, in den unruhig erhellten, bewegten Abend hinausblickten. Es erwies sich, daß der Reisegefährte ein junger Kaufmann aus Hamburg war, der seinen Urlaub zu dieser Vergnügungsfahrt benutzte …

»Sollst«, sagte er, »ein bißchen mit dem *steamer* nach Kopenhagen fahren, denk' ich, und da sdeh' ich nun, und es ist ja so weit ganz schön. Aber das mit den Hummer-Ommeletten, das war nicht richtig, Herr, das sollen Sie sehn, denn die Nacht wird sdürmisch, das hat der Kapitän selbst gesagt, und mit so einem unbekömmlichen Essen im Magen ist das kein Sbaß ...«

Tonio Kröger lauschte all dieser zuthunlichen Thorheit mit einem heimlichen und freundschaftlichen Gefühl.

»Ja«, sagte er, »man ißt überhaupt zu schwer hier oben. Das macht faul und wehmütig.«

»Wehmütig?« wiederholte der junge Mann und betrachtete ihn verdutzt ... »Sie sind wohl fremd hier, Herr?« fragte er plötzlich ...

»Ach ja, ich komme weit her!« antwortete Tonio Kröger mit einer vagen und abwehrenden Armbewegung.

»Aber Sie haben recht«, sagte der junge Mann; »Sie haben, weiß Gott, recht in Dem, was Sie von wehmütig sagen! Ich bin fast immer wehmütig, aber besonders an solchen Abenden, wie heute, wenn die Sderne am Himmel sdehn.« Und er stützte wieder sein Kinn mit Daumen und Zeigefinger.

Sicherlich schreibt er Verse, dachte Tonio Kröger, tief ehrlich empfundene Kaufmannsverse ...

Der Abend rückte vor, und der Wind war nun so heftig geworden, daß er das Sprechen behinderte. So beschlossen sie, ein wenig zu schlafen und wünschten einander gute Nacht.

Tonio Kröger streckte sich in seiner Koje auf der schmalen Bettstatt aus, aber er fand keine Ruhe. Der strenge Wind und sein herbes Arom hatten ihn seltsam erregt, und sein Herz war unruhig wie in ängstlicher Erwartung von etwas Süßem. Auch verursachte die Erschütterung, welche entstand, wenn das Schiff einen steilen Wogenberg hinabglitt und die Schraube wie im Krampf

Ein Reisender,
Tonio Kröger (1903)

außerhalb des Wassers arbeitete, ihm arge Übelkeit. Er kleidete sich wieder vollends an und stieg ins Freie hinauf.

Wolken jagten am Monde vorbei. Das Meer tanzte. Nicht runde und gleichmäßige Wellen kamen in Ordnung daher, sondern weithin, in bleichem und flackerndem Licht, war die See zerrissen, zerpeitscht, zerwühlt, leckte und sprang in spitzen, flammenartigen Riesenzungen empor, warf neben schaumerfüllten Klüften zackige und unwahrscheinliche Gebilde auf und schien mit der Kraft ungeheurer Arme in tollem Spiel den Gischt in alle Lüfte zu schleudern. Das Schiff hatte schwere Fahrt; stampfend, schlenkernd und ächzend arbeitete es sich durch den Tumult, und manchmal hörte man den Eisbären und den Tiger, die unter dem Seegang litten, in seinem Innern brüllen. Ein Mann im Wachstuchmantel, die Kapuze überm Kopf und eine Laterne um den Leib geschnallt, ging breitbeinig und mühsam balancierend auf dem Verdecke hin und her. Aber dort hinten stand, tief über Bord gebeugt, der junge Mann aus Hamburg und ließ es sich schlecht ergehen. »Gott«, sagte er mit hohler und wankender Stimme, als er Tonio Kröger gewahrte, »sehen Sie doch bloß den Aufruhr der Elemente, Herr!« Aber dann wurde er unterbrochen und wandte sich eilig ab.

Tonio Kröger hielt sich an irgend einem gestrafften Tau und blickte hinaus in all den unbändigen Übermut. In ihm schwang sich ein Jauchzen auf, und ihm war, als sei es mächtig genug, um Sturm und Flut zu übertönen. Ein Sang an das Meer, begeistert von Liebe, tönte in ihm. Du meiner Jugend wilder Freund, so sind wir einmal noch vereint ... Aber dann war das Gedicht zu Ende. Es ward nicht fertig, nicht rund geformt und nicht in Gelassenheit zu etwas Ganzem geschmiedet. Sein Herz lebte ...

Lange stand er so; dann streckte er sich auf einer Bank

am Kajütenhäuschen aus und blickte zum Himmel hinauf, an dem die Sterne flackerten. Er schlummerte sogar ein wenig. Und wenn der kalte Schaum in sein Gesicht spritzte, so war es ihm im Halbschlaf wie eine Liebkosung.

Senkrechte Kreidefelsen, gespenstisch im Mondschein, kamen in Sicht und näherten sich; das war Möen, die Insel. Und wieder trat Schlummer dazwischen, unterbrochen von salzigen Sprühschauern, die scharf ins Gesicht bissen und die Züge erstarren ließen … Als er völlig wach wurde, war es schon Tag, ein hellgrauer, frischer Tag, und die grüne See ging ruhiger. Beim Frühstück sah er den jungen Kaufmann wieder, der heftig errötete, wahrscheinlich vor Scham, im Dunkeln so poetische und blamable Dinge geäußert zu haben, mit allen fünf Fingern seinen kleinen rötlichen Schnurrbart emporstrich und ihm einen soldatisch scharfen Morgengruß zurief, um ihn dann ängstlich zu meiden.

Und Tonio Kröger landete in Dänemark.

Detlev Spinell und Baby Klöterjahn

Verwester und vitaler Säugling im
Sanatorium »Einfried«, *Tristan*

Spinell hieß der Schriftsteller, der seit mehreren Wochen in »Einfried« lebte, Detlev Spinell war sein Name, und sein Äußeres war wunderlich.

Man vergegenwärtige sich einen Brünetten am Anfang der Dreißiger und von stattlicher Statur, dessen Haar an den Schläfen schon merklich zu ergrauen beginnt, dessen rundes, weißes, ein wenig gedunsenes Gesicht aber nicht die Spur irgend eines Bartwuchses zeigt. Es war nicht rasiert, – man hätte es gesehen; weich, verwischt und knabenhaft, war es nur hier und da mit einzelnen Flaumhärchen besetzt. Und das sah ganz merkwürdig aus. Der Blick seiner rehbraunen, blanken Augen war von sanftem Ausdruck, die Nase gedrungen und ein wenig zu fleischig. Ferner besaß Herr Spinell eine gewölbte, poröse Oberlippe römischen Charakters, große, kariöse Zähne und Füße von seltenem Umfange. Einer der Herren mit den unbeherrschten Beinen, der ein Cyniker und Witzbold war, hatte ihn hinter seinem Rücken »der verweste Säugling« getauft; aber das war hämisch und wenig zutreffend. – Er ging gut und modisch gekleidet, in langem schwarzen Rock und farbig punktierter Weste.

Er war ungesellig und hielt mit keiner Seele Gemeinschaft. Nur zuweilen konnte eine leutselige, liebevolle und überquellende Stimmung ihn befallen, und das geschah jedesmal, wenn Herr Spinell in ästhetischen Zustand verfiel, wenn der Anblick von irgend etwas Schönem, der Zusammenklang zweier Farben, eine Vase von edler Form, das vom Sonnenuntergang bestrahlte Gebirge ihn zu lauter Bewunderung hinriß. »Wie schön!« sagte er dann, indem er den Kopf auf die Seite legte, die Schultern emporzog, die Hände spreizte und Nase und Lippen krauste. »Gott, sehen Sie, wie schön!« Und er war imstande, blindlings die distinguiertesten Herrschaften, ob Mann oder Weib, zu umhalsen in der Bewegung solcher Augenblicke …

Beständig lag auf seinem Tische, für jeden sichtbar, der sein Zimmer betrat, das Buch, das er geschrieben hatte. Es war ein Roman von mäßigem Umfange, mit einer vollkommen verwirrenden Umschlagzeichnung versehen und gedruckt auf einer Art von Kaffee-Sieb-Papier mit Buchstaben, von denen ein jeder aussah wie eine gotische Kathedrale. Fräulein von Osterloh hatte es in einer müßigen Viertelstunde gelesen und fand es »raffiniert«, was ihre Form war, das Urteil »unmenschlich langweilig« zu umschreiben. Es spielte in mondänen Salons, in üppigen Frauengemächern, die voller erlesener Gegenstände waren, voll von Gobelins, uralten Meubles, köstlichem Porzellan, unbezahlbaren Stoffen und künstlerischen Kleinodien aller Art. Auf die Schilderung dieser Dinge war der liebevollste Wert gelegt, und beständig sah man dabei Herrn Spinell, wie er die Nase kraus zog und sagte: »Wie schön! Gott, sehen Sie, wie schön!« … Übrigens mußte es wunder nehmen, daß er noch nicht mehr Bücher verfaßt hatte, als dieses eine, denn augenscheinlich schrieb er mit Leidenschaft. Er verbrachte den größeren Teil des Ta-

Detlev Spinell,
Tristan (1903)

ges schreibend auf seinem Zimmer und ließ außerordentlich viele Briefe zur Post befördern, fast täglich einen oder zwei, – wobei es nur als befremdend und belustigend auffiel, daß er seinerseits höchst selten welche empfing ...

Herr Spinell saß der Gattin Herrn Klöterjahns bei Tische gegenüber. Zur ersten Mahlzeit, an der die Herrschaften teilnahmen, erschien er ein wenig zu spät in dem großen Speisesaal im Erdgeschoß des Seitenflügels, sprach mit weicher Stimme einen an alle gerichteten Gruß und begab sich an seinen Platz, worauf Doktor Leander ihn ohne viel Ceremonie den neu Angekommenen vorstellte. Er verbeugte sich und begann dann, offenbar ein wenig verlegen, zu essen, indem er Messer und Gabel mit seinen großen, weißen und schön geformten Händen, die aus sehr engen Aermeln hervorsahen, in ziemlich affektierter Weise bewegte. Später ward er frei und betrachtete in Gelassenheit abwechselnd Herrn Klöterjahn und seine Gattin. Auch richtete Herr Klöterjahn im Verlaufe der Mahlzeit einige Fragen und Bemerkungen betreffend die Anlage und das Klima von »Einfried« an ihn, in die seine Frau in ihrer lieblichen Art zwei oder drei Worte einfließen ließ, und die Herr Spinell höflich beantwortete. Seine Stimme war mild und recht angenehm; aber er hatte eine etwas behinderte und schlürfende Art zu sprechen, als seien seine Zähne der Zunge im Wege.

Nach Tische, als man ins Konversationszimmer hinübergegangen war, und Doktor Leander den neuen Gästen im besonderen eine gesegnete Mahlzeit wünschte, erkundigte sich Herrn Klöterjahns Gattin nach ihrem Gegenüber.

»Wie heißt der Herr?« fragte sie ... »Spinelli? Ich habe den Namen nicht verstanden.«

»Spinell ... nicht Spinelli, gnädige Frau. Nein, er ist

kein Italiener, sondern bloß aus Lemberg gebürtig, soviel ich weiß ...«

»Was sagten Sie? Er ist Schriftsteller? Oder was?« fragte Herr Klöterjahn; er hielt die Hände in den Taschen seiner bequemen englischen Hose, neigte sein Ohr dem Doktor zu und öffnete, wie manche Leute pflegen, den Mund beim Horchen.

»Ja, ich weiß nicht, – er schreibt ...« antwortete Doktor Leander. »Er hat, glaube ich, ein Buch veröffentlicht, eine Art Roman, ich weiß wirklich nicht ...«

Dieses wiederholte »Ich weiß nicht« deutete an, daß Doktor Leander keine großen Stücke auf den Schriftsteller hielt und jede Verantwortung für ihn ablehnte.

»Aber das ist ja sehr interessant!« sagte Herrn Klöterjahns Gattin. Sie hatte noch nie einen Schriftsteller von Angesicht zu Angesicht gesehen.

»Oh ja«, erwiderte Doktor Leander entgegenkommend. »Er soll sich eines gewissen Rufes erfreuen ...« Dann wurde nicht mehr von dem Schriftsteller gesprochen.

Aber ein wenig später, als die neuen Gäste sich zurückgezogen hatten und Doktor Leander ebenfalls das Konversationszimmer verlassen wollte, hielt Herr Spinell ihn zurück und erkundigte sich auch seinerseits.

»Wie ist der Name des Paares?« fragte er ... »Ich habe natürlich nichts verstanden.«

»Klöterjahn«, antwortete Doktor Leander und ging schon wieder.

»Wie heißt der Mann?« fragte Herr Spinell ...

»*Klöterjahn* heißen sie!« sagte Doktor Leander und ging seiner Wege. – Er hielt gar keine großen Stücke auf den Schriftsteller.

Waren wir schon so weit, daß Herr Klöterjahn in die

Heimat zurückgekehrt war? Ja, er weilte wieder am Ostseestrande, bei seinen Geschäften und seinem Kinde, diesem rücksichtslosen und lebensvollen kleinen Geschöpf, das seiner Mutter sehr viele Leiden und einen kleinen Defekt an der Luftröhre gekostet hatte. Sie selbst aber, die junge Frau, blieb in »Einfried« zurück, und die Magistratsrätin Spatz schloß sich ihr als ältere Freundin an. Das aber hinderte nicht, daß Herrn Klöterjahns Gattin auch mit den übrigen Kurgästen gute Kameradschaft pflegte, zum Beispiel mit Herrn Spinell, der ihr zum Erstaunen aller (denn er hatte bislang mit keiner Seele Gemeinschaft gehalten) von Anbeginn eine außerordentliche Ergebenheit und Dienstfertigkeit entgegenbrachte, und mit dem sie in den Freistunden, die eine strenge Tagesordnung ihr ließ, nicht ungern plauderte.

Er näherte sich ihr mit einer ungeheuren Behutsamkeit und Ehrerbietung und sprach zu ihr nicht anders, als mit sorgfältig gedämpfter Stimme, sodaß die Rätin Spatz, die an den Ohren krankte, meistens überhaupt nichts von dem verstand, was er sagte. Er trat auf den Spitzen seiner großen Füße zu dem Sessel, in dem Herrn Klöterjahns Gattin zart und lächelnd lehnte, blieb in einer Entfernung von zwei Schritten stehen, hielt das eine Bein zurückgestellt und den Oberkörper vorgebeugt und sprach in seiner etwas behinderten und schlürfenden Art leise, eindringlich und jeden Augenblick bereit, eilends zurückzutreten und zu verschwinden, sobald ein Zeichen von Ermüdung und Überdruß sich auf ihrem Gesicht bemerkbar machen würde. Aber er verdroß sie nicht; sie forderte ihn auf, sich zu ihr und der Rätin zu setzen, richtete irgend eine Frage an ihn und hörte ihm dann lächelnd und neugierig zu, denn manchmal ließ er sich so amüsant und seltsam vernehmen, wie es ihr noch niemals begegnet war.

(... So zum Beispiel ...)

»Nein, es sind rätselvolle Thatsachen, die Frauen ... so wenig neu es ist, so wenig kann man ablassen, davor zu stehen und zu staunen. Da ist ein wunderbares Geschöpf, eine Sylphe, ein Duftgebild, ein Märchentraum von einem Wesen. Was thut sie? Sie geht hin und ergibt sich einem Jahrmarktsherkules oder Schlächterburschen. Sie kommt an seinem Arme daher, lehnt vielleicht sogar ihren Kopf an seine Schulter und blickt dabei verschlagen lächelnd um sich her, als wollte sie sagen: Ja, nun zerbrecht euch die Köpfe über diese Erscheinung! – Und wir zerbrechen sie uns. –«

Hiermit hatte Herrn Klöterjahns Gattin sich wiederholt beschäftigt.

(... Viele Wochen und einen Musikabend später ...)

Es sei dringend wünschenswert, daß Herr Klöterjahn, wenn anders sein blühendes Geschäft es irgend gestatte, wieder einmal zu Besuch nach »Einfried« käme. Man könne ihm schreiben, ihm vielleicht ein kleines Telegramm zukommen lassen ... Und sicherlich werde es die junge Mutter beglücken und stärken, wenn er den kleinen Anton mitbrächte: abgesehen davon, daß es für die Aerzte geradezu interessant sein werde, die Bekanntschaft dieses gesunden kleinen Anton zu machen.

Und siehe, Herr Klöterjahn erschien. Er hatte Doktor Müllers kleines Telegramm erhalten und kam vom Strande der Ostsee. Er stieg aus dem Wagen, ließ sich Kaffee und Buttersemmeln geben und sah sehr verdutzt aus.

»Herr«, sagte er, »was ist? Warum ruft man mich zu ihr?«

»Weil es wünschenswert ist«, antwortete Doktor Müller, »daß Sie jetzt in der Nähe Ihrer Frau Gemahlin weilen.«

»Wünschenswert ... Wünschenswert ... Aber auch notwendig? Ich sehe auf mein Geld, mein Herr, die Zeiten sind schlecht und die Eisenbahnen sind teuer. War diese Tagesreise nicht zu umgehen? Ich wollte nichts sagen, wenn es beispielsweise die Lunge wäre; aber da es Gott sei Dank die Luftröhre ist ...«

»Herr Klöterjahn«, sagte Doktor Müller sanft, »erstens ist die Luftröhre ein wichtiges Organ ...« Er sagte unkorrekter Weise »erstens«, obgleich er gar kein »Zweitens« darauf folgen ließ.

Gleichzeitig aber mit Herrn Klöterjahn war eine üppige, ganz in Rot, Schottisch und Gold gehüllte Person in »Einfried« eingetroffen, und sie war es, die auf ihrem Arme Anton Klöterjahn den Jüngeren, den kleinen gesunden Anton trug. Ja, er war da, und niemand konnte leugnen, daß er in der That von einer excessiven Gesundheit war. Rosig und weiß, sauber und frisch gekleidet, dick und duftig lastete er auf dem nackten, roten Arm seiner betreßten Dienerin, verschlang gewaltige Mengen von Milch und gehacktem Fleisch, schrie und überließ sich in jeder Beziehung seinen Instinkten.

Vom Fenster seines Zimmers aus hatte der Schriftsteller Spinell die Ankunft des jungen Klöterjahn beobachtet. Mit einem seltsamen, verschleierten und dennoch scharfen Blick hatte er ihn ins Auge gefaßt, während er vom Wagen ins Haus getragen wurde, und war dann noch längere Zeit mit demselben Gesichtsausdruck an seinem Platze verharrt.

Von da an mied er das Zusammentreffen mit Anton Klöterjahn dem Jüngeren so weit als thunlich.

Herr Spinell saß in seinem Zimmer und »arbeitete«.

Es war ein Zimmer wie alle in »Einfried«: altmodisch, einfach und distinguiert. Die massige Kommode war mit metallenen Löwenköpfen beschlagen, der hohe Wandspiegel war keine glatte Fläche, sondern aus vielen kleinen quadratischen in Blei gefaßten Scherben zusammengesetzt, kein Teppich bedeckte den bläulich lackierten Estrich, in dem die steifen Beine der Meubles als klare Schatten sich fortsetzten. Ein geräumiger Schreibtisch stand in der Nähe des Fensters, vor welches der Romancier einen gelben Vorhang gezogen hatte, wahrscheinlich, um sich innerlicher zu machen.

In gelblicher Dämmerung saß er über die Platte des Sekretärs gebeugt und schrieb, – schrieb an einem jener zahlreichen Briefe, die er allwöchentlich zur Post befördern ließ, und auf die er belustigenderweise meistens gar keine Antwort erhielt. Ein großer, starker Bogen lag vor ihm, in dessen linkem oberen Winkel unter einer verzwickt gezeichneten Landschaft der Name Detlev Spinell in völlig neuartigen Lettern zu lesen war, und den er mit einer kleinen, sorgfältig gemalten und überaus reinlichen Handschrift bedeckte.

»Mein Herr!« stand dort. »Ich richte die folgenden Zeilen an Sie, weil ich nicht anders kann, weil das, was ich Ihnen zu sagen habe, mich erfüllt, mich quält und zittern macht, weil mir die Worte mit einer solchen Heftigkeit zuströmen, daß ich an ihnen ersticken würde, dürfte ich mich ihrer nicht in diesem Briefe entlasten ...«

Der Wahrheit die Ehre zu geben, so war dies mit dem »Zuströmen« ganz einfach nicht der Fall, und Gott wußte, aus was für eitlen Gründen Herr Spinell es behauptete. Die Worte schienen ihm durchaus nicht zuzuströmen, für einen, dessen bürgerlicher Beruf das Schreiben ist, kam er jämmerlich langsam von der Stelle, und wer ihn sah, mußte zu der Anschauung gelangen, daß ein Schriftsteller ein Mann ist, dem das Schreiben schwerer fällt, als allen anderen Leuten.

Mit zwei Fingerspitzen hielt er eins der sonderbaren Flaumhärchen an seiner Wange erfaßt und drehte Viertelstunden lang daran, indem er ins Leere starrte und nicht um eine Zeile vorwärts rückte, schrieb dann ein paar zierliche Wörter und stockte aufs neue. Andererseits muß man zugeben, daß das, was schließlich zustande kam, den Eindruck der Glätte und Lebhaftigkeit erweckte, wenn es auch inhaltlich einen wunderlichen, fragwürdigen und oft sogar unverständlichen Charakter trug.

(... So zum Beispiel ...)

»Ich bitte Sie, zu bemerken, daß ich keineswegs den Wunsch hege, Sie zu kränken. Was ich sage, ist kein Schimpf, sondern die Formel, die einfache psychologische Formel für Ihre einfache, literarisch gänzlich uninteressante Persönlichkeit, und ich spreche sie aus, nur weil es mich treibt, Ihnen Ihr eigenes Thun und Wesen ein wenig zu erhellen, weil es auf Erden mein unausweichlicher Beruf ist, die Dinge bei Namen zu nennen, sie reden zu machen, und das Unbewußte zu durchleuchten.

Die Welt ist voll von dem, was ich den »unbewußten Typus« nenne: und ich ertrage sie nicht, alle diese unbewußten Typen! Ich ertrage es nicht, all dies dumpfe, unwissende und erkenntnislose Leben und Handeln, diese Welt von aufreizender Naivität um mich her! Es treibt mich mit qualvoller Unwiderstehlichkeit, alles Sein in der Runde – so weit meine Kräfte reichen – zu erläutern, auszusprechen und zum Bewußtsein zu bringen, – unbekümmert darum, ob dies eine fördernde oder hemmende Wirkung nach sich zieht, ob es Trost und Linderung bringt oder Schmerz zufügt.

»Sie sind, mein Herr, wie ich sagte, ein plebejischer Gourmand, ein Bauer mit Geschmack. Eigentlich von plumper Konstitution und auf einer äußerst niedrigen Entwicklungsstufe befindlich, sind Sie durch Reichtum und sitzende Lebensweise zu einer plötzlichen, unhistorischen und barbarischen Korruption des Nervensystems gelangt, die eine gewisse lüsterne Verfeinerung des Genußbedürfnisses nach sich zieht. Wohl möglich, daß die Muskeln Ihres Schlundes in eine schmatzende Bewegung gerieten, wie angesichts einer köstlichen Suppe oder seltenen Platte, als Sie beschlossen, Gabriele Eckhof zu eigen zu nehmen...

»In der That, Sie lenken ihren verträumten Willen in die Irre, Sie führen sie aus dem verwucherten Garten in das Leben und in die Häßlichkeit, Sie geben ihr Ihren ordinären Namen und machen sie zum Eheweibe, zur Hausfrau, machen sie zur Mutter. Sie erniedrigen die müde, scheue und in erhabener Unbrauchbarkeit blühende Schönheit des Todes in den Dienst des gemeinen Alltags und jenes blöden, ungefügen und verächtlichen Götzen, den man die Natur nennt, und nicht eine Ahnung von der tiefen Niedertracht dieses Beginnens regt sich in Ihrem bäuerischen Gewissen.

»Nochmals: Was geschieht? Sie, mit den Augen, die wie ängstliche Träume sind, schenkt Ihnen ein Kind; sie giebt diesem Wesen, das eine Fortsetzung der niedrigen Existenz seines Erzeugers ist, alles mit, was sie an Blut und Lebensmöglichkeit besitzt, und stirbt. Sie stirbt, mein Herr! Und wenn sie nicht in Gemeinheit dahinfährt, wenn sie dennoch zuletzt sich aus den Tiefen ihrer Erniedrigung erhob und stolz und selig unter dem tödlichen Kusse der Schönheit vergeht, so ist das meine Sorge gewesen. Die Ihrige war es wohl unterdessen, sich auf verschwiegenen Korridoren mit Stubenmädchen die Zeit zu verkürzen.

»Ihr Kind aber, Gabriele Eckhofs Sohn, gedeiht, lebt und triumphiert. Vielleicht wird er das Leben seines Vaters fortführen, ein handeltreibender, Steuern zahlender und gut speisender Bürger werden; vielleicht ein Soldat oder Beamter, eine unwissende und tüchtige Stütze des Staates; in jedem Falle ein amusisches, normal funktionierendes Geschöpf, skrupellos und zuversichtlich, stark und dumm.

»Nehmen Sie das Geständnis, mein Herr, daß ich Sie hasse, Sie und Ihr Kind, wie ich das Leben selbst hasse, das gemeine, das lächerliche und dennoch triumphierende Leben, das Sie darstellen, den ewigen Gegensatz und Todfeind der Schönheit. Ich darf nicht sagen, daß ich Sie verachte. Ich kann es nicht. Ich bin ehrlich. Sie sind der Stärkere. Ich habe Ihnen im Kampfe nur Eines entgegenzustellen, das erhabene Gewaffen und Rachewerkzeug der Schwachen: Geist und Wort. Heute habe ich mich seiner bedient. Denn dieser Brief – auch darin bin ich ehrlich, mein Herr, – ist nichts als ein Racheakt, und ist nur ein einziges Wort darin scharf, glänzend und schön genug, Sie betroffen zu machen, Sie eine fremde Macht spüren zu lassen, Ihren robusten Gleichmut einen Augenblick ins Wanken zu bringen, so will ich frohlocken.

Detlev Spinell.«

Und dieses Schriftstück kuvertierte und frankierte Herr Spinell, versah es mit einer zierlichen Adresse und überlieferte es der Post.

(... Klöterjahn steht postwendend in der Tür ...)

»Sie schreiben eine Hand, die miserabel ist, mein Lieber;
ich möchte Sie nicht in meinem Kontor beschäftigen. Auf
den ersten Blick scheint es ganz sauber, aber bei Licht besehen ist es voller Lücken und Zittrigkeiten. Aber das ist
Ihre Sache und geht mich nichts an. Ich bin gekommen,
um Ihnen zu sagen, daß Sie erstens ein Hanswurst sind, –
nun, das ist Ihnen hoffentlich bekannt. Außerdem aber
sind Sie ein großer Feigling, und auch das brauche ich
Ihnen wohl nicht ausführlich zu beweisen. Meine Frau
hat mir einmal geschrieben, Sie sähen den Weibspersonen,
denen Sie begegnen, nicht ins Gesicht, sondern schielten
nur so hin, um eine schöne Ahnung davonzutragen, aus
Angst vor der Wirklichkeit. Leider hat sie später aufgehört, in ihren Briefen von Ihnen zu erzählen; sonst wüßte
ich noch mehr Geschichten von Ihnen. Aber so sind Sie.
»Schönheit« ist Ihr drittes Wort, aber im Grunde ist es
nichts als Bangebüchsigkeit und Duckmäuserei und Neid,
und daher wohl auch Ihre unverschämte Bemerkung von
den ›verschwiegenen Korridoren‹, die mich wahrscheinlich so recht durchbohren sollte und mir doch bloß Spaß
gemacht hat, Spaß hat sie mir gemacht! Aber wissen Sie
nun Bescheid? Habe ich Ihnen Ihr ... Ihr ›Thun und Wesen‹ nun ›ein wenig erhellt‹, Sie Jammermensch? Obgleich
es nicht mein ›unausbleiblicher Beruf‹ ist, hö, hö! ...«

»Ich habe ›unausweichlicher Beruf‹ geschrieben,« sagte
Herr Spinell; aber er gab es gleich wieder auf. Er stand da,
hilflos und abgekanzelt, wie ein großer, kläglicher, grau-
haariger Schuljunge.

»Unausweichlich ... unausbleiblich ... Ein niederträch-
tiger Feigling sind Sie, sage ich Ihnen. Täglich sehen Sie
mich bei Tische. Sie grüßen mich und lächeln, Sie reichen

mir Schüsseln und lächeln, Sie wünschen mir gesegnete Mahlzeit und lächeln. Und eines Tages schicken Sie mir solch einen Wisch voll blödsinniger Injurien auf den Hals. Hö, ja, schriftlich haben Sie Mut! Und wenn es bloß dieser lachhafte Brief wäre. Aber Sie haben gegen mich intriguiert, hinter meinem Rücken gegen mich intriguiert, ich begreife es jetzt sehr wohl ...

(...)

Es pochte. – Es pochte gleich neun- oder zehnmal ganz rasch hinter einander an die Stubenthür, ein kleiner, heftiger, ängstlicher Wirbel, der Herrn Klöterjahn verstummen machte, und eine Stimme, die gar keinen Halt hatte, sondern vor Bedrängnis fortwährend aus den Fugen ging, sagte in größter Hast:

»Herr Klöterjahn, Herr Klöterjahn, ach, ist Herr Klöterjahn da?«

»Draußen bleiben«, sagte Herr Klöterjahn unwirsch ... »Was ist? Ich habe hier zu reden.«

»Herr Klöterjahn«, sagte die schwankende und sich brechende Stimme, »Sie müssen kommen ... auch die Ärzte sind da ... oh, es ist so entsetzlich traurig ...«

Da war er mit einem Schritt an der Thür und riß sie auf. Die Rätin Spatz stand draußen. Sie hielt ihr Schnupftuch vor den Mund, und große, längliche Thränen rollten paarweise in dieses Tuch hinein.

»Herr Klöterjahn«, brachte sie hervor ... »es ist so entsetzlich traurig ... Sie hat so viel Blut aufgebracht, so fürchterlich viel ... Sie saß ganz ruhig im Bette und summte ein Stückchen Musik vor sich hin, und da kam es, lieber Gott, so übermäßig viel ...«

»Ist sie tot?!« schrie Herr Klöterjahn ...

(…)

Herr Spinell stand auf dem Fleck, wo er während Herrn Klöterjahns so jäh unterbrochener Visite gestanden hatte und blickte auf die offene Thür. Endlich tat er ein paar Schritte vorwärts und horchte ins Weite. Aber alles war still, und so schloß er die Thür und kehrte ins Zimmer zurück.

Eine Weile betrachtete er sich im Spiegel. Hierauf ging er zum Schreibtisch, holte ein kleines Flacon und ein Gläschen aus einem Fache hervor und nahm einen Cognac zu sich, was kein Mensch ihm verdenken konnte. Dann streckte er sich auf dem Sofa aus und schloß die Augen.

Die obere Klappe des Fensters stand offen. Draußen im Garten von »Einfried« zwitscherten die Vögel, und in diesen kleinen, zarten und kecken Lauten lag fein und durchdringend der ganze Frühling ausgedrückt. Einmal sagte Herr Spinell leise vor sich hin: »Unausbleiblicher Beruf…« Dann bewegte er den Kopf hin und her und zog die Luft durch die Zähne ein, wie bei einem heftigen Nervenschmerz.

Es war unmöglich, zur Ruhe und Sammlung zu gelangen. Man ist nicht geschaffen für so plumpe Erlebnisse wie dieses da! – Durch einen seelischen Vorgang, dessen Analyse zu weit führen würde, gelangte Herr Spinell zu dem Entschlusse, sich zu erheben und sich ein wenig Bewegung zu machen, sich ein wenig im Freien zu ergehen. So nahm er den Hut und verließ das Zimmer.

Als er aus dem Hause trat und die milde, würzige Luft ihn umfing, wandte er das Haupt und ließ seine Augen langsam an dem Gebäude empor bis zu einem der Fenster gleiten, einem verhängten Fenster, an dem sein Blick eine

Weile ernst, fest und dunkel haftete. Dann legte er die Hände auf den Rücken und schritt über die Kieswege dahin. Er schritt in tiefem Sinnen.

Noch waren die Beete mit Matten bedeckt, und Bäume und Sträucher waren noch nackt; aber der Schnee war fort, und die Wege zeigten nur hier und da noch feuchte Spuren. Der weite Garten mit seinen Grotten, Laubengängen und kleinen Pavillons lag in prächtig farbiger Nachmittagsbeleuchtung, mit kräftigen Schatten und sattem, goldigem Licht, und das dunkle Geäst der Bäume stand scharf und zart gegliedert gegen den hellen Himmel.

Es war um die Stunde, da die Sonne Gestalt annimmt, da die formlose Lichtmasse zur sichtbar sinkenden Scheibe wird, deren sattere, mildere Glut das Auge duldet. Herr Spinell sah die Sonne nicht; sein Weg führte ihn so, daß sie ihm verdeckt und verborgen war. Er ging gesenkten Hauptes und summte ein Stückchen Musik vor sich hin, ein kurzes Gebild, eine bang und klagend aufwärtssteigende Figur, das Sehnsuchtsmotiv ... Plötzlich aber, mit einem Ruck, einem kurzen, krampfhaften Aufatmen, blieb er gefesselt stehen, und unter heftig zusammengezogenen Brauen starrten seine erweiterten Augen mit dem Ausdruck entsetzter Abwehr geradeaus ...

Der Weg wandte sich; er führte der sinkenden Sonne entgegen. Durchzogen von zwei schmalen, erleuchteten Wolkenstreifen mit vergoldeten Rändern stand sie groß und schräge am Himmel, setzte die Wipfel der Bäume in Glut und goß ihren gelbrötlichen Glanz über den Garten hin. Und inmitten dieser goldigen Verklärung, die gewaltige Gloriole der Sonnenscheibe zu Häupten, stand hochaufgerichtet im Wege eine üppige, ganz in Rot, Gold und Schottisch gekleidete Person, die ihre Rechte in die schwellende Hüfte stemmte und mit der Linken ein grazil geformtes Wägelchen leicht vor sich hin und her bewegte. In diesem Wägelchen aber saß das Kind, saß Anton Klöterjahn der Jüngere, saß Gabriele Eckhofs dicker Sohn!

Er saß, bekleidet mit einer weißen Flausjacke und einem großen weißen Hut, pausbäckig, prächtig und wohlgeraten in den Kissen, und sein Blick begegnete lustig und unbeirrbar demjenigen Herrn Spinells. Der Romancier war im Begriffe, sich aufzuraffen, er war ein Mann, er hätte die Kraft besessen, an dieser unerwarteten, in Glanz getauchten Erscheinung vorüberzuschreiten und seinen Spaziergang fortzusetzen. Da aber geschah das Gräßliche, daß Anton Klöterjahn zu lachen und zu jubeln begann, er kreischte vor unerklärlicher Lust, es konnte einem unheimlich zu Sinne werden.

Gott weiß, was ihn anfocht, ob die schwarze Gestalt ihm gegenüber ihn in diese wilde Heiterkeit versetzte oder was für ein Anfall von animalischem Wohlbefinden ihn packte. Er hielt in der einen Hand einen knöchernen Beißring und in der anderen eine blecherne Klapperbüchse. Diese beiden Gegenstände reckte er jauchzend in den Sonnenschein empor, schüttelte sie und schlug sie zusammen, als wollte er jemanden spottend verscheuchen. Seine Augen waren beinahe geschlossen vor Vergnügen, und sein Mund war so klaffend aufgerissen, daß man seinen ganzen rosigen Gaumen sah. Er warf sogar seinen Kopf hin und her, indes er jauchzte.

Da machte Herr Spinell Kehrt und ging von dannen. Er ging, gefolgt von dem Jubilieren des kleinen Klöterjahn, mit einer gewissen behutsamen und steif-graziösen Armhaltung über den Kies, mit den gewaltsam zögernden Schritten jemandes, der verbergen will, daß er innerlich davonläuft.

Anton Klöterjahn jr.,
Tristan (1903)

Perceval

Ein Hundearistokrat für *Königliche Hoheit*

Jeden Morgen, wenn man sich rechtzeitig in den Quellengarten begab, konnte man beobachten, wie Fräulein Spoelmann, die ein wenig später als ihr Vater im Füllhause einzutreffen pflegte, seinen Kopf zwischen beide Hände nahm und, während er sie zärtlich auf den Rücken klopfte, ihn zum Morgengruß auf Mund und Wangen küßte. Dann gingen sie Arm in Arm durch die Wandelhalle und sogen an ihren Glasröhren ...

So plauderte das wohlunterrichtete Blatt und nährte die öffentliche Neugier. Es berichtete auch genau über die Besuche, die Miss Imma mit ihrer Gesellschafterin liebenswürdigerweise mehreren städtischen Wohltätigkeitsanstalten abstattete. Gestern hatte sie die Volksküche eingehend besichtigt. Sie hatte heute einen aufmerksamen Rundgang durch das Greisinnenspital zum Heiligen Geist gemacht. Und nebenbei hatte sie zweimal dem zahlentheoretischen Kollegium des Geheimrats Klinghammer in der Universität beigewohnt, – hatte als Student unter Studenten auf der Holzbank gesessen und mit ihrem Füllfederhalter eifrig nachgeschrieben, denn bekanntlich war sie ein gelehrtes Mädchen und oblag dem Studium der Algebra. Ja, das war fesselnd zu lesen und ergab rei-

chen Gesprächsstoff. Wer aber ganz ohne Zutun des »Eil-
boten« von sich reden machte, das war erstens der Hund,
jener edle, schwarzweiße Colliehund, den Spoelmanns
mitgebracht hatten, und zweitens, auf andere Art, die Ge-
sellschaftsdame, Gräfin Löwenjoul.

Den Hund angehend, der Perceval hieß (was englisch
auszusprechen war) und meistens Percy gerufen wurde,
so war dieses Tier von einer Erregbarkeit, einer Leidenschaft des Wesens, die jeder Beschreibung spottete. Innerhalb des Hotels gab er keinen Grund zu Klagen, sondern
lag in vornehmen Posen auf einem kleinen Teppich vor
den Spoelmannschen Gemächern. Aber bei jedem Ausgang unterlag er Anfällen von Kopflosigkeit, die allgemeines Aufsehen und Befremden, ja, mehr als einmal
wirkliche Verkehrsstörungen hervorriefen. In weitem
Abstande gefolgt von einem Schwarm einheimischer
Hunde, gemeiner Köter, die, durch sein Benehmen in
Aufruhr versetzt, mit schimpfendem Gekläff hinter ihm
drein preschten und um die er sich übrigens nicht im geringsten kümmerte, flog er, die Nase mit Schaum be-
spritzt und mit wild klagendem Gebell durch die Straßen,
führte wütende Kreiseltänze vor den Tramwagen auf,
brachte Droschkenpferde zu Fall und stürzte zweimal
den Kuchenstand der Witwe Klaaßen am Rathaus mit
solcher Heftigkeit über den Haufen, daß das süße Gebäck
über den halben Marktplatz rollte. Da aber bei solchen
Unglücksfällen Herr Spoelmann oder seine Tochter sofort mit mehr als angemessenen Entschädigungen ein-
sprangen; da sich auch zeigte, daß Percevals Zustände im
Grunde ungefährlicher Natur waren, daß er nichts weniger als bissig und rauflustig, sondern im Gegenteil unnah-
bar und eben nur außer sich war, so wandte sich ihm rasch
die Neigung der Bevölkerung zu, und namentlich den

Perceval,
Königliche Hoheit (1909)

Kindern waren seine Ausgänge eine Quelle des Vergnügens.

(... Die Spoelmanns haben sich am Ort angesiedelt; Königliche Hoheit Klaus Heinrich kommt erstmals zu Besuch ...)

Zwischen dem Dienerpaar hindurch, das einen Teppich beiseite raffte, schritt Klaus Heinrich zwei oder drei Stufen hinab.

Pflanzengeruch umfing ihn, und er hörte das sanfte Plätschern fallenden Wassers; in dem Augenblick aber, da hinter ihm der Teppich sich schloß, brach ein Gebell aus, so jäh und toll, daß Klaus Heinrich, einen Augenblick halb betäubt, zu Füßen der Stufen Halt machte. Perceval, der Colliehund, hatte sich ihm entgegengeworfen, und nichts glich seiner maßlosen Raserei. Er geiferte, er litt, er wußte nicht, wie sich gebärden vor wütender Zerrissenheit seines Innern, er wand sich, peitschte mit dem Schweif seine Flanken, stemmte die Vorderfüße gegen den Boden und schwang sich in blinder Leidenschaft um sich selber, indem er in Lärm und Tobsucht vergehen zu wollen schien. Eine Stimme – es war nicht Immas Stimme – rief ihn zurück, und Klaus Heinrich sah sich in einem Wintergarten, einem von schlanken marmornen Säulen gestützten gläsernen Gewölbe, dessen Boden mit großen, quadratischen, spiegelnden Marmorfliesen belegt war. Palmen aller Art erfüllten es, deren Schäfte und Fächer sich manchmal bis dicht unter die gläserne Decke erhoben. Ein beetartiges Blumenparterre, bestehend aus zahllosen, gleich den Steinen eines Mosaiks aneinandergesetzten Blumentöpfen, breitete sich im starken Mondlicht der Bogenlampen aus und erfüllte die Luft mit Wohlgeruch.

Aus einem schöngemeißelten Brunnen rieselten silberne Quellen in ein marmornes Becken, und Enten von seltsam künstlich gefiederter Art schwammen auf der durchleuchteten Wasserfläche. Ein steinerner Wandelgang mit Pfeilern und Nischen nahm den Hintergrund ein.

Es war die Gräfin Löwenjoul, die dem Eintretenden entgegenkam und sich lächelnd verneigte.

»Königliche Hoheit wollen verzeihen«, sagte sie. »Unser Percy ist so heftig. Und dann ist er jetzt so wenig an Besuch gewöhnt. Aber er tut niemandem Böses. Darf ich Königliche Hoheit bitten ... Fräulein Spoelmann wird sogleich zurückkehren. Sie war eben noch hier. Sie wurde abgerufen. Ihr Vater schickte nach ihr. Mister Spoelmann wird hocherfreut sein ...«

Damit führte sie Klaus Heinrich zu einer Anordnung von Korbstühlen, die, mit gestickten Leinwandkissen ausgestattet, vor einer Palmengruppe standen. Sie sprach lebhaft und kräftigen Tons, den kleinen Kopf mit dem spärlichen aschblonden Scheitel zur Seite geneigt und lächelnd ihre weißen Zähne zeigend. Ihre Gestalt war entschieden vornehm in dem eng anschließenden braunen Kleid, das sie trug, und wie sie mit munterem Händereiben Klaus Heinrich zu den Stühlen geleitete, hatte sie die frischen und eleganten Bewegungen der Offiziersfrau. Nur in ihren Augen, deren Lider sie blinzelnd zusammenzog, war etwas wie Tücke oder Mißtrauen, etwas Unverständliches. Sie nahmen Platz, einander gegenüber an dem runden Gartentischchen, auf dem ein paar Bücher lagen. Perceval, erschöpft von dem Anfall, den er erlitten, nahm auf dem schmalen, blaßfarbigen und perlmutterartig schimmernden Teppich, darauf die Möbel standen, eine schneckenförmige Ruhestellung ein. Sein schwarzseidiges Fell war weiß an Pfoten, Brust und Schnauze. Er hatte eine weiße Halskrause, goldene Augen und einen Scheitel den ganzen Rücken entlang. Klaus Heinrich begann ein Gespräch um des Gespräches willen, eine förmliche Unterhaltung mit Scheingegenstand, wie er es nicht anders kannte.

(... Percys Geschichte wird zehn Jahre später weitererzählt. In »Herr und Hund. Ein Idyll« von 1919 erinnert »Bauschan«, hier zur Hauptfigur geworden, seinen Herrn daran ...)

daß wir unsern Percy, einen schottischen Schäferhund und harmlos geisteskranken Aristokraten, der bei vorgerücktem Alter von einer peinvollen und entstellenden Hautkrankheit heimgesucht worden, hatten erschießen lassen müssen und seit Jahr und Tag des Wächters entbehrten.

(... Der Neue verführt seine Herrschaft zu weitreichenden Betrachtungen eines in Hundedingen Unparteiischen – der tote Percy und Bauschan: ...)

ein ausgeprägterer Gegensatz, als der zwischen diesen beiden Naturen ist innerhalb ein und derselben Gattung kaum erdenklich. Als grundlegend ist festzuhalten, daß Bauschan sich vollkommener geistiger Gesundheit erfreut, während Percy, wie ich schon einflocht, und wie es bei adligen Hunden nicht selten vorkommt, Zeit seines Lebens ein Narr war, verrückt, das Musterbild überzüchteter Unmöglichkeit. Es ist davon früher, in größerem Zusammenhange, die Rede gewesen. Hier sei nur Bauschans volkstümlich schlichter Sinn dagegengestellt, sich äußernd zum Beispiel bei Ausgängen oder Begrüßungen, wo denn die Kundgebungen seiner Gemütsbewegung sich durchaus im Bereich des Verständigen und einer gesunden Herzlichkeit halten, ohne je die Grenzen der Hysterie auch nur zu streifen, welche Percy's Gebahren bei jeder solchen Gelegenheit in oft empörender Weise überschritt.

Dennoch ist hiermit nicht der ganze Gegensatz zwischen den beiden Geschöpfen aufgezeigt; in Wahrheit ist er verwickelter und gemischter. Bauschan nämlich ist zwar derb, wie das Volk, aber auch wehleidig wie dieses; während sein adliger Vorgänger mit mehr Zartheit und Leidensfähigkeit eine unvergleichlich festere und stolzere Seele verband und trotz aller Narrheit es an Selbstzucht dem Bäuerlein bei weitem zuvortat. Nicht im Sinne einer aristokratischen Lehrmeinung, sondern einzig und allein der Lebenswahrheit zu Ehren hebe ich diese Mischung der Gegensätze von grob und weichlich, zart und standhaft hervor. Bauschan zum Beispiel ist ganz der Mann, auch die kältesten Winternächte im Freien, das heißt auf dem Stroh und hinter den Rupfenvorhängen seiner Hütte zu verbringen. Eine Blasenschwäche hindert ihn, sieben Stunden ununterbrochen sich in geschlossenem Raume aufzuhalten, ohne sich zu vergehen; und so mußte man sich entschließen, ihn auch zu unwirtlicher Jahreszeit auszusperren, in gerechtem Vertrauen auf seine robuste Gesundheit. Denn kaum, daß er mir einmal, nach besonders eisiger Nebelnacht, nicht nur mit märchenhaft bereiftem Schnurr- und Knebelbart, sondern auch ein wenig erkältet, mit dem einsilbig-stoßhaften Husten der Hunde entgegenkommt, – nach wenig Stunden schon hat er die Reizbarkeit überwunden und trägt keinen Schaden davon. Wer hätte sich wohl getraut, den seidenhaarigen Percy dem Grimme solcher Nacht auszusetzen? Andererseits hegt Bauschan eine Angst vor jedem, auch dem geringsten Schmerz und antwortet auf einen solchen mit einer Erbärmlichkeit, die Widerwillen erregen müßte, wenn sie nicht eben durch ihre naive Volkstümlichkeit entwaffnete und Heiterkeit einflößte. Jeden Augenblick, während er im Unterholz pirscht, höre ich ihn laut aufquieken, weil ein Dorn ihn geritzt, ein schnellender Zweig ihn getroffen hat; und läßt ihn beim Sprung über ein Gitter sich ein wenig den Bauch geschunden, den Fuß verstaucht haben: das gibt ein antikisches Heldengeschrei, ein dreibeiniges Gehumpelt-Kommen, ein fassungsloses Weinen und Sich-beklagen, – desto durchdringender übrigens, je mitleidiger man ihm zuredet, und all dies, obgleich er nach einer Viertelstunde wieder rennen und springen wird, wie zuvor.

Da war es ein ander Ding mit Perceval. Der biß die Zähne zusammen. Die Lederpeitsche fürchtete er, wie Bauschan sie fürchtet, und leider bekam er sie öfter zu kosten, als dieser; denn erstens war ich jünger und hitziger in seinen Lebenstagen, als gegenwärtig, und außerdem nahm seine Kopflosigkeit nicht selten ein frevelhaftes und böses Gepräge an, welches nach Züchtigung geradezu schrie und dazu aufreizte. Wenn ich denn also zum äußersten gebracht, die Karbatsche vom Nagel nahm, so verkroch er sich wohl zusammengeduckt unter Tisch und Bank; aber nicht ein Wehelaut kam über seine Lippen, wenn der Schlag und noch einer, niedersauste, höchstens ein ernstes Stöhnen, falls es ihn allzu beißend getroffen hatte, – während Gevatter Bauschan vor ordinärer Feigheit schon quiekt und schreit, wenn ich nur den Arm hebe. Kurzum, keine Ehre, keine Strenge gegen sich selbst.

(... Nein, nicht Esau heißt der Hund, sondern Bauschan, und nicht Mindernickel sein Herr, sondern »Ich-Erzähler« ...)

Der greise Geck

Gustav von Aschenbach erfährt den
Tod in Venedig

Es war ein betagtes Fahrzeug italienischer Nationalität, veraltet, rußig und düster. In einer höhlenartigen, künstlich erleuchteten Koje des inneren Raumes, wohin Aschenbach sofort nach Betreten des Schiffes von einem buckligen und unreinlichen Matrosen mit grinsender Höflichkeit genötigt wurde, saß hinter einem Tische, den Hut schief in der Stirn und einen Zigarettenstummel im Mundwinkel, ein ziegenbärtiger Mann von der Physiognomie eines altmodischen Zirkusdirektors, der mit grimassenhaft leichtem Geschäftsgebaren die Personalien der Reisenden aufnahm und ihnen die Fahrscheine ausstellte. »Nach Venedig!« wiederholte er Aschenbachs Ansuchen, indem er den Arm reckte und die Feder in den breiigen Restinhalt eines schräg geneigten Tintenfasses stieß. »Nach Venedig erster Klasse! Sie sind bedient, mein Herr!« Und er schrieb große Krähenfüße, streute aus einer Büchse blauen Sand auf die Schrift, ließ ihn in eine tönerne Schale ablaufen, faltete das Papier mit gelben und knochigen Fingern und schrieb aufs neue. »Ein glücklich gewähltes Reiseziel!« schwatzte er unterdessen. »Ah, Venedig! Eine herrliche Stadt! Eine Stadt von unwiderstehlicher Anziehungskraft für den Gebildeten, ihrer Ge-

schichte sowohl wie ihrer gegenwärtigen Reize wegen!«
Die glatte Raschheit seiner Bewegungen und das leere
Gerede, womit er sie begleitete, hatten etwas Betäubendes
und Ablenkendes, etwa als besorge er, der Reisende
möchte in seinem Entschluß, nach Venedig zu fahren,
noch wankend werden. Er kassierte eilig und ließ mit
Croupiergewandtheit den Differenzbetrag auf den flecki-
gen Tuchbezug des Tisches fallen. »Gute Unterhaltung,
mein Herr!« sagte er mit schauspielerischer Verbeugung.
»Es ist mir eine Ehre, Sie zu befördern ... Meine Herren!«
rief er sogleich mit erhobenem Arm und tat, als sei das
Geschäft im flottesten Gange, obgleich niemand mehr da
war, der nach Abfertigung verlangt hätte. Aschenbach
kehrte auf das Verdeck zurück.

Einen Arm auf die Brüstung gelehnt, betrachtete er das
müßige Volk, das, der Abfahrt des Schiffes beizuwohnen,
am Quai lungerte, und die Passagiere am Bord. Diejenigen der zweiten Klasse kauerten, Männer und Weiber, auf
dem Vorderdeck, indem sie Kisten und Bündel als Sitze
benutzten. Eine Gruppe junger Leute bildete die Reisege-
sellschaft des ersten Verdecks, Polesaner Handelsgehilfen,
wie es schien, die sich in angeregter Laune zu einem Aus-
fluge nach Italien vereinigt hatten. Sie machten nicht wenig Aufhebens von sich und ihrem Unternehmen,
schwatzten, lachten, genossen selbstgefällig das eigene
Gebärdenspiel und riefen den Kameraden, die, Porte-
feuilles unterm Arm, in Geschäften die Hafenstraße entlang gingen und den Feiernden mit dem Stöckchen drohten, über das Geländer gebeugt, zungengeläufige Spottre-
den nach. Einer, in hellgelbem, übermodisch geschnitte-
nem Sommeranzug, roter Krawatte und kühn aufgeboge-
nem Panama, tat sich mit krähender Stimme an Aufge-
räumtheit vor allen andern hervor. Kaum aber hatte

Greiser Geck,
Der Tod in Venedig (1912)

Aschenbach ihn genauer ins Auge gefaßt, als er mit einer Art von Entsetzen erkannte, daß der Jüngling falsch war. Er war alt, man konnte nicht zweifeln. Runzeln umgaben ihm Augen und Mund. Das matte Karmesin der Wangen war Schminke, das braune Haar unter dem farbig umwundenen Strohhut Perücke, sein Hals verfallen und sehnig, sein aufgesetztes Schnurrbärtchen und die Fliege am Kinn gefärbt, sein gelbes und vollzähliges Gebiß, das er lachend zeigte, ein billiger Ersatz, und seine Hände, mit Siegelringen an beiden Zeigefingern, waren die eines Greises. Schauerlich angemutet sah Aschenbach ihm und seiner Gemeinschaft mit den Freunden zu. Wußten, bemerkten sie nicht, daß er alt war, daß er zu Unrecht ihre stutzerhafte und bunte Kleidung trug, zu Unrecht einen der ihren spielte? Selbstverständlich und gewohnheitsmäßig, wie es schien, duldeten sie ihn in ihrer Mitte, behandelten ihn als ihresgleichen, erwiderten ohne Widerwillen seine neckischen Rippenstöße. Wie ging das zu? Aschenbach bedeckte seine Stirn mit der Hand und schloß die Augen, die heiß waren, da er zu wenig geschlafen hatte. Ihm war, als lasse nicht alles sich ganz gewöhnlich an, als beginne eine träumerische Entfremdung, eine Entstellung der Welt ins Sonderbare um sich zu greifen, der vielleicht Einhalt zu tun wäre, wenn er sein Gesicht ein wenig verdunkelte und aufs neue um sich schaute. In diesem Augenblick jedoch berührte ihn das Gefühl des Schwimmens, und mit unvernünftigem Erschrecken aufsehend, gewahrte er, daß der schwere und düstere Körper des Schiffes sich langsam vom gemauerten Ufer löste. Zollweise, unter dem Vorwärts- und Rückwärtsarbeiten der Maschine, verbreitete sich der Streifen schmutzig schillernden Wassers zwischen Quai und Schiffswand, und nach schwerfälligen Manövern kehrte der Dampfer sei-

nen Bugspriet dem offenen Meere zu. Aschenbach ging
nach der Steuerbordseite hinüber, wo der Bucklige ihm
einen Liegestuhl aufgeschlagen hatte und ein Steward in
fleckigem Frack nach seinen Befehlen fragte.

Der Himmel war grau, der Wind feucht. Hafen und In-
seln waren zurückgeblieben, und rasch verlor sich aus
dem dunstigen Gesichtskreise alles Land. Flocken von
Kohlenstaub gingen, gedunsen von Nässe, auf das gewa-
schene Deck nieder, das nicht trocknen wollte. Schon
nach einer Stunde spannte man ein Segeldach aus, da es zu
regnen begann.

In seinen Mantel geschlossen, ein Buch im Schoße,
ruhte der Reisende, und die Stunden verrannen ihm un-
versehens. Es hatte zu regnen aufgehört; man entfernte
das leinene Dach. Der Horizont war vollkommen. Unter
der trüben Kuppel des Himmels dehnte sich rings die ungeheure Scheibe des öden Meeres. Aber im leeren, im un-
gegliederten Raume fehlt unserem Sinn auch das Maß der
Zeit, und wir dämmern im Ungemessenen. Schattenhaft
sonderbare Gestalten, der greise Geck, der Ziegenbart aus
dem Schiffsinnern, gingen mit unbestimmten Gebärden,
mit verwirrten Traumworten durch den Geist des Ruhen-
den, und er schlief ein.

Um Mittag nötigte man ihn zur Kollation in den korri-
dorartigen Speisesaal hinab, auf den die Türen der Schlaf-
kojen mündeten und wo am Ende des langen Tisches, zu
dessen Häupten er speiste, die Handelsgehilfen, ein-
schließlich des Alten, seit zehn Uhr mit dem munteren
Kapitän pokulierten. Die Mahlzeit war armselig, und er
beendete sie rasch. Es trieb ihn ins Freie, nach dem Himmel zu sehen: ob er denn nicht über Venedig sich erhellen
wollte.

Er hatte nicht anders gedacht, als daß dies geschehen

müsse, denn stets hatte die Stadt ihn im Glanze empfangen. Aber Himmel und Meer blieben trüb und bleiern, zeitweilig ging neblichter Regen nieder, und er fand sich darein, auf dem Wasserwege ein anderes Venedig zu erreichen, als er, zu Lande sich nähernd, je angetroffen hatte. Er stand am Fockmast, den Blick im Weiten, das Land erwartend. Er gedachte des schwermütig-enthusiastischen Dichters, dem vormals die Kuppeln und Glockentürme seines Traumes aus diesen Fluten gestiegen waren, er wiederholte im stillen einiges von dem, was damals an Ehrfurcht, Glück und Trauer zu maßvollem Gesange geworden, und von schon gestalteter Empfindung mühelos bewegt, prüfte er sein ernstes und müdes Herz, ob eine neue Begeisterung und Verwirrung, ein spätes Abenteuer des Gefühles dem fahrenden Müßiggänger vielleicht noch vorbehalten sein könne.

Da tauchte zur Rechten die flache Küste auf, Fischerboote belebten das Meer, die Bäderinsel erschien, der Dampfer ließ sie zur Linken, glitt verlangsamten Ganges durch den schmalen Port, der nach ihr benannt ist, und auf der Lagune, angesichts bunt armseliger Behausungen, hielt er ganz, da die Barke des Sanitätsdienstes erwartet werden mußte.

Eine Stunde verging, bis sie erschien. Man war angekommen und war es nicht; man hatte keine Eile und fühlte sich doch von Ungeduld getrieben. Die jungen Polesaner, patriotisch angezogen auch wohl von den militärischen Hornsignalen, die aus der Gegend der öffentlichen Gärten her über das Wasser klangen, waren auf Deck gekommen und, vom Asti begeistert, brachten sie Lebehochs auf die drüben exerzierenden Bersaglieri aus. Aber widerlich war es zu sehen, in welchen Zustand den aufgestutzten Greisen seine falsche Gemeinschaft mit der Jugend gebracht hatte.

Sein altes Hirn hatte dem Weine nicht wie die jugendlich rüstigen standzuhalten vermocht, er war kläglich betrunken. Verblödeten Blicks, eine Zigarette zwischen den zitternden Fingern, schwankte er, mühsam das Gleichgewicht haltend, auf der Stelle, vom Rausche vorwärts und rückwärts gezogen. Da er beim ersten Schritte gefallen wäre, getraute er sich nicht vom Fleck, doch zeigte er einen jammervollen Übermut, hielt jeden, der sich ihm näherte, am Knopfe fest, lallte, zwinkerte, kicherte, hob seinen beringten, runzeligen Zeigefinger zu alberner Neckerei und leckte auf abscheulich zweideutige Art mit der Zungenspitze die Mundwinkel. Aschenbach sah ihm mit finsteren Brauen zu, und wiederum kam ein Gefühl von Benommenheit ihn an, so, als zeige die Welt eine leichte, doch nicht zu hemmende Neigung, sich ins Sonderbare und Fratzenhafte zu entstellen: ein Gefühl, dem nachzuhängen freilich die Umstände ihn abhielten, da eben die stampfende Tätigkeit der Maschine aufs neue begann und das Schiff seine so nah dem Ziel unterbrochene Fahrt durch den Kanal von San Marco wieder aufnahm.

So sah er ihn denn wieder, den erstaunlichsten Landungsplatz, jene blendende Komposition phantastischen Bauwerks, welche die Republik den ehrfürchtigen Blicken nahender Seefahrer entgegenstellte: die leichte Herrlichkeit des Palastes und die Seufzerbrücke, die Säulen mit Löw' und Heiligem am Ufer, die prunkend vortretende Flanke des Märchentempels, den Durchblick auf Torweg und Riesenuhr, und anschauend bedachte er, daß zu Lande, auf dem Bahnhof in Venedig anlangen, einen Palast durch eine Hintertür betreten heiße, und daß man nicht anders, als wie nun er, als zu Schiffe, als über das hohe Meer die unwahrscheinlichste der Städte erreichen sollte.

Die Maschine stoppte, Gondeln drängten herzu, die Fallreepstreppe ward hinabgelassen, Zollbeamte stiegen an Bord und walteten obenhin ihres Amtes; die Ausschiffung konnte beginnen. Aschenbach gab zu verstehen, daß er eine Gondel wünsche, die ihn und sein Gepäck zur Station jener kleinen Dampfer bringen solle, welche zwischen der Stadt und dem Lido verkehren; denn er gedachte am Meere Wohnung zu nehmen. Man billigt sein Vorhaben, man schreit seinen Wunsch zur Wasserfläche hinab, wo die Gondelführer im Dialekt miteinander zanken. Er ist noch gehindert, hinabzusteigen, sein Koffer hindert ihn, der eben mit Mühsal die leiterartige Treppe hinuntergezerrt und geschleppt wird. So sieht er sich minutenlang außerstande, den Zudringlichkeiten des schauderhaften Alten zu entkommen, den die Trunkenheit dunkel antreibt, dem Fremden Abschiedshonneurs zu machen. »Wir wünschen den glücklichsten Aufenthalt«, meckert er unter Kratzfüßen. »Man empfiehlt sich geneigter Erinnerung! Au revoir, excusez und bon jour, Euer Exzellenz!« Sein Mund wässert, er drückt die Augen zu, er leckt die Mundwinkel, und die gefärbte Bartfliege an seiner Greisenlippe sträubt sich empor. »Unsere Komplimente«, lallt er, zwei Fingerspitzen am Munde, »unsere Komplimente dem Liebchen, dem allerliebsten, dem schönsten Liebchen ...« Und plötzlich fällt ihm das falsche Obergebiß vom Kiefer auf die Unterlippe. Aschenbach konnte entweichen. »Dem Liebchen, dem feinen Liebchen«, hörte er in girrenden, hohlen und behinderten Lauten in seinem Rücken, während er, am Strickgeländer sich haltend, die Fallreepstreppe hinabklomm.

(... Nachtrag: Der greise Geck ist längst vergessen, wenn sich mit Gustav von Aschenbach eine Wandlung vollzieht;

das ersehnte »späte Abenteuer des Gefühles« wird ihm in
Gestalt des jungen Tadzio zuteil; er logiert mit seiner
Mutter, der »Frau im Perlenschmuck«, und seinen Schwes-
tern im selben Hotel wie Aschenbach. Venedig gärt wie
eine überreife Frucht, es krankt an der Cholera...)

zahlreiche Strandhütten standen leer, die Besetzung des
Speisesaals wies größere Lücken auf, und in der Stadt sah
man selten noch einen Fremden. Die Wahrheit schien
durchgesickert, die Panik, trotz zähen Zusammenhaltens
der Interessenten, nicht länger hintanzuhalten. Aber die
Frau im Perlenschmuck blieb mit den Ihren, sei es, weil
die Gerüchte nicht zu ihr drangen, oder weil sie zu stolz
und furchtlos war, um ihnen zu weichen: Tadzio blieb;
und jenem, in seiner Umfangenheit, war es zuweilen, als
könne Flucht und Tod alles störende Leben in der Runde
entfernen und er allein mit dem Schönen auf dieser Insel
zurückbleiben, – ja, wenn vormittags am Meere sein Blick
schwer, unverantwortlich, unverwandt auf dem Begehr-
ten ruhte, wenn er bei sinkendem Tage durch Gassen, in
denen verheimlichter Weise das ekle Sterben umging, ihm
unwürdig nachfolgte, so schien das Ungeheuerliche ihm
aussichtsreich und hinfällig das Sittengesetz.

Wie irgendein Liebender wünschte er, zu gefallen und
empfand bittere Angst, daß es nicht möglich sein möchte.
Er fügte seinem Anzuge jugendlich aufheiternde Einzel-
heiten hinzu, er legte Edelsteine an und benutzte Par-
fums, er brauchte mehrmals am Tage viel Zeit für seine
Toilette und kam geschmückt, erregt und gespannt zu Tische. Angesichts der süßen Jugend, die es ihm angetan,
ekelte ihn sein alternder Leib; der Anblick seines grauen
Haares, seiner scharfen Gesichtszüge stürzte ihn in
Scham und Hoffnungslosigkeit. Es trieb ihn, sich körper-

lich zu erquicken und wiederherzustellen; er besuchte häufig den Coiffeur des Hauses.

Im Frisiermantel, unter den pflegenden Händen des Schwätzers im Stuhle zurückgelehnt, betrachtete er gequälten Blickes sein Spiegelbild.

»Grau«, sagte er mit verzerrtem Munde.

»Ein wenig«, antwortete der Mensch. »Nämlich durch Schuld einer kleinen Vernachlässigung, einer Indifferenz in äußerlichen Dingen, die bei bedeutenden Personen begreiflich ist, die man aber doch nicht unbedingt loben kann und zwar um so weniger, als gerade solchen Personen Vorurteile in Sachen des Natürlichen oder Künstlichen wenig angemessen sind. Würde sich die Sittenstrenge gewisser Leute gegenüber der kosmetischen Kunst logischer Weise auch auf ihre Zähne erstrecken, so würden sie nicht wenig Anstoß erregen. Schließlich sind wir so alt, wie unser Geist, unser Herz sich fühlen, und graues Haar bedeutet unter Umständen eine wirklichere Unwahrheit, als die verschmähte Korrektur bedeuten würde. In Ihrem Falle, mein Herr, hat man ein Recht auf seine natürliche Haarfarbe. Sie erlauben mir, Ihnen die Ihrige einfach zurückzugeben?«

»Wie das?« fragte Aschenbach.

Da wusch der Beredte das Haar des Gastes mit zweierlei Wasser, einem klaren und einem dunklen, und es war schwarz wie in jungen Jahren. Er bog es hierauf mit der Brennschere in weiche Lagen, trat rückwärts und musterte das behandelte Haupt.

»Es wäre nun nur noch«, sagte er, »die Gesichtshaut ein wenig aufzufrischen.«

Und wie jemand, der nicht enden, sich nicht genugtun kann, ging er mit immer neu belebter Geschäftigkeit von einer Hantierung zur anderen über. Aschenbach, bequem ruhend, der Abwehr nicht fähig, hoffnungsvoll erregt vielmehr von dem, was geschah, sah im Glase seine Brauen sich entschiedener und ebenmäßiger wölben, den Schnitt seiner Augen sich verlängern, ihren Glanz durch eine leichte Untermalung des Lides sich heben, sah weiter unten, wo die Haut bräunlich-ledern gewesen, weich aufgetragen, ein zartes Karmin erwachen, seine Lippen, blutarm soeben noch, himbeerfarben schwellen, die Furchen der Wangen, des Mundes, die Runzeln der Augen unter Crême und Jugendhauch verschwinden, – erblickte mit Herzklopfen einen blühenden Jüngling. Der Kosmetiker gab sich endlich zufrieden, indem er nach Art solcher Leute dem, den er bedient hatte, mit kriechender Höflichkeit dankte. »Eine unbedeutende Nachhilfe«, sagte er, indem er eine letzte Hand an Aschenbachs Äußeres legte. »Nun kann der Herr sich unbedenklich verlieben.« Der Berückte ging, traumglücklich, verwirrt und furchtsam. Seine Kravatte war rot, sein breitschattender Strohhut mit einem mehrfarbigen Bande umwunden.

Ein Jäger

stört das *Idyll* von *Herr und Hund*

Es war weit draußen, flußabwärts, jenseits des Fährhauses, dort, wo schon die Uferwildnis nahe an den oberen Strandweg herantritt, auf dem wir uns hinbewegten, ich im Schritte, und Bauschan, ein wenig vor mir, in schiefem und lässigem Bummeltrabe. Er hatte einen Hasen gehetzt, oder, wenn man so will, sich von ihm hetzen lassen, hatte drei, vier Fasanen aufgebracht und hielt sich nun eben ein wenig zu mir, um auch den Herrn nicht ganz zu vernachlässigen. Eine kleine Gruppe von Enten flog, die Hälse gestreckt und in keilförmiger Anordnung über den Fluß, ziemlich hoch und näher gegen das andere Ufer hin, so daß sie als Jagdwild für uns auf keine Weise in Betracht kamen. Sie flogen mit uns, in unserer Richtung, ohne uns zu beachten oder auch nur zu bemerken, und auch von uns warf nur dann und wann der Eine und Andere einen absichtlich gleichgültigen Blick zu ihnen hinüber.

Da geschah's, daß am jenseitigen, gleich dem unsrigen ziemlich steilen Ufer ein Mann sich aus dem Gebüsche hervorschlug und, sobald er den Schauplatz betreten, in eine Pose fiel, die uns beide, Bauschan ebenso unmittelbar wie mich, bewog, unsere Schritte zu hemmen und betrachtend gegen ihn Front zu machen. Es war ein hinlänglich stattlicher Mann, etwas rauh seinem Äußeren nach, mit einem hängenden Schnurrbart und bekleidet mit Wickelgamaschen, einem Lodenhut, der ihm schief in der Stirne saß, bauschigen Hosen, die aus einer Sorte harten Sammets, sogenanntem Manchester bestehen mochten und einem entsprechenden Wams, an dem man allerlei Gurt- und Lederwerk bemerkte, denn er trug einen Rucksack auf den Rücken geschnallt und eine Flinte am Riemen über der Schulter. Besser gesagt: er hatte sie so getragen; denn kaum war er auf dem Plan erschienen, als er die Waffe an sich zog, und, die Wange schief gegen den Kolben gelehnt, ihren Lauf schräg aufwärts gegen den Himmel richtete. Ein Bein in der Wickelgamasche hatte er vorgestellt, in der Höhle seiner auswärts gedrehten Linken ruhte der Lauf, während er den Ellbogen stark einwärts unter denselben bog, den anderen aber, den des rechten Armes, dessen Hand am Hahne lag, stark seitlich spreizte und sein visierendes Antlitz schief und kühn dem Himmelslicht darbot. Etwas entschieden Opernhaftes lag in des Mannes Erscheinung, wie sie dort über dem Ufergeröll, in dieser Freilufts-Szenerie von Buschwerk, Fluß und Himmel beispielhaft ragte. Unsere achtungsvolle und eindringliche Anschauung aber konnte nur einen Augenblick währen, – da platzte drüben der flache Knall, auf den ich mit innerer Anspannung gewartet hatte, und der mich also zusammenfahren ließ; ein Lichtlein, blaß vor dem hellen Tag, blitzte gleichzeitig auf, ein Wölkchen dampfte ihm nach, und während der Mann sich einen Opernschritt vorwärts fallen ließ, Brust und Angesicht gen Himmel geworfen, die Flinte am Riemen in der rechten Faust, spielte sich dort oben, wohin er blickte und wohin auch wir blickten, ein Vorgang kurzer, stiebender Verwirrung ab: Die Entengruppe fuhr auseinander, ein wil-

Ein Jäger,
Herr und Hund (1919)

des Flattern entstand, wie wenn ein Stoßwind in losen Segeln knallt, der Versuch eines Gleitfluges folgte, und plötzlich zur Sache geworden, fiel der getroffene Körper, rasch wie ein Stein, in der Nähe des jenseitigen Ufers auf die Wasserfläche hinab.

Es war dies nur die erste Hälfte der Handlung. Doch muß ich mich hier in ihrer Ausmalung unterbrechen, um den lebendigen Blick meiner Erinnerung auf Bauschan zu richten. Geprägte Redensarten bieten sich an, um sein Verhalten zu kennzeichnen, Kurrentmünze, gangbar in großen Fällen, ich könnte sagen, er sei wie vom Donner gerührt gewesen. Allein das mißfällt mir, und ich mag es nicht. Die großen Worte, abgenutzt wie sie sind, eignen sich gar nicht sehr, das Außerordentliche auszudrücken; vielmehr geschieht dies am besten, indem man die kleinen in die Höhe treibt und auf den Gipfel ihrer Bedeutung bringt. Ich sage nichts weiter, als daß Bauschan beim Flintenknall, bei seinen Begleitumständen und Folgeerscheinungen *stutzte*, und es war dasselbe Stutzen, das ihm überhaupt vor auffälligen Dingen eigentümlich und mir an ihm wohlbekannt ist, nur allerdings ins Grenzenlose gesteigert. Es war ein Stutzen, das seinen Körper nach hinten, nach links und nach rechts schleuderte, ein Stutzen, das ihm beim Zurückprallen den Kopf gegen die Brust riß und ihm beim Vorstoß denselben beinahe aus den Schultern jagte, ein Stutzen, das aus ihm zu schreien schien: »Was? Was? Was war das? Halt, in drei Teufels Namen! *Wie war das?!*« Er schaute und lauschte die Dinge mit einer Art von Entrüstung, wie das höchste Erstaunen sie auslöst, in sich hinein, und dort waren sie auch schon, dort waren sie, als was für ungeheuerliche Neuigkeiten sie sich auch darstellen mochten, schon immer irgendwie anwesend gewesen. Ja, wenn es ihn riß, so daß er

143

sich satzweise nach rechts und links halb um sich selber drehte, so war es, als schaute er sich im Ruck nach sich selber um, fragend: »Was bin ich? Wer bin ich? Bin ich's?« In dem Augenblick, da der Entenleib auf das Wasser fiel, tat Bauschan einen Sprung nach vorn, gegen den Rand der Böschung hin, als wollte er in das Flußbett hinab und sich ins Wasser stürzen. Doch besann er sich auf die Strömung, stoppte seinen Impuls, schämte sich und verlegte sich wieder aufs Schauen.

Ich beobachtete ihn mit Unruhe. Als die Ente gefallen war, fand ich, daß wir genug gesehen hätten, und schlug vor, wir sollten weitergehen. Er aber hatte sich hingesetzt, auf seine Hinterpfoten, das Gesicht mit den hochgespannten Ohren gegen das jenseitige Ufer gewandt und als ich sagte: »Gehen wir, Bauschan?« wandte er nur äußerst kurz den Kopf nach meiner Seite, wie wenn jemand nicht ohne Barschheit sagt: »Bitte mich nicht zu stören!« – und schaute wieder. So beschied ich mich denn, kreuzte die Füße, stützte mich auf meinen Stock und sah ebenfalls zu, was weiter geschah.

Die Ente also, eine jener Enten, die sich oft in frecher Sicherheit vor unserer Nase geschaukelt hatten, trieb auf dem Wasser, ein Wrack, man wußte nicht mehr, wo vorn und hinten war. Der Fluß ist ruhiger hier draußen, sein Gefälle nicht mehr so reißend, wie weiter aufwärts. Immerhin ward der Entenbalg sogleich von der Strömung ergriffen, um sich selbst gedreht und fortgezogen, und wenn es dem Manne nicht nur ums Treffen und Töten zu tun gewesen war, sondern wenn er mit seinem Tun einen praktischen Zweck verfolgt hatte, so mußte er sich sputen. Das tat er, ohne einen Augenblick zu verlieren, es spielte sich alles in größter Schnelle ab. Kaum war die Ente gestürzt, als er auch schon springend, stolpernd und beinahe fallend die Böschung hinunterstürmte. Er hielt die Flinte gestreckten Armes dabei von sich, und wieder mutete es höchst opernhaft und romantisch an, wie er, gleich einem Räuber und kühnen Schmuggler des Melodrams, über das dekorationsmäßig wirkende Steingerölle hinabsprang. Berechnenderweise hielt er sich ein wenig schräg links, da die treibende Ente vor ihm davonschwamm und es für ihn darauf ankam, sie abzufangen. Und wirklich glückte es ihm, mit dem Flintenkolben, den er nach ihr ausstreckte, weit vorgebeugt und die Füße im Wasser, ihrem Zuge Einhalt zu tun und sie zu fassen: behutsam und unter Schwierigkeiten bugsierte er sie vor dem schiebenden Kolben gegen die Steine und zog sie an Land.

So war das Werk getan, und der Mann atmete auf. Er legte die Waffe neben sich an das Ufer, zog sein Felleisen von den Schultern, stopfte die Beute hinein, schnallte den Sack wieder auf und stieg, so angenehm beladen, gestützt auf seine Flinte wie auf einen Stock, in guter Ruhe über das Geröll und gegen die Büsche empor.

»Nun, der hat seinen Braten für morgen«, dachte ich mit Beifall und Mißgunst. »Komm, Bauschan, nun gehen wir, weiter geschieht nichts.« Aber Bauschan, nachdem er aufgestanden war und sich einmal um sich selbst gedreht hatte, setzte sich wieder und schaute dem Manne nach, auch als dieser vom Schauplatz schon abgetreten und zwischen den Sträuchern verschwunden war. Es fiel mir nicht ein, ihn zweimal zum Mitgehen aufzufordern. Er wußte, wo wir wohnten, und wenn er es vernünftig fand, mochte er noch längere Zeit hier sitzen und glotzen, nachdem die Sache sich abgespielt hatte und nichts mehr zu sehen war. Der Heimweg war lang, und ich meines Teiles machte mich daran, ihn zurückzulegen. Da folgte er denn.

Er hielt sich zu mir auf diesem ganzen peinlichen Heimwege, ohne zu jagen. Er lief nicht schräg vor mir, wie es sonst seine Gewohnheit, wenn er eben zum Stöbern und Spüren nicht aufgelegt ist, sondern ging etwas hinter mir, im Schritt, und zog eine Art von Maul, wie ich bemerken mußte, wenn ich mich zufällig einmal nach ihm umsah. Das hätte hingehen mögen, und viel fehlte, daß ich mich dadurch in Harnisch hätte jagen lassen; im Gegenteil war ich geneigt, zu lachen und die Achseln zu zukken. Aber alle dreißig bis fünfzig Schritte *gähnte* er, und das war es, was mich erbitterte. Es war das unverschämte, sperrangelweite, grob gelangweilte und von einem piepsenden Kehllaut begleitete Gähnen, das deutlich ausdrückt: »Ein schöner Herr! Kein rechter Herr! Ein lumpiger Herr!«, und wenn der beleidigende Laut mich niemals unempfindlich läßt, so war er diesmal vermögend, unsre Freundschaft bis in den Grund zu stören.

»Geh!« sagte ich. »Geh fort! Geh doch zu deinem Herrn mit der Donnerbüchse und schließ dich ihm an, er scheint ja nicht im Besitze eines Hundes, vielleicht kann er dich brauchen bei seinen Taten. Er ist zwar nur ein Mann in Manchester und kein Herr, aber in deinen Augen mag er ja einer sein, ein Herr für dich, und darum empfehle ich dir aufrichtig, zu ihm überzugehen, da er dir denn nun einmal einen Floh ins Ohr gesetzt hat, zu deinen übrigen.« (Soweit ging ich.) »Ob er auch nur einen Jagdschein aufzuweisen hat, wollen wir ihn nicht fragen, es könnte sein, daß ihr in Ungelegenheiten kämet, wenn man euch eines Tages bei eurem sauberen Treiben ertappt, aber das ist deine Sache, und mein Rat ist, wie gesagt, der aufrichtigste. Über dich Jäger! Hast du mir je einen Hasen gebracht für meine Küche, von all denen, die ich dich hetzen ließ? Meine Schuld ist es nicht, wenn du keinen

Haken zu schlagen verstehst und mit der Nase in den Kies
fährst wie ein Narr, in dem Augenblick, wo es gälte, Ge-
wandtheit zu zeigen! Oder einen Fasan, – der doch nicht
minder willkommen gewesen wäre in den strengen Zeiten? Und jetzt gähnst du! Geh, sage ich. Geh zu deinem
Herrn mit den Wickelgamaschen und sieh zu, ob er der
Mann ist, dich an der Kehle zu krauen oder dich gar dahin
zu bringen, daß du lachst, – meinem Dafürhalten nach
kann er selbst kaum lachen, höchstens sehr roh! Wenn du
glaubst, daß *er* dich wissenschaftlicher Beobachtung
übergeben wird, falls es dir einfällt, okkult zu bluten,
oder daß du als *sein* Hund für nervös und anämisch er-
klärt werden wirst, so geh nur zu ihm, doch könnte es
sein, daß du dich im Irrtum wiegtest in Hinsicht auf das
Maß von Achtung, das diese Art Herr dir entgegenbrin-
gen würde! Es gibt Dinge und Unterschiede, für die solche bewaffneten Leute viel Sinn und Blick besitzen, natürliche Verdienste oder Nachteile, um meine Anspielung
schon deutlicher zu machen, knifflige Fragen des Stamm-
baumes und der Ahnenprobe, daß ich mich ganz unmiß-
verständlich ausdrücke, über die nicht jedermann mit zar-
ter Humanität hinweggeht, und wenn er dir bei der ersten
Meinungsverschiedenheit deinen Knebelbart vorhält,
dein rüstiger Herr, und dich mit mißlautenden Namen
belegt, dann denke an mich und diese meine gegenwärtigen Worte …«
So beißend sprach ich während des Heimweges zu dem
hinter mir schleichenden Bauschan, und wenn ich auch
nur innerlich redete, und meine Worte nicht laut werden
ließ, um nicht exaltiert zu erscheinen, so bin ich doch
überzeugt, daß er genau verstand, wie ich es meinte, und
jedenfalls der Hauptlinie meines Gedankenganges sehr
wohl zu folgen vermochte. Kurz, das Zerwürfnis war tief-

greifend, und, zu Hause angelangt, ließ ich absichtlich die Gartenpforte knapp hinter mir ins Schloß fallen, so daß er nicht mehr mit durchschlüpfen konnte und mit Ansprung hinüberklettern mußte. Ohne mich auch nur umzusehen, ging ich ins Haus und hörte noch, daß er quiekte, da er sich beim Klettern den Bauch gestoßen, worüber ich nur höhnisch die Achseln zuckte. –

Dr. Edhin Krokowski

Seelenzergliederer im *Zauberberg*

»Aber du schläfst ja!« sagte Joachim. »Komm, es ist Zeit, zu Bett zu gehen, für uns beide.«

»Es ist überhaupt keine Zeit«, sagte Hans Castorp mit schwerer Zunge. Aber er ging doch mit, etwas gebückt und steifbeinig, wie ein Mensch, der von Müdigkeit förmlich zu Boden gezogen wird, – nahm sich jedoch gewaltsam zusammen, als er in der nur noch matt erleuchteten Halle Joachim sagen hörte:

»Da sitzt Krokowski. Ich muß dich, glaube ich, rasch noch vorstellen.«

Dr. Krokowski saß im Hellen, am Kamin des einen Konversationszimmers, gleich bei der offenen Schiebetür, und las eine Zeitung. Er stand auf, als die jungen Leute auf ihn zutraten und Joachim in militärischer Haltung sagte:

»Darf ich Ihnen, bitte, meinen Vetter Castorp aus Hamburg vorstellen, Herr Doktor. Er ist eben erst angekommen.«

Dr. Krokowski begrüßte den neuen Hausgenossen mit einer gewissen heiteren, stämmigen und aufmunternden Herzhaftigkeit, als wollte er andeuten, daß Aug in Auge mit ihm jede Befangenheit überflüssig und einzig fröhliches Vertrauen am Platze sei. Er war ungefähr fünfunddreißig Jahre alt, breitschultrig, fett, bedeutend kleiner als die beiden, die vor ihm standen, so daß er den Kopf schräg zurücklegen mußte, um ihnen ins Gesicht zu sehen, – und außerordentlich bleich, von durchscheinender, ja phosphoreszierender Blässe, die noch gehoben wurde durch die dunkle Glut seiner Augen, die Schwärze seiner Brauen und seines ziemlich langen, in zwei Spitzen auslaufenden Vollbartes, der bereits ein paar weiße Fäden zeigte. Er trug einen schwarzen, zweireihigen, schon etwas abgenutzten Sakkoanzug, schwarze, durchbrochene, sandalenartige Halbschuhe zu dicken, grauwollenen Sokken und einen weich überfallenden Halskragen, wie Hans Castorp ihn bis dahin nur bei einem Photographen in Danzig gesehen hatte und welcher der Erscheinung Dr. Krokowskis in der Tat ein ateliermäßiges Gepräge verlieh. Herzlich lächelnd, so daß in seinem Barte die gelblichen Zähne sichtbar wurden, schüttelte er dem jungen Manne die Hand, indem er mit baritonaler Stimme und etwas fremdländisch schleppenden Akzenten sagte:

»Seien Sie uns willkommen, Herr Castorp! Möchten Sie sich rasch einleben und sich wohlfühlen in unserer Mitte. Sie kommen zu uns als Patient, wenn ich mir die Frage erlauben darf?«

Es war rührend zu sehen, wie Hans Castorp arbeitete, um sich artig zu erweisen und seiner Schläfrigkeit Herr zu werden. Er ärgerte sich, so schlecht in Form zu sein und sah mit dem mißtrauischen Selbstbewußtsein junger Leute in dem Lächeln und dem aufmunternden Wesen des Assistenten Zeichen nachsichtigen Spottes. Er antwortete, indem er von den drei Wochen sprach, auch seines Examens erwähnte und hinzufügte, daß er, gottlob, ganz gesund sei.

»Wahrhaftig?« fragte Dr. Krokowski, indem er seinen

Kopf wie neckend schräg vorwärts stieß und sein Lächeln verstärkte … »Aber dann sind Sie eine höchst studierenswerte Erscheinung! Mir ist nämlich ein ganz gesunder Mensch noch nicht vorgekommen. Was für ein Examen haben Sie abgelegt, wenn die Frage erlaubt ist?«

»Ich bin Ingenieur, Herr Doktor«, antwortete Hans Castorp mit bescheidener Würde.

»Ah, Ingenieur!« Und Dr. Krokowskis Lächeln zog sich gleichsam zurück, büßte an Kraft und Herzlichkeit für den Augenblick etwas ein. »Das ist wacker. Und Sie werden hier also keinerlei ärztliche Behandlung in Anspruch nehmen, weder in körperlicher noch in psychischer Hinsicht?«

»Nein, ich danke tausendmal!« sagte Hans Castorp und wäre fast einen Schritt zurückgewichen.

Da brach das Lächeln Dr. Krokowskis wieder siegreich hervor, und indem er dem jungen Manne aufs neue die Hand schüttelte, rief er mit lauter Stimme:

»Nun, so schlafen Sie denn wohl, Herr Castorp, – im Vollgefühl Ihrer untadeligen Gesundheit! Schlafen Sie wohl und auf Wiedersehn!« – Damit entließ er die jungen Leute und setzte sich wieder zu seiner Zeitung nieder.

Der Aufzug hatte keine Bedienung mehr, und so legten sie zu Fuß die Treppen zurück, schweigend und etwas verwirrt von der Begegnung mit Dr. Krokowski. Joachim begleitete Hans Castorp auf Nummer Vierunddreißig, wo der Hinkende das Gepäck des Ankömmlings richtig eingeliefert hatte, und sie plauderten noch eine Viertelstunde, während Hans Castorp Nacht- und Waschzeug auspackte und eine dicke, milde Zigarette dazu rauchte. Zur Zigarre kam er heute nicht mehr, was ihm wunderlich und außerordentlich erschien.

»Er sieht sehr bedeutend aus«, sagte er, indem er beim

Sprechen den eingeatmeten Rauch hervorsprudelte. »Wachsbleich ist er. Aber mit seiner Chaussure, höre mal, da steht es scheußlich. Grauwollene Socken und dann diese Sandalen. War er zum Schluß eigentlich beleidigt?«

»Er ist etwas empfindlich«, gab Joachim zu. »Du hättest die ärztliche Behandlung nicht so brüsk zurückweisen sollen, wenigstens nicht die psychische. Er sieht es nicht gern, wenn man sich dem entzieht. Auf mich ist er auch nicht besonders zu sprechen, weil ich ihm nicht genug anvertraue. Aber dann und wann erzähl ich ihm doch einen Traum, damit er was zu zergliedern hat.«

»Nun, dann hab ich ihn eben vor den Kopf gestoßen«, sagte Hans Castorp verdrießlich; denn es machte ihn unzufrieden mit sich selbst, jemanden gekränkt zu haben, und so kam denn die Müdigkeit auch mit erneuter Stärke über ihn.

»Gute Nacht«, sagte er. »Ich falle um.«

»Um acht hole ich dich zum Frühstück«, sagte Joachim und ging.

(...)

Allein schon der folgende Tag, der erste Montag also, den der Hospitant hier oben verlebte, brachte eine weitere regelmäßig wiederkehrende Abwandlung des Tageslaufes: nämlich einen jener Vorträge, die Dr. Krokowski vierzehntägig im Speisesaal vor dem gesamten volljährigen, der deutschen Sprache kundigen und nicht moribunden Publikum des »Berghofes« hielt. Es handelte sich, wie Hans Castorp von seinem Vetter hörte, um eine Reihe zusammenhängender Kollegien, einen populär-wissenschaftlichen Kursus unter dem Generaltitel »Die Liebe als krankheitbildende Macht«. Die belehrende Unterhaltung fand nach dem zweiten Frühstück statt, und es war, wie wiederum Joachim sagte, nicht zulässig, wurde zum mindesten höchst ungern gesehen, daß man sich davon ausschlösse, – weshalb es denn auch als erstaunliche Frechheit galt, daß Settembrini, obgleich des Deutschen mächtiger als irgend jemand, die Vorträge nicht nur niemals besuchte, sondern sich auch in den abschätzigsten Äußerungen darüber erging. Was Hans Castorp betraf, so war er vor allem aus Höflichkeit, dann aber auch aus unverhohlener Neugier sofort entschlossen, sich einzufinden.

(...)

Was redete denn Dr. Krokowski? In welchem Gedankengange bewegte er sich? Hans Castorp nahm seinen Verstand zusammen, um aufs laufende zu kommen, was ihm nicht gleich gelang, da er den Anfang nicht gehört und beim Nachdenken über Frau Chauchats schlaffen Rücken Weiteres versäumt hatte. Es handelte sich um eine Macht ... jene Macht ... kurzum, es war die Macht der Liebe, um die es sich handelte. Selbstverständlich! Das Thema lag ja im Generaltitel des Vortragszyklus, und wovon sollte Dr. Krokowski denn auch sonst wohl sprechen, da dies nun einmal sein Gebiet war. Etwas wunderlich war es ja, auf einmal ein Kolleg über die Liebe zu hören, während sonst immer nur von Dingen wie dem Übersetzungsgetriebe im Schiffbau die Rede gewesen war. Wie fing man es an, einen Gegenstand von so spröder und verschwiegener Beschaffenheit am hellen Vormittag vor Damen und Herren zu erörtern? Dr. Krokowski erörterte ihn in einer gemischten Ausdrucksweise, in zugleich poetischem und gelehrtem Stile, rücksichtslos wissenschaftlich, dabei aber gesanghaft schwingenden Tones, was den jungen Hans Castorp etwas unordentlich anmutete, obgleich gerade dies der Grund sein mochte, weshalb die Damen so hitzige Wangen hatten und die Herren ihre Ohren schüttelten. Insonderheit gebrauchte der Redner das Wort »Liebe« beständig in einem leise schwankenden Sinn, so daß man niemals recht wußte, woran man damit war und ob es Frommes oder Leidenschaftlich-Fleischliches bedeute, – was ein leichtes Gefühl von Seekrankheit erzeugte. Nie in seinem Leben hatte Hans Castorp dieses Wort so oft hintereinander aussprechen hören, wie hier und heute, ja, wenn er nachdachte, so schien ihm, daß er selbst es noch niemals ausgesprochen oder aus fremdem Munde vernommen habe. Das mochte ein Irrtum sein, – jedenfalls fand er nicht, daß so häufige Wiederholung dem Worte zustatten käme. Im Gegenteil, diese schlüpfrigen anderthalb Silben mit dem Zungen-, dem Lippenlaut und dem dünnen Vokal in der Mitte wurden ihm auf die Dauer recht widerwärtig, eine Vorstellung verband sich für ihn damit wie von gewässerter Milch, – etwas Weißbläulichem, Labberigem, zumal im Vergleich mit all dem Kräftigen, was Dr. Krokowski genau genommen darüber zum besten gab. Denn soviel ward deutlich, daß man starke Stücke sagen konnte, ohne die Leute aus dem Saale zu treiben, wenn man es anfing wie er. Keineswegs begnügte er sich damit, allgemein bekannte, doch gemeinhin in Schweigen gehüllte Dinge mit einer Art von berauschendem Takt zur Sprache zu bringen; er zerstörte Illusionen, er gab unerbittlich der Erkenntnis die Ehre, er ließ keinen Raum für empfindsamen Glauben an die Würde des Silberhaares und die Engelsreinheit des zarten Kindes. Übrigens trug er auch zum Gehrock seinen weichen Fallkragen und seine Sandalen über den grauen Sokken, was einen grundsätzlichen und idealistischen Eindruck machte, wenn auch Hans Castorp etwas darüber erschrak. Indem er an der Hand von Büchern und losen Blättern, die vor ihm auf dem Tische lagen, seine Aufstellungen durch allerlei Beispiele und Anekdoten stützte und mehrmals sogar Verse rezitierte, handelte Dr. Krokowski von erschreckenden Formen der Liebe, wunderlichen, leidvollen und unheimlichen Abwandlungen ihrer Erscheinung und Allgewalt. Unter allen Naturtrieben, sagte er, sei sie der schwankendste und gefährdetste, von Grund aus zur Verirrung und heillosen Verkehrtheit geneigt, und das dürfe nicht wundernehmen. Denn dieser mächtige Impuls sei nichts Einfaches, er sei seiner Natur nach vielfach zusammengesetzt, und zwar, so rechtmäßig wie er als Ganzes auch immer sei, – zusammengesetzt sei er aus lauter Verkehrtheiten. Da man nun aber, und zwar mit Recht, so fuhr Dr. Krokowski fort, da man es nun aber richtigerweise ablehne, aus der Verkehrtheit der Bestandteile auf die Verkehrtheit des Ganzen zu schließen, so sei man unweigerlich genötigt, einen Teil der Rechtmäßigkeit des Ganzen, wenn nicht seine ganze Rechtmäßigkeit, auch für die einzelne Verkehrtheit in Anspruch zu nehmen. Das sei eine Forderung der Logik, und daran bitte er seine Zuhörer festzuhalten. Seelische Widerstände und Korrektive seien es, anständige und ordnende Instinkte von – fast hätte er sagen mögen bürgerlicher Art, unter deren ausgleichender und einschränkender Wirkung die verkehrten Bestandteile zum regelrechten und nützlichen Ganzen verschmölzen, – ein immerhin häufiger und begrüßenswerter Prozeß, dessen Ergebnis jedoch (wie Dr. Krokowski etwas wegwerfend hinzufügte) den Arzt und Denker weiter nichts angehe. In einem anderen Falle dagegen gelinge er nicht, dieser Prozeß, wolle und solle er nicht gelingen, und wer, so fragte Dr. Krokowski, vermöge zu sagen, ob dies nicht vielleicht den edleren, seelisch kostbareren Fall bedeute? In diesem Falle nämlich eigne beiden Kräftegruppen, dem Liebesdrange sowohl wie jenen gegnerischen Impulsen, unter denen Scham und Ekel besonders zu nennen seien, eine außerordentliche, das bürgerlich-übliche Maß überschreitende Anspannung und Leidenschaft, und, in den Untergründen der Seele geführt, verhindere der Kampf zwischen ihnen jene Einfriedung, Sicherung und Sittigung der irrenden Triebe, die zur üblichen Harmonie, zum vorschriftsmäßigen Liebesleben führe. Dieser Widerstreit zwischen den Mächten der Keuschheit und der Liebe – denn um einen solchen handle es sich –, wie gehe er aus? Er endige scheinbar mit dem Siege der Keuschheit. Furcht, Wohlanstand, züchtiger Abscheu, zitterndes Reinheitsbedürfnis, sie unterdrückten die Liebe, hielten sie in Dunkelheiten gefesselt, ließen ihre wirren Forderungen höchstens teilweise, aber bei weitem nicht nach ihrer ganzen Vielfalt und Kraft ins Bewußtsein und zur Betätigung zu. Allein dieser Sieg der Keuschheit sei nur ein Schein- und Pyrrhussieg, denn der Liebesbefehl lasse sich nicht knebeln, nicht vergewaltigen, die unterdrückte Liebe sei nicht tot, sie lebe, sie trachte im Dunkeln und Tiefgeheimen auch ferner sich zu erfüllen, sie durchbreche den Keuschheitsbann und erscheine wieder, wenn auch in verwandelter, unkenntlicher Gestalt … Und welches sei denn nun die Gestalt und Maske, worin die nicht zugelassene und unterdrückte Liebe wiedererscheine? So fragte Dr. Krokowski und blickte die Reihen entlang, als erwarte er die Antwort ernstlich von seinen Zuhörern. Ja, das mußte er nun auch noch selber sagen, nachdem er schon so manches gesagt hatte. Niemand außer ihm wußte es, aber er würde bestimmt auch dies noch wissen, das sah man ihm an. Mit seinen glühenden Augen, seiner

Dr. Edhin Krokowski,
Der Zauberberg (1924)

Wachsblässe und seinem schwarzen Bart, dazu den Mönchssandalen über grauwollenen Socken, schien er selbst in seiner Person den Kampf zwischen Keuschheit und Leidenschaft zu versinnbildlichen, von dem er gesprochen hatte. Wenigstens war dies Hans Castorps Eindruck, während er wie alle Welt mit größter Spannung die Antwort darauf erwartete, in welcher Gestalt die unzugelassene Liebe wiederkehre. Die Frauen atmeten kaum. Staatsanwalt Paravant schüttelte rasch noch einmal sein Ohr, damit es im entscheidenden Augenblick offen und aufnahmefähig wäre. Da sagte Dr. Krokowski: In Gestalt der Krankheit! Das Krankheitssymptom sei verkappte Liebesbetätigung und alle Krankheit verwandelte Liebe.

Nun wußte man es, wenn auch wohl nicht alle es ganz zu würdigen vermochten. Ein Seufzer ging durch den Saal, und Staatsanwalt Paravant nickte bedeutsamen Beifall, während Dr. Krokowski fortfuhr, seine These zu entwickeln. Hans Castorp seinerseits senkte den Kopf, um zu bedenken, was er gehört hatte, und sich zu erforschen, ob er es verstünde. Aber ungeübt, wie er war in solchen Gedankengängen, und außerdem wenig geisteskräftig infolge seines unbekömmlichen Spazierganges, war er leicht abzulenken und wurde dann auch sogleich abgelenkt durch den Rücken vor ihm und den zugehörigen Arm, der sich hob und rückwärts bog, um mit der Hand, dicht vor Hans Castorps Augen, von unten das geflochtene Haar zu stützen.

Es war beklemmend, die Hand so nahe vor Augen zu haben, – man mußte sie betrachten, ob man wollte oder nicht, sie studieren in allen Makeln und Menschlichkeiten, die ihr anhafteten, als habe man sie unter dem Vergrößerungsglas. Nein, sie hatte durchaus nichts Aristokratisches, diese zu gedrungene Schulmädchenhand mit den schlecht und recht beschnittenen Nägeln, – man war nicht einmal sicher, ob sie an den äußeren Fingergelenken ganz sauber war, und die Haut neben den Nägeln war zerbissen, das konnte gar keinem Zweifel unterliegen. Hans Castorps Mund verzog sich, aber seine Augen blieben haften an Madame Chauchats Hand, und eine halbe und unbestimmte Erinnerung ging ihm durch den Sinn an das, was Dr. Krokowski über die bürgerlichen Widerstände, die sich der Liebe entgegenstellten, gesagt hatte ... Der Arm war schöner, dieser weich hinter den Kopf gebogene Arm, der kaum bekleidet war, denn der Stoff der Ärmel war dünner als der der Bluse, – die leichteste Gaze, so daß der Arm nur eine gewisse duftige Verklärung dadurch erfuhr und ganz ohne Umhüllung wahrscheinlich weniger anmutig gewesen wäre. Er war zugleich zart und voll – und kühl, aller Mutmaßung nach. Es konnte hinsichtlich seiner von keinerlei bürgerlichen Widerständen die Rede sein.

Hans Castorp träumte, den Blick auf Frau Chauchats Arm gerichtet. Wie die Frauen sich kleideten! Sie zeigten dies und jenes von ihrem Nacken und ihrer Brust, sie verklärten ihre Arme mit durchsichtiger Gaze ... Das taten sie in der ganzen Welt, um unser sehnsüchtiges Verlangen zu erregen. Mein Gott, das Leben war schön! Es war schön gerade durch solche Selbstverständlichkeit, wie daß die Frauen sich verlockend kleideten, – denn selbstverständlich war es ja und so allgemein üblich und anerkannt, daß man kaum daran dachte und es sich unbewußt und ohne Aufhebens gefallen ließ. Man sollte aber daran denken, meinte Hans Castorp innerlich, um sich des Lebens recht zu freuen, und sich vergegenwärtigen, daß es eine beglückende und im Grunde fast märchenhafte Einrichtung war. Versteht sich, es war um eines gewissen

Zweckes willen, daß die Frauen sich märchenhaft und beglückend kleiden durften, ohne dadurch gegen die Schicklichkeit zu verstoßen; es handelte sich um die nächste Generation, um die Fortpflanzung des Menschengeschlechts, jawohl. Aber wie, wenn die Frau nun innerlich krank war, so daß sie gar nicht zur Mutterschaft taugte, – was dann? Hatte es dann einen Sinn, daß sie Gazeärmel trug, um die Männer neugierig auf ihren Körper zu machen, – ihren innerlich kranken Körper? Das hatte offenbar *keinen* Sinn und hätte eigentlich für unschicklich gelten und untersagt werden müssen. Denn daß ein Mann sich für eine kranke Frau interessierte, dabei war doch entschieden nicht mehr Vernunft, als ... nun, als seinerzeit bei Hans Castorps stillem Interesse für Pribislav Hippe gewesen war. Ein dummer Vergleich, eine etwas peinliche Erinnerung. Aber sie hatte sich ungerufen und ohne sein Zutun eingestellt. Übrigens brach seine träumerische Betrachtung an diesem Punkte ab, hauptsächlich weil seine Aufmerksamkeit wieder auf Dr. Krokowski hingelenkt wurde, dessen Stimme sich auffallend erhoben hatte. Wahrhaftig, er stand da mit ausgebreiteten Armen und schräg geneigtem Kopf hinter seinem Tischchen und sah trotz seines Gehrockes beinahe aus wie der Herr Jesus am Kreuz!

Es stellte sich heraus, daß Dr. Krokowski am Schlusse seines Vortrages große Propaganda für die Seelenzergliederung machte und mit offenen Armen alle aufforderte, zu ihm zu kommen. Kommet her zu mir, sagte er mit anderen Worten, die ihr mühselig und beladen seid! Und er ließ keinen Zweifel an seiner Überzeugung, daß alle ohne Ausnahme mühselig und beladen waren. Er sprach von verborgenem Leide, von Scham und Gram, von der erlösenden Wirkung der Analyse; er pries die Durchleuchtung des Unbewußten, lehrte die Wiederverwandlung der Krankheit in den bewußt gemachten Affekt, mahnte zum Vertrauen, verhieß Genesung. Dann ließ er die Arme sinken, stellte seinen Kopf wieder gerade, raffte die Druckschriften zusammen, die ihm bei seinem Vortrage gedient hatten, und indem er das Päckchen, ganz wie ein Lehrer, mit der linken Hand gegen die Schulter lehnte, entfernte er sich erhobenen Hauptes durch den Wandelgang.

Alle standen auf, rückten die Stühle und begannen, sich langsam gegen denselben Ausgang zu bewegen, durch den der Doktor den Saal verlassen hatte. Es sah aus, als drängten sie ihm konzentrisch nach, von allen Seiten, zögernd, doch willenlos und in benommener Einhelligkeit, wie das Gewimmel hinter dem Rattenfänger. Hans Castorp blieb stehen im Strom, seine Stuhllehne in der Hand. Ich bin nur zu Besuch hier, dachte er; ich bin gesund und komme gottlob überhaupt nicht in Betracht, und den nächsten Vortrag erlebe ich gar nicht mehr hier. Er sah Frau Chauchat hinausgehen, schleichend, mit vorgeschobenem Kopfe. Ob auch sie sich zergliedern läßt? dachte er, und sein Herz begann zu pochen ... Dabei bemerkte er nicht, daß Joachim zwischen den Stühlen auf ihn zu kam, und zuckte nervös zusammen, als der Vetter das Wort an ihn richtete.

Ellen Brand

Medium im *Zauberberg*

Wer war Ellen Brand? Fast hätten wir vergessen, daß unsere Zuhörer es nicht wissen, während uns natürlich der Name geläufig ist. Wer sie war? Fast niemand auf den ersten Blick. Ein liebes Ding von neunzehn Jahren, Elly gerufen, flachsblond, Dänin, doch nicht einmal aus Kopenhagen, sondern aus Odense auf Fünen, woselbst ihr Vater ein Buttergeschäft besaß. Sie selbst stand im praktischen Leben, hatte schon ein paar Jahre, einen Schreibärmel über dem rechten Arm, als Beamtin der Provinzfiliale einer hauptstädtischen Bank auf einem Drehbock über dicken Büchern gesessen, – wobei sie Temperatur bekommen hatte. Der Fall war unerheblich, er hatte wohl eigentlich nur Verdachtscharakter, wenn Elly auch freilich ja zart war, zart und offenbar bleichsüchtig, – dabei unbedingt sympathisch, so daß man ihr gern die Hand auf den flachsblonden Scheitel gelegt hätte, was denn der Hofrat auch regelmäßig tat, wenn er im Speisesaal mit ihr sprach. Nordische Kühle umgab sie, eine gläsern-keusche, kindlich-jungfräuliche Atmosphäre, durchaus liebenswert, wie der volle und reine Kinderblick ihrer Blauaugen und wie ihre Sprache, die spitz, hoch und fein war, ein leicht gebrochenes Deutsch mit kleinen typischen Lautfehlern, wie »Fleich« statt »Fleisch«. An ihren Zügen war nichts Bemerkenswertes. Das Kinn war zu kurz. Sie saß am Tische der Kleefeld, die sie bemutterte.

Mit diesem Jungfräulein Brand also, dieser Elly, dieser freundlichen kleinen dänischen Radfahrerin und Kontorbockhockerin hatte es Bewandtnisse, von denen niemand beim ersten und zweiten Anblick ihrer klaren Person sich etwas hätte träumen lassen, die aber schon nach ein paar Wochen ihres Aufenthaltes hier oben anfingen sich zu entdecken, und die in ihrer ganzen Seltsamkeit bloßzulegen Dr. Krokowskis Sache wurde.

Gemeinsame Unterhaltungen gelegentlich der Abendgeselligkeit gaben dem Gelehrten ersten Anlaß zum Stutzen. Man übte sich in allerlei Ratespielen; ferner im Auffinden versteckter Gegenstände mit Hilfe eines Klavierspiels, das anschwoll, wenn man sich dem Verstecke näherte, dagegen leiser wurde, wenn man Irrwege einschlug; und man ging in der Folge dazu über, demjenigen, der während der Verabredung die Tür hatte von außen besehen müssen, das richtige Ausführen bestimmter zusammengesetzter Handlungen zuzumuten: z. B. die Ringe zweier gewisser Personen zu wechseln; jemanden mit drei Verbeugungen zum Tanze aufzufordern; ein bezeichnetes Buch der Bibliothek zu entnehmen und es dem und dem zu überreichen und dergleichen mehr. Es ist zu bemerken, daß Spiele dieser Art sonst nicht zu den Gewohnheiten der Berghof-Gesellschaft gehört hatten. Wer eigentlich die Anregung dazu gegeben, war nachträglich nicht festzustellen. Es war gewiß nicht Elly gewesen. Dennoch war man erst in ihrer Gegenwart darauf verfallen.

Die Teilnehmer – es waren fast lauter alte Bekannte von uns, und auch Hans Castorp war darunter – zeigten sich bei den Versuchen mehr oder weniger anstellig oder versagten auch gänzlich. Die Tauglichkeit Elly Brands aber erwies sich als außerordentlich, als auffallend, als ungebührlich. Ihre sichere Findigkeit im Aufsuchen von Verstecken hatte unter Beifall und bewunderndem Gelächter hingehen mögen; bei den kombinierten Handlungen jedoch fing man an zu verstummen. Sie führte aus, was immer man ihr heimlich vorgeschrieben, führte es aus, sobald sie wieder eingetreten, mit sanftem Lächeln, ohne ein Schwanken, auch ohne leitende Musik. Sie holte aus dem Speisesaal eine Prise Salz, streute sie dem Staatsanwalt Paravant auf den Kopf, nahm ihn danach bei der Hand und führte ihn zum Klavier, wo sie mit seinem Zeigefinger den Anfang des Liedchens »Kommt ein Vogel geflogen« spielte. Dann brachte sie ihn zu seinem Platze zurück, machte einen Knix vor ihm, zog einen Fußschemel herbei und setzte sich abschließend darauf zu seinen Füßen nieder, – genau so, wie man es sich unter vielem Kopfzerbrechen für sie ausgedacht.

So hatte sie also gehorcht!

Sie errötete; und mit wahrer Erleichterung, sie beschämt zu sehen, fing man an, sie im Chore zu schelten, als sie versicherte: Nein, nein, nicht so, man möge doch das nicht glauben! Nicht draußen, nicht an der Tür habe sie gehorcht, gewiß und wahrhaftig nicht!

Nicht draußen, nicht an der Tür?

»O nein, ents-chuldigen Sie!« Sie horche hier im Zimmer, wenn sie hereinkomme, könne nicht umhin, es zu tun.

Nicht umhin? Im Zimmer?

Es flüstere ihr zu, sagte sie. Es werde ihr zugeflüstert, was sie zu tun habe, leise, aber ganz scharf und deutlich.

Das war ein Geständnis, offenbar. Elly war in gewissem

Sinne schuldbewußt, hatte betrogen. Sie hätte sagen müssen, daß sie für ein solches Spiel nicht tauge, da alles ihr zugeflüstert werde. Ein Wettstreit verliert jeden menschlichen Sinn, wenn einer der Konkurrierenden übernatürliche Vorteile besitzt. Im sportlichen Sinn war Ellen plötzlich disqualifiziert, allein auf eine Weise, daß manchem der Rücken kalt wurde bei ihrem Bekenntnis. Mehrere Stimmen auf einmal riefen nach Dr. Krokowski. Man lief, ihn zu holen, und er kam: stämmig und kernig lächelnd, sofort im Bilde, zu heiterem Vertrauen auffordernd mit seinem ganzen Wesen. Man hatte ihm atemlos gemeldet, kraß Anormales liege vor, es sei eine Allwissende aufgetreten, eine Jungfrau mit Stimmen. – Ei, ei, und was weiter? Ruhe, meine Freunde! Wir werden sehen. Es war sein Grund und Boden, – schwankend und sumpfig-nachgiebig für alle, auf welchem er jedoch mit sicherer Sympathie sich bewegte. Er fragte, er ließ sich erzählen. Ei, ei, und da sehe einer! »So steht es also mit Ihnen, mein Kind?« Und er legte, wie jeder gern tat, der Kleinen die Hand aufs Haupt. Viel Ursache zur Aufmerksamkeit, doch nicht die geringste zum Entsetzen. Er tauchte seine braunen exotischen Augen in die hellblauen Ellen Brands, während er sanft mit der Hand von ihrem Scheitel über die Schulter zum Arme abwärts strich. Fromm und frömmer erwiderte sie seinen Blick, nämlich mehr und mehr von unten, da ihr Kopf sich langsam zur Brust und Schulter neigte. Als ihre Augen anfingen, sich zu brechen, tat der Gelehrte eine lässige Handbewegung aufwärts vor ihrem Gesichtchen, worauf er alle Dinge für wohl bestellt erklärte und die ganze erregte Gesellschaft zum Abenddienst schickte, ausgenommen Elly Brand, mit der er noch etwas zu »plaudern« gedachte.

166

(...)

Dr. Krokowski hatte ein striktes Verbot ergehen lassen, fernerhin laienhafte Experimente mit Fräulein Brands geheimen Gaben anzustellen. Er hatte das Kind mit wissenschaftlichem Beschlag belegt, hielt Sitzungen mit ihr in seinem analytischen Verlies, hypnotisierte sie, wie man hörte, war bestrebt, die in ihr schlummernden Möglichkeiten zu entwickeln und zu disziplinieren, ihr seelisches Vorleben zu erforschen. Dies tat übrigens auch Hermine Kleefeld, ihre mütterliche Freundin und Patronin, und erfuhr unter dem Siegel der Verschwiegenheit dies und das, was sie unter demselben Siegel im ganzen Hause verbreitete, bis in die Concierge-Loge hinein. Sie erfuhr zum Beispiel, daß der- oder dasjenige, was der Kleinen beim Spiele die Aufgaben zugeflüstert hatte, Holger hieß – es war der Jüngling Holger, ein spirit, ihr wohlvertraut, ein abgeschieden-ätherisch Wesen und etwas wie ein Schutzgeist der kleinen Ellen. – Er also hatte ihr das mit der Salzprise und Paravants Zeigefinger verraten? – Ja, die Schattenlippen liebkosend an ihrem Ohr, so daß es leise kitzelte und zum Lächeln reizte, habe er es ihr eingeflüstert. – Das müsse angenehm gewesen sein, wenn Holger ihr früher in der Schule die Antworten eingesagt habe, wenn sie nicht vorbereitet gewesen sei. – Hierauf hatte Ellen geschwiegen. Das habe Holger wohl nicht gedurft, sagte sie später. In so ernste Dinge sich einzumischen, sei ihm verwehrt, und übrigens habe er die Schulantworten wohl selber nicht recht gewußt.

Ferner stellte sich heraus, daß Ellen von jung auf, wenn auch in größeren Zeitabständen, Erscheinungen gehabt hatte, – sichtbare und unsichtbare.

(... Dr. Krokowskis Experimente mit Ellen Brand schreiten fort, nach konspirativem Gläserrücken und Endlosgedichten von spirit Holger kündigt das Medium eines Tages im Schlafe an, es werde das nächste Mal jeden beliebigen Verstorbenen vorführen. Hans Castorp, der »Zivilist«, der »immer alles harmlos haben« will, meldet sich: Er möchte seinen Vetter Joachim sehen, der nach dem ersehnten Militärdienst im Flachland noch vor Ausbruch des 1. Weltkrieges krank auf den Berghof zurückkehrte und verstarb ...)

Dr. Krokowski schritt zur Wand, um das Deckenlicht einzuschalten. Blendend flammte die weiße Helligkeit auf, daß alle die Nachtaugen blöde verkniffen. Elly schlummerte weit vorgebeugt, das Gesicht fast in ihrem Schoß. Man sah sie eigentümlich beschäftigt, begriffen in einem Tun, das den anderen vertraut schien, dem aber Hans Castorp verwundert und aufmerksam zusah: Einige Minuten lang fuhr sie mit der hohlen Hand in der Gegend ihrer Hüfte hin und her, – führte die Hand von sich fort und mit schöpfender oder rechender Bewegung wieder an sich heran, so, als zöge und sammle sie etwas ein. – Dann kam sie in mehrmaligem Aufzucken zu sich, blinzelte, auch sie, mit blöden Schlafaugen ins Licht und lächelte.

Sie lächelte, – zierlich und etwas verschlossen. Das Erbarmen mit ihrer Mühsal schien in der Tat verschwendet. Es sah nicht aus, als sei sie besonders erschöpft davon. Vielleicht erinnerte sie sich gar nicht daran. Sie saß in des Doktors Besuchersessel an der rückwärtigen Breitseite des Schreibtisches am Fenster, zwischen ihm und der spanischen Wand, die die Chaiselongue umstand; hatte dem Stuhl eine Wendung gegeben, daß sie den Arm auf die

Ellen Brand,
Der Zauberberg (1924)

Schreibtischplatte stützen konnte und ins Zimmer blickte. So saß sie, von gerührten Blicken gestreift, mit aufmunterndem Kopfnicken hie und da bedacht, schweigend während der ganzen Pause, die fünfzehn Minuten dauerte.

Es war eine richtige Pause, – gelöst und von sanfter Genugtuung im Hinblick auf die schon geleistete Arbeit erfüllt. Die Zigarettenbüchsen der Herren klappten. Man rauchte mit Behagen und besprach da und dort nahe beieinander stehend den Charakter der Sitzung. Viel fehlte, daß man an diesem Charakter verzagen, eine endgültige Ergebnislosigkeit hätte ins Auge fassen müssen. Es gab Anzeichen, geeignet, solchen Kleinmut völlig hintanzuhalten. Diejenigen, die am entgegengesetzten Ende des Halbkreises, beim Doktor, gesessen hatten, stimmten darin überein, mehrmals und deutlich jenen kühlen Hauch verspürt zu haben, der regelmäßig, wenn Phänomene sich vorbereiteten, von der Person des Mediums in eine bestimmte Richtung ausgehe. Andere wollten Lichterscheinungen bemerkt haben, weiße Flecken, wandernde Ballungen von Kraft, die sich vor der spanischen Wand verschiedentlich gezeigt hätten. Kurzum, kein Nachlassen! Keine Mattherzigkeit! Holger hatte sein Wort gegeben, und man hatte kein Recht, zu zweifeln, daß er es einlösen werde.

Dr. Krokowski gab das Zeichen zum Wiederbeginn der Sitzung. Er selbst geleitete Elly, während auch die übrigen ihre Plätze wieder aufsuchten, zu ihrem Marterstuhl zurück, wobei er ihr Haar streichelte. Alles ging wie vorhin; Hans Castorp beantragte zwar seine Ablösung vom Posten des ersten Kontrolleurs, wurde aber vom Sitzungsleiter abschlägig beschieden. Er lege Wert darauf, sagte dieser, demjenigen, der den Wunsch getan, die unmittelbar sinnliche Gewähr zu geben, daß jede irreführende Manipulation des Mediums praktisch ausgeschlossen sei. So nahm Hans Castorp seine sonderbare Stellung mit Elly wieder ein. Das Licht erlosch zum Rotdunkel. Die Musik begann wieder. Wieder folgten nach einigen Minuten das jähe Zusammenzucken, die Pumpbewegungen Ellys, und diesmal war es Hans Castorp, der »Trance« meldete. Die skandalöse Niederkunft nahm ihren Fortgang.

Wie schrecklich schwer sie vonstatten ging! Sie schien nicht vonstatten gehen zu wollen, – und konnte sie denn? Welcher Wahnsinn! Woher hier Mutterschaft? Entbindung – wie und wovon? »Helft! Helft!« stöhnte das Kind, während seine Wehen in jenen unförderlichen und gefährlichen Dauerkrampf überzugehen drohten, den gelehrte Geburtshelfer als Eklampsie bezeichnen. Sie rief nach dem Doktor zwischendurch, daß er ihr die Hände auflege. Er tat es unter kernigem Zureden. Die Magnetisierung, wenn es denn eine solche war, stärkte sie zu weiterem Ringen.

Also verging die zweite Stunde, während abwechselnd die Gitarre schollerte und das Grammophon die Weisen des leichten Albums in den Raum warf, dessen Lichtverhältnissen die tagentwöhnten Augen sich wieder leidlich angepaßt hatten. Da ereignete sich ein Zwischenfall, – Hans Castorp war es, der ihn herbeiführte. Er gab eine Anregung, sprach einen Wunsch und Gedanken aus, den er längst, eigentlich von allem Anbeginn, gehegt und mit dem er möglicherweise früher hätte hervortreten sollen. Eben lag Elly, das Gesicht auf ihren gehaltenen Händen, in »Tieftrance«, und Herr Wenzel war im Begriffe, die Platte zu wechseln oder sie umzudrehen, als unser Freund mit Entschluß begann und sagte, er habe einen Vorschlag zu machen, – unbedeutend übrigens, und doch könne

seine Annahme vielleicht von Nutzen sein. Er habe da ...
das heiße: der Plattenschatz des Hauses enthalte eine
Nummer: aus »Margarete« von Gounod, Gebet des Valentin, Bariton mit Orchester, sehr ansprechend. Er, Redner, meine, daß man es einmal mit dieser Platte versuchen
sollte.

»Und warum das?« fragte der Doktor durch das Rotdunkel ...

»Stimmungssache, Gefühlsangelegenheit«, versetzte
der junge Mann. Der Geist des fraglichen Stückes sei eigentümlich und speziell. Es komme auf einen Versuch damit an. Nicht ganz ausgeschlossen, seiner Meinung nach,
daß dieser Geist und Charakter den Prozeß, um den es
hier gehe, werde abkürzen können.

»Ist die Platte zur Stelle?« erkundigte sich der Doktor.

Nein, das war sie nicht. Aber Hans Castorp konnte sie
ohne weiteres holen.

»Wo denken Sie hin!« Krokowski wies das unbedingt
von der Hand. Wie? Hans Castorp wollte gehen und
kommen, etwas holen und dann die unterbrochene Arbeit
wieder aufnehmen? Unerfahrenheit rede aus ihm. Nein,
das sei schlechthin unmöglich. Alles wäre zerstört, man
könnte von vorn beginnen. Auch die wissenschaftliche
Exaktheit verbiete, an solch willkürliches Aus- und Ein-
gehen nur zu denken. Die Tür sei verschlossen. Er, der
Doktor, trage den Schlüssel in der Tasche. Und kurz,
wenn die Platte nicht ohne weiteres greifbar sei, so müsse
man – Er redete noch, als der Tscheche vom Grammophon her dazwischen warf:

»Die Platte ist hier.«

»Hier?« fragte Hans Castorp ...

Ja, hier. Margarete, Gebet des Valentin. Bitte sehr. Sie
hatte ausnahmsweise im leichten Album gesteckt und

nicht im grünen Arien-Album Nummer II, wohin sie nach der Organisation gehörte. Sie war zufälligerweise, außerordentlicherweise, schlampigerweise, erfreulicherweise unter die Allotria geraten und brauchte nur eingelegt zu werden.

Was sagte Hans Castorp dazu? Er sagte nichts. Der Doktor war es, der »Desto besser« sagte, und mehrere wiederholten es. Die Nadel wetzte, der Deckel sank. Und männlich begann es zu choralhaften Klängen: »Da ich nun verlassen soll –«

Niemand sprach. Man lauschte. Elly hatte, sobald der Gesang begann, ihre Arbeit erneuert. Sie war aufgefahren, zitterte, ächzte, pumpte und führte wieder die gleitnassen Hände an ihre Stirn. Die Platte lief. Es kam der mittlere Teil, mit umspringendem Rhythmus, die Stelle von Kampf und Gefahr, keck, fromm und französisch. Sie ging vorüber, es folgte der Schluß, die orchestral verstärkte Reprise des Anfangs, mächtigen Klangs: »O, Herr des Himmels, hör' mein Flehn –«

Hans Castorp hatte mit Elly zu tun. Sie bäumte sich, zog durch verengte Kehle die Luft ein, sank dann lang ausseufzend in sich zusammen und blieb still. Besorgt beugte er sich über sie, da hörte er die Stöhr mit piepender, winselnder Stimme sagen:

»Ziem – ßen –!«

Er richtete sich nicht auf. In seinen Mund trat ein bitterer Geschmack. Er hörte eine andere Stimme tief und kalt erwidern:

»Ich sehe ihn längst.«

Die Platte war abgelaufen, der letzte Bläserakkord verklungen. Aber niemand stoppte den Apparat. Leer kratzend in der Stille lief die Nadel inmitten der Scheibe weiter. Da hob denn Hans Castorp den Kopf, und seine

174

Augen gingen, ohne suchen zu müssen, den richtigen Weg.

Es war einer mehr im Zimmer, als vordem. Dort, abseits von der Gesellschaft, im Hintergrund, wo die Reste des Rotlichtes sich fast in Nacht verloren, so daß die Augen kaum noch dahin drangen, zwischen Schreibtisch-Breitseite und spanischer Wand, auf dem gegen das Zimmer gedrehten Besucherstuhl des Doktors, wo während der Pause Elly gesessen, saß Joachim. Es war Joachim mit den schattigen Wangenhöhlen und dem Kriegsbart seiner letzten Tage, in dem die Lippen so voll und stolz sich wölbten. Angelehnt saß er und hielt ein Bein über das andere geschlagen. Auf seinem abgezehrten Gesicht erkannte man, obgleich es von einer Kopfbedeckung beschattet war, den Stempel des Leidens und auch den Ausdruck von Ernst und Strenge wieder, der es so männlich verschönt hatte. Zwei Falten standen auf seiner Stirn zwischen den Augen, die tief in knochigen Höhlen lagen, doch das beeinträchtigte nicht die Sanftmut des Blicks dieser schönen, groß-dunklen Augen, der still und freundlich spähend auf Hans Castorp, auf diesen allein, gerichtet war. Sein kleiner Kummer von ehedem, die abstehenden Ohren waren erkennbar auch unter der Kopfbedeckung, der sonderbaren Kopfbedeckung, auf die man sich nicht verstand. Vetter Joachim war nicht in Zivil; sein Säbel schien am übergeschlagenen Schenkel zu lehnen, er hielt die Hände am Griff, und etwas wie eine Pistolentasche glaubte man gleichfalls an seinem Gürtel zu unterscheiden. Doch war das auch kein richtiger Waffenrock, was er trug. Nichts Blankes noch Farbiges war daran zu bemerken, es hatte einen Litewkakragen und Seitentaschen, und irgendwo ziemlich tief saß ein Kreuz. Die Füße Joachims wirkten groß und die Beine sehr dünn; sie schienen eng eingewickelt, auf sportliche mehr, denn auf militärische Art. Und wie war das mit der Kopfbedek-kung? Sie sah aus, als hätte Joachim sich ein Feldgeschirr, einen Kochtopf aufs Haupt gestülpt und ihn durch Sturmband unter dem Kinn befestigt. Doch wirkte das altertümlich und landsknechthaft und kriegerisch kleidsam, merkwürdigerweise.

Hans Castorp spürte den Atem Ellen Brands auf seinen Händen. Neben sich hörte er den der Kleefeld, der beschleunigt ging. Sonst war nichts zu vernehmen, als das unaufhörliche wetzende Geräusch der abgelaufenen, unter der Nadel weiter rotierenden Platte, die niemand stoppte. Er sah sich nach keinem seiner Kumpane um, wollte nichts von ihnen sehen und wissen. Schräg hin über die Hände, den Kopf auf seinen Knien, starrte er weit vorgebeugt durch das Rotdunkel auf den Besuch im Sessel. Einen Augenblick schien sein Magen sich umkehren zu wollen. Es zog ihm die Kehle zusammen, und ein vier- oder fünffaches Schluchzen stieß ihn innig-krampfhaft. »Verzeih!« flüsterte er in sich hinein; und dann gingen die Augen ihm über, so daß er nichts mehr sah.

Er hörte raunen: »Reden Sie ihn an!« – Er hörte Dr. Krokowskis baritonale Stimme feierlich und heiter seinen Namen nennen und die Aufforderung wiederholen. Statt ihr nachzukommen, zog er seine Hände unter Ellys Gesicht fort und stand auf.

Wieder rief Dr. Krokowski seinen Namen, diesmal in streng vermahnendem Ton. Aber Hans Castorp war mit wenigen Schritten bei den Stufen der Eingangstür und schaltete mit knappem Handgriff das Weißlicht ein.

Die Brand war in schwerem Chok zusammengefahren. Sie zuckte in den Armen der Kleefeld. Jener Sessel war leer.

Die Kinder von Torre di Venere

Vom »Ortsdämon«: *Mario und der Zauberer*

Die Hitze war unmäßig, soll ich das anführen? Sie war afrikanisch; die Schreckensherrschaft der Sonne, sobald man sich vom Saum der indigoblauen Frische löste, von einer Unerbittlichkeit, die die wenigen Schritte vom Strande zum Mittagstisch, selbst im bloßen Pyjama zu einem im voraus beseufzten Unternehmen machte. Mögen Sie das? Mögen Sie es wochenlang? Gewiß, es ist der Süden, es ist klassisches Wetter, das Klima erblühender Menschheitskultur, die Sonne Homers und so weiter. Aber nach einer Weile, ich kann mir nicht helfen, werde ich leicht dahin gebracht, es stumpfsinnig zu finden. Die glühende Leere des Himmels Tag für Tag fällt mir bald zur Last, die Grellheit der Farben, die ungeheure Naivität und Ungebrochenheit des Lichts erregt wohl festliche Gefühle, sie gewährt Sorglosigkeit und sichere Unabhängigkeit von Wetterlaunen und -Rückschlägen; aber, ohne daß man sich anfangs Rechenschaft davon gäbe, läßt sie tiefere, uneinfachere Bedürfnisse der nordischen Seele auf verödende Weise unbefriedigt und flößt auf die Dauer etwas wie Verachtung ein. Sie haben recht, ohne das dumme Geschichtchen mit dem Keuchhusten hätte ich es wohl nicht so empfunden; ich war gereizt, ich wollte es vielleicht empfinden und griff halb unbewußt ein bereitliegendes geistiges Motiv auf, um die Empfindung damit, wenn nicht zu erzeugen, so doch zu legitimieren und zu verstärken. Aber rechnen Sie hier mit unserem bösen Willen, – was das Meer betrifft, den Vormittag im feinen Sande verbracht vor seiner ewigen Herrlichkeit, so kann unmöglich dergleichen in Frage kommen, und doch war es so, daß wir uns, gegen alle Erfahrung, auch am Strande nicht wohl, nicht glücklich fühlten.

Zu früh, zu früh, er war, wie gesagt, noch in den Händen der inländischen Mittelklasse, – eines augenfällig erfreulichen Menschenschlages, auch da haben Sie recht, man sah unter der Jugend viel Wohlschaffenheit und gesunde Anmut, war aber unvermeidlich doch auch umringt von menschlicher Mediokrität und bürgerlichem Kroppzeug, das, geben Sie es zu, von dieser Zone geprägt nicht reizender ist als unter unserem Himmel. *Stimmen* haben diese Frauen –! Es wird zuweilen recht unwahrscheinlich, daß man sich in der Heimat der abendländischen Gesangskunst befindet. »Fuggièro!« Ich habe den Ruf noch heute im Ohr, da ich ihn zwanzig Vormittage lang hundertmal dicht neben mir erschallen hörte, in heiserer Ungedecktheit, gräßlich akzentuiert, mit grell offenem è, hervorgestoßen von einer Art mechanisch gewordener Verzweiflung. »Fuggièro! Rispondi al mèno!« Wobei das sp populärerweise nach deutscher Art wie schp gesprochen wurde – ein Ärgernis für sich, wenn sowieso üble Laune herrscht. Der Schrei galt einem abscheulichen Jungen mit ekelerregender Sonnenbrandwunde zwischen den Schultern, der an Widerspenstigkeit, Unart und Bosheit das Äußerste zum Besten gab, was mir vorgekommen, und außerdem ein großer Feigling war, imstande, durch seine empörende Wehleidigkeit den ganzen Strand in Aufruhr zu bringen. Eines Tages nämlich hatte ihn im Wasser ein Taschenkrebs in die Zehe gezwickt und das antikische Helden-Jammergeschrei, das er ob dieser winzigen Unannehmlichkeit erhob, war markerschütternd und rief den Eindruck eines schrecklichen Unglücksfalls hervor. Offenbar glaubte er sich aufs giftigste verletzt. Ans Land gekrochen, wälzte er sich in scheinbar unerträglichen Qualen umher, brüllte Ohi! und Oimè! und wehrte, mit Armen und Beinen um sich stoßend, die tragischen Beschwörungen seiner Mutter, den Zuspruch Fernerstehender ab. Die Szene hatte Zulauf von allen Seiten. Ein Arzt wurde herbeigeholt, es war derselbe, der unseren Keuchhusten so nüchtern beurteilt hatte, und wieder bewährte sich sein wissenschaftlicher Geradsinn. Gutmütig tröstend erklärte er den Fall für null und nichtig und empfahl einfach des Patienten Rückkehr ins Bad, zur Kühlung der kleinen Kniffwunde. Statt dessen aber wurde Fuggièro, wie ein Abgestürzter oder Ertrunkener, auf einer improvisierten Bahre mit großem Gefolge vom Strande getragen, – um schon am nächsten Morgen wieder, unter dem Scheine der Unabsichtlichkeit, anderen Kindern die Sandbauten zu zerstören. Mit einem Worte, ein Greuel.

Dabei gehörte dieser Zwölfjährige zu den Hauptträgern einer öffentlichen Stimmung, die, schwer greifbar in der Luft liegend, uns einen so lieben Aufenthalt als nicht geheuer verleiden wollte. Auf irgendeine Weise fehlte es der Atmosphäre an Unschuld, an Zwanglosigkeit; dies Publikum »hielt auf sich« – man wußte zunächst nicht recht, in welchem Sinn und Geist, es prästierte Würde, stellte voreinander und vor dem Fremden Ernst und Haltung, wach aufgerichtete Ehrliebe zur Schau – wieso? Man verstand bald, daß Politisches umging, die Idee der Nation im Spiele war. Tatsächlich wimmelte es am

Strande von patriotischen Kindern, – eine unnatürliche und niederschlagende Erscheinung. Kinder bilden ja eine Menschenspezies und Gesellschaft für sich, sozusagen eine eigene Nation; leicht und notwendig finden sie sich, auch wenn ihr kleiner Wortschatz verschiedenen Sprachen angehört, auf Grund gemeinsamer Lebensform in der Welt zusammen. Auch die unsrigen spielten bald mit einheimischen sowohl wie solchen wieder anderer Herkunft. Offenbar aber erlitten sie rätselhafte Enttäuschungen. Es gab Empfindlichkeiten, Äußerungen eines Selbstgefühls, das zu heikel und lehrhaft schien, um seinen Namen ganz zu verdienen, einen Flaggenzwist, Streitfragen des Ansehens und Vorranges; Erwachsene mischten sich weniger schlichtend als entscheidend und Grundsätze wahrend ein, Redensarten von der Größe und Würde Italiens fielen, unheiter-spielverderberische Redensarten; wir sahen unsere beiden betroffen und ratlos sich zurückziehen und hatten Mühe, ihnen die Sachlage einigermaßen verständlich zu machen: Diese Leute, erklärten wir ihnen, machten soeben etwas durch, so einen Zustand, etwas wie eine Krankheit.

Es war unsere Schuld, wir hatten es unserer Lässigkeit zuzuschreiben, daß es zu einem Konflikt mit diesem von uns doch erkannten und gewürdigten Zustande kam – noch einem Konflikt; es schien, daß die vorausgegangenen nicht ganz ungemischte Zufallserzeugnisse gewesen waren. Mit einem Worte, wir verletzten die öffentliche Moral. Unser Töchterchen, achtjährig, aber nach ihrer körperlichen Entwicklung ein gutes Jahr jünger zu schätzen und mager wie ein Spatz, die nach längerem Bad, wie es die Wärme erlaubte, ihr Spiel im nassen Kostüm wieder aufgenommen hatte, erhielt Erlaubnis, den von anklebendem Sande starrenden Anzug noch einmal im Meere zu spülen, um ihn dann wieder anzulegen und vor neuer Verunreinigung zu schützen. Nackt läuft sie zum wenige Meter entfernten Wasser, schwenkt ihr Trikot und kehrt zurück. Hätten wir die Welle von Hohn, Anstoß, Widerspruch voraussehen müssen, die ihr Benehmen, unser Benehmen also, erregte? Ich halte Ihnen keinen Vortrag, aber in der ganzen Welt hat das Verhalten zum Körper und seiner Nacktheit sich während der letzten Jahrzehnte grundsätzlich und das Gefühl bestimmend gewandelt. Es gibt Dinge, bei denen man sich »nichts mehr denkt«, und zu ihnen gehörte die Freiheit, die wir diesem so gar nicht herausfordernden Kinderleibe gewährt hatten. Sie wurde jedoch hierorts als Herausforderung empfunden. Die patriotischen Kinder johlten. Fuggièro pfiff auf den Fingern. Erregtes Gespräch unter Erwachsenen in unserer Nähe wurde laut und verhieß nichts Gutes. Ein Herr in städtischem Schniepel, den wenig strandgerechten Melonenhut im Nacken, versichert seinen entrüsteten Damen, er sei zu korrigierenden Schritten entschlossen; er tritt vor uns hin, und eine Philippika geht auf uns nieder, in der alles Pathos des sinnenfreudigen Südens sich in den Dienst spröder Zucht und Sitte gestellt findet. Die Schamwidrigkeit, die wir uns hätten zuschulden kommen lassen, hieß es, sei um so verurteilenswerter, als sie einem dankvergessenen und beleidigenden Mißbrauch der Gastfreundschaft Italiens gleichkomme. Nicht allein Buchstabe und Geist der öffentlichen Badevorschriften, sondern zugleich auch die Ehre seines Landes seien frevenlich verletzt, und in Wahrung dieser Ehre werde er, der Herr im Schniepel, Sorge tragen, daß unser Verstoß gegen die nationale Würde nicht ungeahndet bleibe.

Wir taten unser Bestes, diese Suade mit nachdenklichem Kopfnicken anzuhören. Dem erhitzten Menschen widersprechen hätte zweifellos geheißen von einem Fehler in den anderen fallen. Wir hatten dies und das auf der Zunge, zum Beispiel, daß nicht alle Umstände zusammenträfen, um das Wort Gastfreundschaft nach seiner reinsten Bedeutung ganz am Platze erscheinen zu lassen, und daß wir, ohne Euphemismus gesprochen, nicht sowohl die Gäste Italiens, sondern der Signora Angiolieri seien, welche eben seit einigen Jahren den Beruf einer Vertrauten der Duse gegen den der Gastlichkeit eingetauscht habe. Auch hatten wir Lust, zu antworten, wie wir nicht wüßten, daß die moralische Verwahrlosung in diesem schönen Lande je einen solchen Grad erreicht gehabt habe, daß ein solcher Rückschlag von Prüderie und Überempfindlichkeit begreiflich und notwendig erscheinen könne. Aber wir beschränkten uns darauf, zu versichern, daß jede Provokation und Respektlosigkeit uns fern gelegen habe, und entschuldigend auf das zarte Alter, die leibliche Unbeträchtlichkeit der kleinen Delinquentin hinzuweisen. Umsonst. Unsere Beteuerungen wurden als unglaubhaft, unsere Verteidigung als hinfällig zurückgewiesen und die Errichtung eines Exempels als notwendig behauptet. Telefonisch, wie ich glaube, wurde die Behörde benachrichtigt, ihr Vertreter erschien am Strande, er nannte den Fall sehr ernst, molto grave, und wir hatten ihm hinauf zum »Platze«, ins Municipio zu folgen, wo ein höherer Beamter das vorläufige Urteil »molto grave« bestätigte, sich in genau denselben, offenbar landläufigen didaktischen Redewendungen über unsere Tat erging, wie der Herr im steifen Hut, und uns ein Sühne- und Lösegeld von fünfzig Lire auferlegte. Wir fanden, diesen Beitrag zum italienischen Staatshaushalt müsse das Abenteuer uns wert sein, zahlten und gingen. Hätten wir nicht abreisen sollen?

182

Hätten wir es nur getan! Wir hätten dann diesen fatalen Cipolla vermieden; allein mehreres kam zusammen, den Entschluß zu einem Ortswechsel hintanzuhalten. Ein Dichter hat gesagt, es sei Trägheit, was uns in peinlichen Zuständen festhalte – man könnte das Aperçu zur Erklärung unserer Beharrlichkeit heranziehen. Auch räumt man nach solchem Vorkommnis nicht gern unmittelbar das Feld; man zögert, zuzugeben, daß man sich unmöglich gemacht habe, besonders wenn Sympathiekundgebungen von außen den Trotz ermutigen. In der Villa Eleonora gab es nur eine Stimme über die Ungerechtigkeit unseres Schicksals. Italienische Nach-Tisch-Bekannte wollten finden, es sei dem Rufe des Landes keineswegs zuträglich, und äußerten den Vorsatz, den Herrn im Schniepel landsmannschaftlich zur Rede zu stellen. Aber dieser selbst war vom Strande verschwunden, nebst seiner Gruppe, schon am nächsten Tag – nicht unseretwegen natürlich, aber es mag sein, daß das Bewußtsein seiner dicht bevorstehenden Abreise seiner Tatkraft zuträglich gewesen war, und jedenfalls erleichterte uns seine Entfernung. Um alles zu sagen: Wir blieben auch deshalb, weil der Aufenthalt uns merkwürdig geworden war, und weil Merkwürdigkeit ja in sich selbst einen Wert bedeutet, unabhängig von Behagen und Unbehagen. Soll man die Segel streichen und dem Erlebnis ausweichen, sobald es nicht vollkommen danach angetan ist, Heiterkeit und Vertrauen zu erzeugen? Soll man »abreisen«, wenn das Leben sich ein bißchen unheimlich, nicht ganz geheuer oder etwas peinlich und kränkend anläßt? Nein doch, man soll bleiben, soll sich das ansehen und sich dem aussetzen, gerade dabei gibt es vielleicht etwas zu lernen. Wir blieben also und erlebten als schrecklichen Lohn unserer Standhaftigkeit die eindrucksvoll-unselige Erscheinung Cipollas.

(...)

Vielleicht mehr als irgendwo ist in Italien das 18. Jahrhundert noch lebendig und mit ihm der Typus des Scharlatans, des marktschreierischen Possenreißers, der für diese Epoche so charakteristisch war, und dem man nur in Italien noch in ziemlich wohl erhaltenen Beispielen begegnen kann. Cipolla hatte in seinem Gesamthabitus viel von diesem historischen Schlage, und der Eindruck reklamehafter und phantastischer Narretei, die zum Bilde gehört, wurde schon dadurch erweckt, daß die anspruchsvolle Kleidung ihm sonderbar, hier falsch gestrafft und dort in falschen Falten am Leibe saß oder gleichsam daran aufgehängt war: Irgend etwas war mit seiner Figur nicht in Ordnung, vorn nicht und hinten nicht, – später wurde das deutlicher. Aber ich muß betonen, daß von persönlicher Scherzhaftigkeit oder gar Clownerie in seiner Haltung, seinen Mienen, seinem Benehmen nicht im geringsten die Rede sein konnte; vielmehr sprachen strenge Ernsthaftigkeit, Ablehnung alles Humoristischen, ein gelegentlich übellauniger Stolz, auch jene gewisse Würde und Selbstgefälligkeit des Krüppels daraus, – was freilich nicht hinderte, daß sein Verhalten anfangs an mehreren Stellen des Saales Lachen hervorrief.

Dies Verhalten hatte nichts Dienstfertiges mehr; die Raschheit seiner Auftrittsschritte stellte sich als reine Energie-Äußerung heraus, an der Unterwürfigkeit keinen Teil gehabt hatte. An der Rampe stehend und sich mit lässigem Zupfen seiner Handschuhe entledigend, wobei er lange und gelbliche Hände entblößte, deren eine ein Siegelring mit hochragendem Lasurstein schmückte, ließ er seine kleinen strengen Augen, mit schlaffen Säcken darunter, musternd durch den Saal schweifen, nicht rasch,

Die Kinder von Torre di Venere
(hier: Elisabeth Mann),
Mario und der Zauberer (1930)

sondern indem er hie und da auf einem Gesicht in überlegener Prüfung verweilte – verkniffenen Mundes, ohne ein Wort zu sprechen. Die zusammengerollten Handschuhe warf er mit ebenso erstaunlicher wie beiläufiger Geschicklichkeit über eine bedeutende Entfernung hin genau in das Wasserglas auf dem Rundtischchen und holte dann, immer stumm umherblickend, aus irgendwelcher inneren Tasche ein Päckchen Zigaretten hervor, die billigste Sorte der Regie, wie man am Karton erkannte, zog mit spitzen Fingern eine aus dem Bündel und entzündete sie, ohne hinzusehen, mit einem prompt funktionierenden Benzinfeuerzeug. Den tief eingeatmeten Rauch stieß er, arrogant grimassierend, beide Lippen zurückgezogen, dabei mit einem Fuße leise aufklopfend, als grauen Sprudel zwischen seinen schadhaft abgenutzten Zähnen hervor.

Das Publikum beobachtete ihn so scharf, wie es sich von ihm durchmustert sah. Bei den jungen Leuten auf den Stehplätzen sah man zusammengezogene Brauen und bohrende, nach einer Blöße spähende Blicke, die dieser allzu Sichere sich geben würde. Er gab sich keine. Das Hervorholen und Wiederverwahren des Zigarettenpäckchens und des Feuerzeuges war umständlich dank seiner Kleidung; er raffte dabei den Abendmantel zurück, und man sah, daß ihm über dem linken Unterarm an einer Lederschlinge unpassenderweise eine Reitpeitsche mit klauenartiger silberner Krücke hing. Man bemerkte ferner, daß er keinen Frack, sondern einen Gehrock trug, und da er auch diesen aufhob, erblickte man eine mehrfarbige, halb von der Weste verdeckte Schärpe, die Cipolla um den Leib trug, und die hinter uns sitzende Zuschauer in halblautem Austausch für das Abzeichen des Cavaliere hielten. Ich lasse das dahingestellt, denn ich habe nie gehört, daß mit dem Cavaliere-Titel ein derartiges Abzeichen ver-

187

bunden ist. Vielleicht war die Schärpe reiner Humbug, so gut wie das wortlose Dastehen des Gauklers, der immer noch nichts tat, als dem Publikum lässig und wichtig seine Zigarette vorzurauchen.

Man lachte, wie gesagt, und die Heiterkeit wurde fast allgemein, als eine Stimme im Stehparterre laut und trocken »Buona sera!« sagte.

Cipolla horchte hoch auf. »Wer war das?« fragte er gleichsam zugreifend. »Wer hat soeben gesprochen? Nun? Zuerst so keck und nun bange? Paura, eh?« Er sprach mit ziemlich hoher, etwas asthmatischer, aber metallischer Stimme. Er wartete.

»Ich war's«, sagte in die Stille hinein der junge Mann, der sich so herausgefordert und bei der Ehre genommen sah, – ein schöner Bursche gleich neben uns, im Baumwollhemd, die Jacke über eine Schulter gehängt. Er trug sein schwarzes, starres Kraushaar hoch und wild, die Mode-Frisur des erweckten Vaterlandes, die ihn etwas entstellte und afrikanisch anmutete. »Bè ... Das war ich. Es wäre Ihre Sache gewesen, aber ich zeigte Entgegenkommen.«

Die Heiterkeit erneuerte sich. Der Junge war nicht auf den Mund gefallen. »Ha sciolto lo scilinguágnolo«, äußerte man neben uns. Die populäre Lektion war schließlich am Platze gewesen.

»Ah bravo!« antwortete Cipolla. »Du gefällst mir, Giovanotto. Willst du glauben, daß ich dich längst gesehen habe? Solche Leute, wie du, haben meine besondere Sympathie, ich kann sie brauchen. Offenbar bist du ein ganzer Kerl. Du tust, was du willst. Oder hast du schon einmal nicht getan, was du wolltest? Oder gar getan, was du nicht wolltest? Was nicht du wolltest? Höre, mein Freund, es müßte bequem und lustig sein, nicht immer so den ganzen Kerl spielen und für beides aufkommen zu müssen, das Wollen und das Tun. Arbeitsteilung müßte da einmal eintreten – sistema americano, sa'. Willst du zum Beispiel jetzt dieser gewählten und verehrungswürdigen Gesellschaft hier die Zunge zeigen, und zwar die ganze Zunge bis zur Wurzel?«

»Nein«, sagte der Bursche feindselig. »Das will ich nicht. Es würde von wenig Erziehung zeugen.«

»Es würde von gar nichts zeugen«, erwiderte Cipolla, »denn du *tätest* es ja nur. Deine Erziehung in Ehren, aber meiner Meinung nach wirst du jetzt, ehe ich bis drei zähle, eine Rechtswendung ausführen und der Gesellschaft die Zunge herausstrecken, länger, als du gewußt hattest, daß du sie herausstrecken könntest.«

Er sah ihn an, wobei seine stechenden Augen tiefer in die Höhlen zu sinken schienen. »Uno«, sagte er und ließ seine Reitpeitsche, deren Schlinge er vom Arme hatte gleiten lassen, einmal kurz durch die Luft pfeifen. Der Bursche machte Front gegen das Publikum und streckte die Zunge so angestrengt-überlang heraus, daß man sah, es war das Äußerste, was er an Zungenlänge nur irgend zu bieten hatte. Dann nahm er mit nichtssagendem Gesicht wieder seine frühere Stellung ein.

»Ich war's«, parodierte Cipolla, indem er zwinkernd mit dem Kopf auf den Jungen deutete. »Bè … das war ich.« Damit wandte er sich, das Publikum seinen Eindrücken überlassend, zum Rundtischchen, goß sich aus dem Flakon, das offenbar Kognak enthielt, ein Gläschen ein und kippte es geübt.

Die Kinder lachten von Herzen. Von den gewechselten Worten hatten sie fast nichts verstanden; daß aber zwischen dem kuriosen Mann dort oben und jemandem aus dem Publikum gleich etwas so Drolliges vor sich gegangen war, amüsierte sie höchlichst, und da sie von den Darbietungen eines Abends, wie er verheißen war, keine bestimmte Vorstellung hatten, waren sie bereit, diesen Anfang köstlich zu finden. Was uns betraf, so tauschten wir einen Blick, und ich erinnere mich, daß ich unwillkürlich mit den Lippen leise das Geräusch nachahmte, mit dem Cipolla seine Reitpeitsche hatte durch die Luft fahren lassen. Übrigens war klar, daß die Leute nicht wußten, was sie aus einer so ungereimten Eröffnung einer Taschenspieler-Soiree machen sollten, und nicht recht begriffen, was den Giovanotto, der doch sozusagen ihre Sache geführt hatte, plötzlich hatte bestimmen können, seine Keckheit gegen sie, das Publikum, zu wenden.

Huij und Tuij

Joseph in Ägypten: Stummer Diener bei
Potiphars (Peteprê's) Eltern

Das Häuschen, gegen den Teich ganz offen, von weißen,
rotkannelierten Säulchen flankiert, war wohleingerichtet
und ein feiner, heimlicher Aufenthalt, geschaffen sowohl
für einsame Betrachtung und den geschützten Einzelge-
nuß der Gartenschönheit wie auch für intime Gesellligkeit
oder doch ein Zusammensein zu zweien, wie ein Brett-
spiel andeutete, das seitwärts auf einer Platte stand. Lustige und natürliche Malereien bedeckten die Wände, aufgetragen auf ihren weißen Grund, blumig-schmuckhaft
zum Teil und reizende Nachahmungen von Spann- und
Hängegewinden aus Kornblumen, gelben Perseablüten,
Weinlaub, rotem Mohn und den weißen Blütenblättern
des Lotus, teils auch szenischer Art und auch dann von
dem heitersten Leben; denn man sah eine Eselherde, aus
der man es iahen zu hören meinte, einen Fries fettbrüsti-
ger Gänse, eine grünblickende Katze im Schilf, stolzie-
rende Kraniche in feiner Rostfarbe, Leute, die schlachte-
ten und Rindskeulen und Geflügel im Opferzuge trugen,
und andere Augenweide mehr. Das alles war vorzüglich
gemacht, aus einem frohen, geistreichen und zärtlich
spöttischen Verhältnis des Machers zu seinem Gegen-
stande, mit kecker und dennoch fromm gebundener

Hand, wahrhaftig in dem Grade, daß es einen ankam, lachend auszurufen: »Ja, ja, ach ja, die herrliche Katze, der dünkelnde Kranich!«, und dennoch in eine strengere zugleich und lustigere Sphäre, eine Art von Himmelreich des hochtragenden Geschmacks emporverklärt, für das Joseph, dessen Augen darüber hingingen, den Namen nicht wußte, auf das er sich aber sehr wohl verstand. Es war Kultur, was auf ihn herniederlächelte, und Abrams später Enkel, der Jaakobsjüngste, etwas verweltlicht wie er war, geneigt zur Neugierssympathie und zu Jungentriumphen der Freiheit, hatte seine Freude daran mit heimlichem Rückblick auf den allzu geistlichen Vater, der all diese Bildmacherei mißbilligt hätte. Es ist höchlich hübsch, dachte er, laß das gut sein, alter Israel, und schilt es nicht, was die Kinder Keme's da weltlich vermocht in lächelnder Anspannung und hochwandelnd im Geschmack, denn es könnte sein, daß es selbst Gott gefällt! Siehe, ich bin gut Freund damit und finde es reizend, vorbehaltlich des stillen Bewußtseins in meinem Blut, daß es das Eigentlichste und Wichtigste wohl nicht sein mag: was da ist, in den Himmel des feinen Geschmacks zu tragen, sondern daß dringlich notwendiger ist die Gottessorge ums Zukünftige.

Also jener bei sich. Auch die Einrichtung des Häuschens war himmlisch geschmackvoll: das elegant gestreckte Ruhebett aus Schwarzholz und Elfenbein, auf seinen Löwenfüßen, mit Daunenkissen belegt und Fellen vom Panther und Luchs; die breiten Armsessel mit Rückenlehnen in kunstreicher Preßarbeit des vergoldeten Leders, schwellende Fußschemel davor und staffiert mit gestickten Kissen; die bronzierten Räucherständer, auf denen Köstliches schwelte. War aber das Innere hier eine wohnliche Zuflucht und Häuslichkeit, so war es zugleich auch eine Andachtsstätte und Kapelle; denn kleine silberne Teraphim, Götterkronen auf den Häuptchen, standen nebst dargebrachten Blumensträußen auf einer Bankempore des Hintergrundes, und allerlei Kultgerät zeigte an, daß man ihnen diente.

So kniete denn Joseph hin, um in Bereitschaft zu sein, in den Winkel beim Eingang, indem er vorläufig noch das Labsal vor sich auf die Matte stellte, um seiner Arme zu schonen. Nicht lange aber, so nahm er es eilig auf und machte sich unbeweglich, denn Huij und Tuij kamen auf Schnabelsandalen durch den Garten geschlurft, an je einem Arme gestützt von einem dienenden Kinde, zwei kleinen Mädchen mit dünnen Stengelärmchen und töricht offenen Mündern. Denn solche nur wollten und duldeten die greisen Geschwister zu ihrer Wartung, und von ihnen ließen sie sich die Rampe emporstützen und ins Häuschen hinein. Huij war der Bruder und Tuij die Schwester.

»Vor die Herrschaften zuerst«, verlangte der alte Huij mit heiserer Stimme, »daß wir uns bücken!«

»Recht so, recht so«, bestätigte die alte Tuij, die ein großes, ovales Gesicht von heller Farbe hatte. »Vor die Silbernen zuallererst, daß wir ihre Erlaubnis erflehen, bevor wir's gut haben auf den Stühlen, im Frieden der Lusthütte!«

Und sie ließen sich von den Kindlichen vor die Teraphim stützen, wo sie die welken Hände erhoben und die Rücken krümmten, die ohnedies schon krumm waren; denn ihrer beider Wirbelsäulen hatte das Alter verbogen und bucklig eingezogen. Auch wackelte Huij, der Bruder, stark mit dem Kopf, sowohl vor- und rückwärts wie manchmal auch seitlich. Tuij war im Nacken noch fest. Dagegen hatte sie eigentümlich verborgene Faltaugen, ein Paar blinder Ritzen nur, die weder Farbe noch Blick erkennen ließen, und ein unbewegliches Lächeln hielt ihr großes Gesicht in Bann.

Nachdem die Eltern angebetet, führten die Dünnarmigen sie zu den beiden Armsesseln, die gegen den Vordergrund des Häuschens für sie bereit standen, und ließen die Seufzenden behutsam darauf nieder, nahmen auch ihre Füße und setzten sie auf die mit goldenen Schnüren eingefaßten Fußkissen.

»Ach ja, ach ja, ach ja, ja, ja, ja!« sagte Huij wieder mit heiserem Flüstern, denn eine andere Stimme hatte er nicht. »Geht nun, dienende Kindlein, ihr habt uns versorgt nach euerer Pflicht, die Beinchen stehen, die Glieder ruhen, und alles ist recht. Laßt gut sein, laßt gut sein, ich sitze. Sitzest du auch, Tuij, mein Bettgeschwister? Dann ist es recht, und ihr, geht fort bis auf weiteres und verzieht euch, denn wir wollen für uns sein und ganz allein der schönen Stunde genießen des Vorabends und Nachmittags überm Schilf und Ententeich und überm Baumwege hin bis zu den Türmen des Tors in der sichernden Mauer. Ganz ungestört und von niemandem gesehen wollen wir sitzen und ohne Lauscher die traulichen Worte des Alters tauschen!«

Dabei kniete Joseph mit seinem Geschirr schräg nahe vor ihnen in der Ecke. Aber er wußte wohl, daß er nur ein Stummer Diener war, von nicht mehr als dinglicher Gegenwart, und blickte mit gläsernen Augen dicht an den Köpfen der Alten vorbei.

»Tut also, Mädchen, folget dem milden Befehl!« sagte Tuij, die im Gegensatz zu der Heiserkeit ihres Ehebruders eine recht weiche und volle Stimme hatte. »Geht und haltet euch gerade so fern und nahe, daß ihr allenfalls unser Händeklatschen vernehmen mögt, womit wir euch rufen. Denn sollte uns eine Schwäche befallen oder überra-

Huij und Tuij,
Joseph in Ägypten (1936)

schend der Tod uns antreten, so werden wir in die Hände klatschen, zum Zeichen, daß ihr uns beistehen sollt und gegebenen Falles die Seelenvögel aus unseren Mündern sollt entflattern lassen.«

Die kleinen Mädchen fielen nieder und gingen. Huij und Tuij saßen nebeneinander auf ihren Stühlen, die beringten Greisenhände auf den inneren Armlehnen vereinigt. Sie trugen ihr eisgraues Haar, von der Farbe sehr unrein angelaufenen Silbers, der eine ganz wie der andere: in dünnen Strähnen fiel es beiden von den gelichteten Scheiteln über die Ohren nicht ganz bis zu den Schultern hinab, nur daß bei Tuij, der Schwester, der Versuch war gemacht worden, je zwei oder drei dieser Strähnen unten zusammenzudrehen, um eine Art von Fransenbesatz zu schaffen, was aber bei der Dünne des Haars nur schlecht noch hatte gelingen können. Huij war statt dessen mit einem ebenfalls trüb-silbernen Bärtchen an der Unterseite des Kinns versehen. Auch trug er goldene Ohrringe, die durch das Haar drangen, während Tuijs alter Kopf mit einem breiten Stirnband in schwarz und weißer Emaille bekränzt war, Blütenblätter darstellend, – ein kunstreich gearbeitetes Schmuckwerk, dem man ein minder hinfälliges Haupt zum Träger gewünscht hätte. Denn wir hegen eine Eifersucht auf schöne Dinge im Namen der frischen Jugend und gönnen sie heimlich dem Haupte nicht, das mehr schon ein Schädel ist.

Auch sonst war Peteprê's Mutter sehr vornehm gekleidet: Ihr blütenweißes Gewand, in seinem oberen Teil gleich einem Pilgerkragen geschnitten, war in der Taille mit einem kostbar buntfarbig gestickten Bande gegürtet, dessen Enden, leierförmig ausgebogen, fast bis zu ihren Füßen hinabfielen, und ein breites Kollier aus ebensolchem schwarz-weißen Glasfluß wie dem des Kopfschmucks bedeckte ihre vergreiste Brust. In der Linken trug sie ein Lotussträußchen, das sie hinüber an das Gesicht des Bruders führte.

»Da, alter Schatz!« sprach sie. »Berieche mit deiner Nase die heiligen Blüten, die Schönheit des Sumpfes! Erquicke dich nach dem ermüdenden Wege vom Oberstock zu diesem Friedensort an ihrem Duft von Anis!«

»Dank, Zwillingsbraut!« sagte heiser der alte Huij, der ganz in ein großes Manteltuch aus feiner weißer Wolle gehüllt war. »Es ist genug, laß gut sein, ich habe gerochen und bin erquickt. Dein Wohl!« sagte er, indem er sich steif-alt-edelmännisch verbeugte.

»Das deine!« erwiderte sie. Dann saßen sie eine Weile schweigend und blinzelten in die Gartenschönheit, die lichte Perspektive von Ententeich, Baumgang, Blumenfeldern und Tortürmen hinaus. Übrigens blinzelte er greisenhafter als sie, mit erloschenen und mühsamen Augen, und kaute seine entzahnten Kiefer, so daß das Bärtchen am unteren Kinn in gleichmäßiger Bewegung auf und nieder ging.

Tuij übte solches Gemummel nicht. Ihr großes, zur Seite geneigtes Gesicht hielt sich ruhig, und die Blindritzen ihrer Augen schienen teilzuhaben an seinem stehenden Lächeln. Sie war wohl gewohnt, des Gatten Geist zu ermuntern und ihn zum Bewußtsein der Umstände anzuhalten, denn sie sagte:

»Ach ja, mein Fröschchen, da sitzen wir und haben es gut mit Erlaubnis der Silbernen. Die jugendzarten Dinger haben uns Ehrwürdige versorgen müssen in den Kissen der schönen Stühle und sind davongeschlichen, daß wir für uns zu zweien allein sind wie das Gottespaar im Leibe der Mutter. Nur daß es nicht finster ist in unserer Höhle, sondern daß wir uns an ihrer Artigkeit weiden mögen,

den schmucken Bilderchen, den wohlgestalten Beweg-
lichkeiten. Siehe, man hat unsere Füße auf betreßte
Weichschemel gestellt, zum Lohne, daß sie so lang schon
auf Erden pilgern, immer zu vieren. Schlagen wir aber
von diesen unsere Augen auf, so breitet überm Eingang
der Höhle das schöne Sonnenrund seine bunten Flügel
aus, mit Blähschlangen bewehrt, Hor, der Herr des Lotus, der dunkeln Umarmung Sohn. Eine gestaltete Alaba-
sterlampe des Steinmetzen Mer-em-opet hat man zur
Linken gestellt auf ihre Unterbank, und in dem Winkel
zur Rechten kniet uns der Stumme Diener, kleine An-
nehmlichkeiten auf seinen Händen, die uns bereit sind,
wenn's uns gelüstet. Gelüstet's dich etwa schon, meine
Rohrdommel?«

Furchtbar heiser erwiderte ihr Bruder:

»Mich gelüstet's schon, liebe Erdmaus, aber ich arg-
wöhne, daß es nur Geist und Gaumen sind, die es verlangt, nicht aber der Magen, welcher sich übel dawider-
setzen und sich in mir aufheben möchte zu kaltem
Schweiße und Todesängsten, wenn ich's ihm unzeitig zu-
führte. Besser wär' es, wir warteten, bis wir erschöpft sind
vom Sitzen und der Aufbesserung wahrhaft bedürftig.«

»Recht so, mein Dotterblümchen«, antwortete sie, und
nach der seinen klang ihre Stimme sehr weich und voll.
»Mäßige dich, so ist's weiser, du lebst noch lange, und es
läuft der Stumme Diener uns nicht davon mit seinen Er-
quickungen. Sieh, er ist jung und hübsch. Er ist ebenso
ausgesucht hübsch wie alle Dinge, die man uns heiligen
Alten vor Augen führt. Er ist mit Blumen bekränzt wie
ein Weinkrug; Blüten der Bäume sind es, Blüten des
Schilfs und Blumen der Beete. Seine netten schwarzen
Augen sehen an deinem Ohre vorbei, sie sehen nicht auf
den Ort, wo wir sitzen, sondern in der Häuslichkeit Hin-

tergrund, und so sehen sie in die Zukunft. Verstehst du mein Wortspiel?«

»Das ist leicht zu verstehen«, krächzte der alte Huij mit Anstrengung. »Denn deine Worte spielen auf die Bestimmung der Zierhütte an, daß man auch eine Zeit und Weile lang die Toten des Hauses darin aufbewahrt und stellt sie hinter uns vor den Silbernen auf in ihren Bildschreinen, auf schönen Schragen, wenn sie ausgeweidet sind und mit Narden und Binden gefüllt von den Ärzten und Wickelbadern, ehe denn daß man sie aufs Schiff bringt und flußaufwärts nach Abôdu geleitet, wo er selber begraben liegt, und ihnen eine sehr schöne Beisetzung bereitet nach der Art dieser, die für den Chapi vollzogen wird und den Merwer und für Pharao, und sie verschließt in dem guten und ewigen Hause und seinen Pfeilerzimmern, wo ihnen ihr Leben in seinen Farben von allen Wänden lacht.«

»Richtig, mein Sumpfbiber«, erwiderte Tuij. »Klaren Geistes hast du das Spiel und Ziel meiner Worte erfaßt, wie auch ich stets im Nu erfasse, worauf du zielst, und redetest du noch so verblümt, denn wir sind sehr aufeinander eingespielt als alte Ehegeschwister, die alle Spiele des Lebens zusammen spielten, zuerst die der Kindheit und die der Mannbarkeit später, – nicht schamloserweise redet dein altes Blindmäuschen so, sondern im Sinn der Vertraulichkeit und weil wir im Häuschen allein sind.«

»Nun ja, nun ja«, sagte der alte Huij entschuldigend. »Es war das Leben, das Leben zu zweien von Anfang bis zu Ende. Wir waren viel in der Welt und unter den Leuten der Welt, denn wir sind edel gezeugt und nahe dem Throne. Aber im Grunde waren wir immer zu zweien im Häuschen allein, dem Häuschen unserer Geschwisterschaft, gleichwie in diesem hier: erst in der Mutterhöhle, im Gehäuse der Kindheit sodann und im dunkeln Gemache der Ehe. Nun sitzen wir Greise im beschaulichen Zierhüttlein unseres Alters, leicht gebaut für den Tag, eine flüchtige Berge. Aber ewiger Schutz ist dem heiligen Pärchen bereitet in der Pfeilerhöhle des Westens, die uns endgültig umhegen wird durch unzählige Jubiläen, und von den umnachteten Wänden lächeln die Träume des Lebens.«

»Stimmt, guter Löffelreiher!« versetzte Tuij.

Rose Cuzzle

trifft *Lotte in Weimar* im Hotel
zum Elephanten

Eben hatte sie mit der Wiederherstellung ihrer Toilette begonnen, als es klopfte.

»Was gibt es?« fragte sie an der Tür, einige Gereiztheit und Klage in der Stimme. »Man kann nicht eintreten.«

»Ich bin es nur, Frau Hofrätin«, sprach es draußen, »es ist lediglich Mager. Um Vergebung, Frau Hofrätin, wenn man dérangiert, allein es wäre hier eine Dame, Miß Cuzzle, von Nummer 19, eine englische Dame, ein Gast des Hauses.«

»Nun, und weiter?«

»Ich würde«, redete Mager hinter der Türe, »nicht zu inkommodieren wagen, allein Miß Cuzzle hat von der Anwesenheit der Frau Hofrätin in hiesiger Stadt und bei uns erfahren und ersucht dringend, Visite, wenn auch nur eine ganz kurze, ablegen zu dürfen.«

»Sagen Sie der Dame«, erwiderte Charlotte am Spalt, »daß ich nicht angekleidet bin, mich auch entfernen muß, sobald ich es bin, und lebhaft bedauere.«

In einem gewissen Widerspruch zu diesen Worten legte sie dabei einen Frisiermantel um, durchaus gewillt, die Überrumpelung abzuweisen, aber in dem Wunsch, sich nicht einmal bei der Abweisung im Zustande völliger Unbereitschaft zu fühlen.

»Ich brauche es Miß Cuzzle nicht zu sagen«, antwortete Mager auf dem Gange. »Sie hört es selbst, denn sie steht hier neben mir. Die Sache wäre die, daß es Miß Cuzzle höchst dringlich wäre, der Frau Hofrätin, sei es auch nur in Minutenkürze, aufwarten zu dürfen.«

»Aber ich kenne die Dame nicht!« rief Charlotte mit leichter Entrüstung.

»Das ist es gerade, Frau Hofrätin«, versetzte der Kellner. »Miß Cuzzle legt eben das allergrößte Gewicht darauf, sofort Dero Bekanntschaft, in flüchtigster Form, wenn es sein muß, zu machen. She wants to have just a look at you, if you please«, sagte er kunstvoll verstellten Mundes, gleichsam sprachlich in die bittstellende Persönlichkeit eintretend, – was denn für diese das Zeichen zu sein schien, ihre Sache dem Mittelsmann aus den Händen zu nehmen und sie selber zu führen; denn sogleich klang draußen in bewegtem Dudeltudu ihre hohe Kinderstimme auf, die nicht wieder absetzen zu wollen schien, sondern unter laut hervorgehobenen »most interesting« und »highest importance« in unerschöpflichem Flusse weiterging, sodaß die Bedrängte im Zimmer sich langsam überzeugte, am ehesten noch sei dem Einhalt zu tun, indem man sich in das zähe Verlangen der Anstehenden ergebe und sich ihr zeige. Sie hatte garnicht die Absicht, der Zudringlichen den Raub an ihrer Zeit durch sprachliches Entgegenkommen zu erleichtern. Dennoch war sie deutsch genug, ihre Kapitulation mit einem halb scherzhaften »Well, come in, please« zu erklären und mußte dann lachen über Magers »Thank you so very much«, mit dem er sich, nach seiner Art, weit mit der Tür ins Zimmer hineinbeugte, um Miß Cuzzle an sich vorbeizulassen.

»Oh dear, oh dear!« sagte die kleine Person, die originell und erfreulich zu sehen war. »You've kept me waiting,

Sie haben mich warten lassen, but that is as it should be. Es hat mich schon manchmal viel mehr Geduld gekostet, zum Ziel zu kommen. I am Rose Cuzzle. So glad to see you.« Diesen Augenblick, erklärte sie, habe sie vom Stubenmädchen erfahren, daß sich Mrs. Kestner seit heute Morgen in dieser Stadt, diesem Gasthaus, nur ein paar Zimmer von ihrem, befinde, und ohne Umstände habe sie sich zu ihr auf die Beine gemacht. Sie wisse wohl (»I realise«), welche wichtige Rolle Mrs. Kestner spiele in german literature and philosophy. »Sie sind eine berühmte Frau, a celebrity, and that is my hobby, you know, the reason I travel.« Ob dear Mrs. Kestner freundlich genug sein wolle, ihr zu erlauben, daß sie eben rasch ihr reizendes Gesicht in ihr Skizzenbuch aufnähme?

Sie trug dies Buch unterm Arm: Breitformat, Leinendeckel. Ihr Kopf stand voll roter Locken, und hochrot war auch ihr Gesicht mit der sommersprossigen Stumpfnase, den dick, aber sympathisch aufgeworfenen Lippen, zwischen denen weiße, gesunde Zähne schimmerten, den blau-grünen, auf eine ebenfalls sympathische Art zuweilen etwas schielenden Augen. Aus der antikisch hohen Gürtung ihres Kleides aus leichtem, geblümtem Stoff, von dem sie einen faltigen Überfluß, vom Bein hinweggerafft, überm Arm trug, schien ihr weit entblößter Busen, sommersprossig wie die Nase, lustig hervorkugeln zu wollen. Um die Schultern trug sie ein Schleiertuch. Charlotte schätzte sie auf fünfundzwanzig Jahre.

»Mein liebes Kind«, sagte sie, etwas verstört in ihrer Bürgerlichkeit durch die muntere Exzentrizität der Erscheinung, aber gern bereit, duldsamen Weltsinn walten zu lassen, – »mein liebes Kind, ich weiß das Interesse zu schätzen, das meine bescheidene Person Ihnen einflößt. Lassen Sie mich hinzufügen, daß Ihre Entschlossenheit

Rose Cuzzle,
Lotte in Weimar (1939)

mir sehr wohl gefällt. Aber Sie sehen, wie wenig ich gerüstet bin, Besuch zu empfangen, geschweige denn, zu einem Portrait zu sitzen. Ich bin im Begriffe, auszugehen, da liebe Verwandte mich dringend erwarten. Ich freue mich, Ihre Bekanntschaft gemacht zu haben – in all der Kürze, die Sie selber in Vorschlag brachten, und auf der ich zu meinem Bedauern bestehen muß. Wir haben einander gesehen, – ein Mehreres wäre wider die Abrede, und also erlauben Sie mir wohl, den Willkommsgruß sogleich mit dem Lebewohl zu verbinden.«

Es blieb ungewiß, ob Miß Rose ihre Worte auch nur verstanden hatte; keinesfalls machte sie Miene, ihnen Rechnung zu tragen. Indem sie fortfuhr, Charlotte mit »Dear« anzureden, schwatzte sie unaufhaltsam mit ihren drolligen Polsterlippen, in ihrer bequemen und humorig-weltsicheren Sprache auf sie ein, um ihr Sinn und Notwendigkeit ihres Besuches zu erläutern, sie mit ihrer unternehmenden, einer bestimmten Jagd- und Sammlerleidenschaft dienstbaren Existenz vertraut zu machen.

Eigentlich war sie Irin. Sie reiste zeichnend, wobei zwischen Zweck und Mittel zu unterscheiden nicht leicht war. Ihr Talent mochte nicht groß genug sein, um der Unterstützung durch die sensationelle Bedeutsamkeit des Gegenstandes entbehren zu können; ihre Lebendigkeit und praktische Regsamkeit zu groß, um sich in stiller Kunstübung genügen zu lassen. So sah man sie immerfort auf der Fahndung nach Sternen der Zeitgeschichte und historisch namhaften Örtlichkeiten, deren Erscheinung sie womöglich nebst der beglaubigenden Unterschrift des Modells und oft unter den unbequemsten Umständen, in ihre Skizzenbücher einfing. Charlotte hörte und sah mit Staunen, wo überall das Mädchen gewesen war. Sie hatte die Brücke von Arcole, die Akropolis von Athen und

Kants Geburtshaus zu Königsberg in Kohle aufgenommen. In einer schaukelnden Jolle, für deren Miete sie
fünfzig Pfund gezahlt, hatte sie auf der Reede von Ply-
mouth den Kaiser Napoléon auf dem »Bellerophon« ge-
zeichnet, als er, nach dem Diner an Deck gekommen, an
der Reling eine Prise genommen hatte. Es war kein gutes
Bild, sie gestand es selbst: ein tolles Gedränge von Boo-
ten, voll von Hurra schreienden Männern, Frauen und
Kindern, rings um sie her, der Wellengang, auch die
Kürze des kaiserlichen Aufenthaltes an Deck waren ihrer
Tätigkeit recht abträglich gewesen, und der Held, mit
Querhut, Westenbauch und gespreizten Rockschößen,
sah aus wie in einem Vexierspiegel, von oben nach unten
platt zusammengedrückt und lächerlich in die Breite ge-
zerrt. Trotzdem war es ihr gelungen, durch einen ihr bekannten Offizier des Schicksalsschiffes, seine Unterschrift, oder das hastige Krickel-Krakel, das dafür gelten
mochte, zu erlangen. Der Herzog von Wellington hatte
nicht verfehlt, die seine zu spenden. Der Wiener Kongreß
hatte glänzende Ausbeute gegeben. Die große Schnelligkeit, mit der Miß Rose arbeitete, erlaubte es dem beschäf-
tigtsten Mann, ihr zwischenein zu willfahren. Fürst Met-
ternich, Herr von Talleyrand, Lord Castlereagh, Herr von
Hardenberg und mehrere andere europäische Unter-
händler hatten es getan. Zar Alexander hatte sein backen-
bärtiges, mit einer stark skurrilen Nase geschmücktes
Bildnis wahrscheinlich darum durch Unterschrift anerkannt, weil die Künstlerin es verstanden hatte, seinem um
die Glatze stehenden Schläfenhaar das Ansehen eines offenen Lorbeerkranzes zu geben. Die Portraits der Frau
Rahel v. Varnhagen, Professor Schellings und des Fürsten
Blücher von Wahlstatt bekundeten, daß sie in Berlin ihre
Zeit nicht verloren hatte.

Sie hatte sie überall wahrgenommen. Die Leinendeckel ihrer Mappe umschlossen noch manche andere Trophäe, die sie die verblüffte Charlotte unter lebhaften Kommentaren sehen ließ. Jetzt war sie nach Weimar gekommen, angelockt von dem Ruf dieser Stadt, »of this nice little place«, als des Mittelpunktes der weltberühmten deutschen Geisteskultur, – die für sie ein Wechselplatz jagdbarer Celebritäten war. Sie bedauerte, recht spät hierher gefunden zu haben. Old Wieland sowohl wie Herder, den sie einen great preacher nannte, wie auch the man who wrote the »Räuber«, waren ihr durch den Tod entschlüpft. Immerhin lebten ihren Notizen zufolge noch Schriftsteller am Ort, auf die zu pürschen sich lohnte, wie die Herren Falk und Schütze. Schillers Witwe hatte sie tatsächlich schon in der Mappe, ebenso Madame Schopenhauer und zwei oder drei namhafte Actricen des Hoftheaters, die Demoiselles Engels und Lortzing. Bis zu Frau von Heygendorf, eigentlich Jagemann, war sie noch nicht vorgedrungen, verfolgte aber dies Ziel umso eifriger, als sie durch die schöne Favoritin den Hof zu erobern hoffte – und umso eher hoffen durfte, da sie Verbindungsfäden zur Großfürstin-Erbprinzessin schon angeknüpft hatte. Was Goethen betraf, dessen Namen sie, wie übrigens auch die meisten anderen, so fürchterlich aussprach, daß Charlotte lange nicht begriff, wen sie meinte, so war sie ihm auf der Spur, ohne ihn schon vor den Lauf bekommen zu haben. Die Nachricht, daß das notorische Modell zur Heldin seines berühmten Jugend-Romans sich seit heute Morgen in der Stadt, in ihrem Hotel und nahezu in Zimmernachbarschaft mit ihr befinde, hatte sie elektrisiert – nicht nur wegen des Gegenstandes selbst, sondern weil sie durch diese Bekanntschaft, wie sie ganz offen erklärte, zwei, ja drei Fliegen auf einmal zu klatschen gedachte: Werthers Lotte würde ihr zweifellos den Weg ebnen zum Autor des »Faust«; diesen aber würde es ein Wort kosten, ihr die Tür Frau Charlottens von Stein zu öffnen, über deren Beziehungen zur Gestalt der Iphigenie sich zur Gedächtnisstütze in ihrem Notizbüchlein, Abteilung German literature and philosophy, einiges vorfand, was sie der gegenwärtigen namensgleichen Schwester im Reiche der Urbilder mit größter Einfalt zum Besten gab.

Es ging nun so, daß Charlotte wie sie da war, in ihrem weißen Pudermantel, mit dieser Rose Cuzzle nicht, wie allenfalls vorgesehen, einige Minuten, sondern drei Viertelstunden verbrachte. Heiter eingenommen von dem naiven Reiz, der lustigen Tatkraft der kleinen Person, beeindruckt von all der Größe, deren sie habhaft zu werden gewußt hatte und deren Spur sie aufweisen konnte, ungewiß, ob sie den Einschlag von Albernheit wahr haben sollte, den sie diesem Kunstsport zuzuschreiben versucht war, bestärkt in dem guten Willen, darüber hinwegzusehen, durch die schmeichelhafte Erfahrung, selbst zu der großen Welt gezählt zu werden, deren Hauch ihr aus Miß Cuzzles Jagdbuch entgegenwehte, und sich in den Ruhmesreigen seiner Blätter aufgenommen zu sehen, – kurzum, ein Opfer ihrer Leutseligkeit, saß sie lächelnd in einem der beiden mit Cretonne überzogenen Fauteuils des Gastzimmers und hörte dem Geplauder der Reisekünstlerin zu, die in dem anderen saß und sie zeichnete.

Sie tat es mit geräuschvoll-virtuosen Strichen, die nicht immer so treffend schienen wie ungeniert, da sie sie öfters, übrigens ohne Nervosität, mit einem großen Radiergummi wieder aufhob. Dem leichten Schielen ihrer Augen, die nicht bei dem waren, was sie redete, war angenehm zu begegnen, erfreulich und gesund war der Anblick ihrer kugeligen Brust und ihrer gepolsterten Kinderlippen, die von fernen Ländern, von der Begegnung mit berühmten Leuten erzählten, indeß die hübschen Zähne schmelzweiß zwischen ihnen schimmerten. Die Situation erschien ebenso harmlos wie interessant, – das war es, was es Charlotten so leicht machte, längere Zeit ganz zu vergessen, wie sehr sie sich versäumte. Hätte Lottchen, die Jüngere, sich geärgert an diesem Besuch – Sorge um die Seelenruhe der Mutter hätte sie nicht ihren Beweggrund nennen dürfen. Von dieser kleinen Angelsächsin war keine Indiskretion zu besorgen, – sie brachte es nicht so weit. Das war beruhigend und gab dem Zusammensein mit ihr etwas Verführerisches. Sie war es, die sprach, und Charlotte hörte ihr heiter zu. Herzlich unterhalten lachte sie über eine Geschichte, die Rose bei der Arbeit hervorsprudelte: Wie es ihr gelungen war, im Abruzzen-Gebirge einen Räuberhauptmann namens Boccarossa ihrer Galerie einzuverleiben, einen wegen seiner Tapferkeit und Grausamkeit hochgefürchteten Bandenchef, der, von ihrer Aufmerksamkeit nicht wenig angetan, auch kindlich erfreut über den kühnen Anblick seines Bildnisses, seine Leute beim Abschied eine Salve aus ihren trichterförmigen Flintenrohren zu Miß Roses Ehren hatte abgeben und sie mit sicherem Geleit aus dem Bereich seiner Übeltaten hatte bringen lassen. Charlotte amüsierte sich sehr über die wilde, und, wie ihr vorkam, ziemlich eitle Ritterlichkeit dieses Skizzenbuch-Genossen. Lachenden Mundes und zu zerstreut, um Erstaunen darüber zu empfinden, daß er plötzlich im Zimmer stand, blickte sie dem Kellner Mager entgegen, dessen wiederholtes Anklopfen in Gespräch und Heiterkeit untergegangen war.

»Beg your pardon«, sagte er. »Ich unterbreche ungern. Allein *Herr Doktor Riemer* würde es sich zum Vorzug rechnen, der Frau Hofrätin seine Ergebenheit zu bezeigen.«

(...)

»Ich hoffe«, sagte Charlotte, »es sind nicht Minuten gemeint, wie die, die ich diesem charmanten Frauenzimmer gewidmet habe. – Mein liebes Kind«, wandte sie sich an die Cuzzle, »Sie sitzen und crayonnieren … Sie sehen meine Bedrängnis. Ich danke Ihnen aufrichtig für das angenehme Intermezzo unserer Begegnung, aber was etwa an Ihrem Dessin noch fehlt, müssen Sie unbedingt nach dem Gedächtnis …«

Ihre Mahnung war unnötig, Miß Rose erklärte mit lachenden Zähnen fertig zu sein.

»I'm quite ready«, sagte sie, indem sie ihr Werk mit ausgestrecktem Arm vor sich hinhielt und es mit zugekniffenen Augen betrachtete. »I think, I did it well. Wollen Sie sehen?«

Vielmehr war es Mager, der das wollte und angelegentlich herantrat.

»Ein höchst schätzbares Blatt«, urteilte er mit der Miene des Connoisseurs. »Und ein Dokument von bleibender Bedeutung.«

Charlotte, die sich pressiert im Zimmer nach ihrer Garderobe umsah, hatte kaum ein Auge für das Entstandene.

»Ja, ja, recht hübsch!« sagte sie. »Bin *ich* das? O doch, es hat wohl eine gewisse Verwandtschaft. Meine Unterschrift? Hier denn – nur rasch!«

Und mit dem Kohlestift leistete sie im Stehen die Signatur, die an Flüchtigkeit der napoleonischen nicht nachstand. Sie bedankte mit eiligem Kopfnicken das Abschiedskompliment der Irländerin. Mager beauftragte sie, Herrn Dr. Riemer zu ersuchen, er möge sich im Sprechzimmer einige Augenblicke gedulden.

Ines Institoris

Serenus Zeitblom über die Roddes,
Doktor Faustus

Der Münchener Fasching von 1914, diese lockeren und
verbrüdernden Wochen der festheißen Backen zwischen
Epiphanias und Aschermittwoch, mit ihren mancherlei
öffentlichen und privaten Veranstaltungen, an denen ich,
der noch jugendliche Gymnasialprofessor von Freising,
auf eigene Hand oder auch in Gesellschaft Adrians teilnahm, ist mir in lebhafter, ich sage besser: verhängnis-
schwerer Erinnerung geblieben. War es ja der letzte vor
Eintritt des vierjährigen Krieges, der sich jetzt für unseren geschichtlichen Blick mit den Schrecken unserer Tage
zu *einer* Epoche zusammenschließt: des sogenannten ersten Weltkrieges, der der ästhetischen Lebensunschuld
der Isarstadt, ihrer dionysischen Behaglichkeit, wenn ich
mich so ausdrücken darf, für immer ein Ende machte. War
es ja doch auch die Zeit, in der gewisse individuelle
Schicksalsentwicklungen in unserem Bekanntenkreis unter meinen Augen sich anspannen, die, von der weiteren
Welt natürlich fast unbeachtet, zu Katastrophen führen
sollten, von denen in diesen Blättern die Rede sein muß,
weil sie sich zum Teil mit dem Leben und Schicksal meines Helden, Adrian Leverkühns, nahe berührten, ja, weil
er in eine davon nach meinem tiefsten Wissen auf eine ge-
heimnisvoll-tödliche Weise handelnd verwickelt war.

Damit ist nicht das Los Clarissa Roddes gemeint, dieser stolzen und spöttischen, mit dem Makabren spielenden Hochblondine, die damals noch unter uns weilte, noch bei ihrer Mutter lebte und an den Karnevalsbelustigungen teilnahm, aber sich schon darauf vorbereitete, die Stadt zu verlassen, um ein Engagement als jugendliche Liebhaberin an einer Provinzbühne anzutreten, welches ihr Lehrer, der Hoftheater-Heldenvater ihr verschafft hatte. Das sollte sich als ein Unglück erweisen, und ihr theatralischer Mentor, Seiler mit Namen, ein erfahrener Mann, ist von jeder Verantwortung dafür zu entlasten. Er hatte eines Tages der Senatorin Rodde einen Brief geschrieben, worin er erklärte, seine Schülerin sei zwar außerordentlich intelligent und von Enthusiasmus für das Theater erfüllt, aber ihr natürliches Talent reiche nicht aus, eine erfolgreiche Bühnenlaufbahn zu gewährleisten; es fehle ihr an der primitiven Grundlage alles dramatischen Künstlertums, an komödiantischem Instinkt, an dem, was man Theaterblut nenne, und er müsse gewissenhafter Weise davon abraten, daß sie den eingeschlagenen Weg weiter verfolge. Das aber hatte zu einer Tränenkrise, einem Verzweiflungsausbruch auf seiten Clarissas geführt, der der Mutter zu Herzen ging, und Hofschauspieler Seiler, der sich ja mit dem Briefe gedeckt hatte, war bestimmt worden, die Ausbildung zu beenden und durch seine Verbindungen dem jungen Mädchen zum Start in einer Anfängerstellung zu verhelfen.

Es sind nun schon 24 Jahre, seit sich das beklagenswerte Schicksal Clarissas erfüllte, und in chronologischer Ordnung werde ich davon berichten. Hier habe ich dasjenige ihrer zarten und schmerzlichen, die Vergangenheit und das Leid kultivierenden Schwester Ines im Auge – nebst demjenigen des armen Rudi Schwerdtfeger, an welches ich mit Schrecken dachte, als ich soeben von der Involviertheit des einsamen Adrian Leverkühn in diese Vorgänge vorläufig zu sprechen nicht unterlassen konnte. Solche Antizipationen ist ja der Leser bei mir schon gewohnt, und er möge sie nicht als schriftstellerische Zügellosigkeit und Wirrköpfigkeit deuten.

(...)

Wie früher schon angedeutet, harmonierten beide Schwestern Rodde, Clarissa sowohl wie Ines, nicht sonderlich mit ihrer Mutter, der Senatorin, und gaben nicht selten zu erkennen, daß ihnen die zahme, leicht lüsterne Halb-Bohème ihres Salons, ihres entwurzelten, wenn auch mit Resten patrizischer Bürgerlichkeit möblierten Daseins auf die Nerven ging. Beide strebten in verschiedenen Richtungen aus dem hybriden Zustande fort: die stolze Clarissa hinaus in ein entschiedenes Künstlertum, zu dem es ihr doch, wie ihr Meister nach einiger Zeit hatte feststellen müssen, an der rechten Blutsberufung fehlte; die fein-melancholische und von Grund aus lebensängstliche Ines dagegen zurück in das Obdach, den seelischen Schutz gesicherten Bürgerstandes, wozu der Weg eine respektable, womöglich aus Liebe, sonst aber in Gottes Namen auch ohne Liebe geschlossene Heirat war. Ines beschritt, natürlich mit der herzlich sentimentalen Zustimmung ihrer Mutter, diesen Weg – und scheiterte auf ihm ebenso wie ihre Schwester auf dem ihren. Es stellte sich tragisch heraus, daß weder ihr persönlich dies Ideal eigentlich zukam, noch die alles verändernde und unterwühlende Epoche seine Erfüllung länger gestattete.

Damals näherte sich ihr ein gewisser Dr. Helmut Institoris, Ästhetiker und Kunsthistoriker, Privatdozent an der Technischen Hochschule, wo er, Photographien im

Hörsaal herumschickend, über die Theorie des Schönen und die Baukunst der Renaissance las, aber mit guten Aussichten, eines Tages auch an die Universität berufen und Professor, Ordinarius, Mitglied der Akademie etc. zu werden, besonders wenn er, der Junggeselle aus vermöglicher Würzburger Familie, Anwärter eines bedeutenden Erbteils, die Stattlichkeit seines Daseins durch die Gründung eines die Gesellschaft versammelnden Hausstandes erhöhte. Er ging auf Freiersfüßen und brauchte dabei nicht Sorge zu tragen um die finanziellen Verhältnisse des Mädchens seiner Wahl, – im Gegenteil, er gehörte wohl zu den Männern, die in der Ehe ganz allein das wirtschaftliche Heft in Händen zu haben und die Gattin ganz von sich abhängig zu wissen wünschen.

Von Stärkegefühl zeugt das nicht, und Institoris war in der Tat kein starker Mann, – was sich auch an der ästhetischen Bewunderung erkennen ließ, die er für alles Starke und rücksichtslos Blühende hegte. Er war ein blonder Langschädel, eher klein und recht elegant, mit glattem, gescheiteltem, etwas geöltem Haar. Den Mund überhing leicht ein blonder Schnurrbart, und hinter der goldenen Brille blickten die blauen Augen mit zartem, edlem Ausdruck, der es schwer verständlich – oder vielleicht eben gerade verständlich – machte, daß er die Brutalität verehrte, natürlich nur, wenn sie schön war. Er gehörte dem von jenen Jahrzehnten gezüchteten Typ an, der, wie Baptist Spengler es einmal treffend ausdrückte, »während ihm die Schwindsucht auf den Wangenknochen glüht, beständig schreit: Wie ist das Leben so stark und schön!«

Nun, Institoris schrie nicht, er sprach vielmehr leise und lispelnd, selbst wenn er die italienische Renaissance als eine Zeit verkündete, die »von Blut und Schönheit geraucht« habe. Und er war auch nicht schwindsüchtig, hatte höchstens, wie fast jedermann, in früher Jugend eine leichte Tuberkulose durchgemacht. Aber zart und nervös war er, litt am Sympathikus, dem Sonnengeflecht, von dem so viele Beängstigungen und verfrühte Todesgefühle ausgehen, und war Stammgast eines Sanatoriums für reiche Leute in Meran. Sicherlich versprach er sich – und versprachen seine Ärzte ihm – von dem Gleichmaß eines gepflegten Ehelebens auch eine Stärkung seiner Gesundheit.

(…)

Daß Helmut gerade auf Ines seine Augen geworfen, darüber mochte man sich wundern, um es am Ende doch ganz wohl zu verstehen. Ein Renaissance-Weib war sie nicht, – nichts weniger als das in ihrer seelischen Gebrechlichkeit, mit ihrem verhängten Blick voll distinguierter Trauer, ihrem schräg vorgeschobenen Hälschen und ihrem zu schwacher und prekärer Schelmerei gespitzten Mund. Aber mit seinem ästhetischen Ideal hätte dieser Freier ja auch garnicht zu leben gewußt; seine männliche Überlegenheit wäre dabei völlig zu kurz gekommen, – man brauchte ihn sich nur an der Seite einer tönenden Vollnatur wie der Orlanda vorzustellen, um sich davon humoristisch zu überzeugen. Auch war Ines keineswegs ohne weiblichen Reiz; daß ein Umschau haltender Mann sich in ihr schweres Haar, ihre kleinen, Grübchen bildenden Hände, ihre vornehm auf sich haltende Jugend verliebt hatte, war sehr begreiflich. Sie mochte sein, was er brauchte. Ihre Umstände zogen ihn an: nämlich ihre patrizische Abkunft, die sie betonte, die aber durch ihren gegenwärtigen Zustand, ihre Verpflanztheit, eine gewisse Deklassiertheit leicht herabgesetzt war, sodaß sie sein Übergewicht nicht bedrohte; vielmehr konnte er das Gefühl haben, sie zu heben, zu rehabilitieren, indem er sie zu der Seinen machte. Eine Mutter, die Witwe, halb verarmt und ein wenig vergnügungssüchtig war; eine Schwester, die zum Theater ging; ein mehr oder weniger zigeunerischer Umgangskreis, – das waren Verhältnisse, die ihm im Interesse seiner eigenen Würde nicht mißfielen, besonders, da er sich durch diese Verbindung auch wieder gesellschaftlich nichts vergab, seine Carrière nicht durch sie gefährdete und sicher sein konnte, daß Ines, von der Senatorin korrekt und gemütvoll mit einer Leinen-, vielleicht auch Silbermitgift ausgestattet, ihm eine tadellos repräsentierende Hausfrau sein werde.

So stellten sich mir die Dinge, von Dr. Institoris aus gesehen, dar. Versuchte ich, mit den Augen des Mädchens auf ihn zu blicken, so verlor die Sache an Stimmigkeit. Ich konnte dem durchaus kleinlichen und um sich selbst besorgten, zwar feinen und trefflich gebildeten, aber körperlich durchaus unherrlichen Mann (er hatte übrigens auch einen trippelnden Gang) mit dem Aufgebot meiner ganzen Phantasie keinen Appell für das andere Geschlecht zuschreiben, – während ich doch fühlte, daß Ines, bei aller verschlossenen Strenge ihrer Magdschaft, eines solchen Appells im Grunde bedurfte. Hinzu kam der Gegensatz zwischen den philosophischen Gesinnungen, der theoretischen Lebensstimmung der beiden, – der diametral und geradezu exemplarisch zu nennen war. Es war, auf die kürzeste Formel gebracht, der Gegensatz zwischen Ästhetik und Moral, der ja zu einem guten Teil die kulturelle Dialektik jener Epoche beherrschte und sich in diesen beiden jungen Leuten gewissermaßen personifizierte: der Widerstreit zwischen einer schulmäßigen Glorifizierung des »Lebens« in seiner prangenden Unbedenklichkeit – und der pessimistischen Verehrung des Leidens mit seiner Tiefe und seinem Wissen. Man kann sagen, daß an seiner schöpferischen Quelle dieser Gegensatz eine persönliche Einheit gebildet hatte und erst in der Zeit streitbar auseinandergefallen war. Dr. Institoris war – man muß hinzufügen: Du lieber Gott! – mit Haut und Haar ein Renaissancemensch und Ines Rodde ganz ausgesprochen ein Kind des pessimistischen Moralismus. Für eine Welt, die »von Blut und Schönheit rauchte«, hatte sie nicht das geringste übrig, und was das »Leben« betraf, so suchte sie ja gerade Schutz davor in einer streng bürgerlichen, vornehmen und wirtschaftlich wohlgepolsterten Ehe, die nach Möglichkeit jeden Stoß abhielt. Es war eine Ironie, daß der Mann – oder das Männchen –, der ihr diese Zuflucht bieten zu wollen schien, so sehr für schöne Ruchlosigkeit und italienische Giftmorde schwärmte.

(…)

Ist es genug? Dies ist kein Roman, bei dessen Komposition der Autor die Herzen seiner Personagen dem Leser indirekt, durch szenische Darstellung erschließt. Als biographischer Erzähler steht es mir durchaus zu, die Dinge unmittelbar bei Namen zu nennen und einfach seelische Tatsachen zu konstatieren, welche auf die von mir darzustellende Lebenshandlung von Einfluß gewesen sind. Aber nach den eigentümlichen Äußerungen, die mein Gedächtnis mir soeben in die Feder diktiert, Äußerungen von einer, ich möchte sagen: spezifischen Intensität, kann über das mitzuteilende Faktum wohl kein Zweifel sein. Ines Rodde liebte den jungen Schwerdtfeger, und dabei fragte sich nur zweierlei: erstens, ob sie es wußte, und zweitens, wann, zu welchem Zeitpunkt, ihr ursprünglich geschwisterlich-kameradschaftliches Verhältnis zu dem

Ines Institoris, geb. Rodde,
Doktor Faustus (1947)

Geiger diesen heißen und leidenden Charakter angenommen hatte.

Die erste Frage beantwortete ich mit ja. Ein so belesenes, man kann wohl sagen: psychologisch geschultes und ihr Erleben dichterisch überwachendes Mädchen, wie sie, hatte selbstverständlich Einsicht in die Entwicklung ihrer Gefühle, – so überraschend, ja unglaubwürdig ihr diese Entwicklung vielleicht anfangs erschienen war. Die scheinbare Naivität, mit der sie ihr Herz vor mir bloßstellte, bewies nichts gegen ihr Wissen; denn teils war, was aussah wie Einfalt, ein Ausdruck zwanghaften Mitteilungsdranges, teils war es eine Sache des Vertrauens zu mir, eines eigentümlich verkleideten Vertrauens: denn sie fingierte gewissermaßen, daß sie mich für simpel genug halte, nichts zu merken, was ja auch eine Art von Vertrauen gewesen wäre, wünschte und wußte aber eigentlich, daß mir die Wahrheit nicht entging, weil sie, zu meiner Ehre, ihr Geheimnis bei mir für gut aufgehoben erachtete. Das war es unbedingt. Meines humanen und diskreten Mitgefühls durfte sie sicher sein, so schwer es von Natur wegen einem Manne fällt, sich in Seele und Sinn einer Frau zu versetzen, die für ein Individuum seines Geschlechtes entbrannt ist. Selbstverständlich ist es für uns viel leichter, den Gefühlen eines Mannes für ein weibliches Wesen zu folgen – und sage dieses einem selbst auch garnichts –, als sich in die Ergriffenheit des anderen Geschlechts durch eine Person des eigenen zu versetzen. Man »versteht« das im Grunde nicht, man nimmt es nur gebildeter Weise, in objektiver Achtung vor dem Naturgesetz hin – und zwar pflegt da das Verhalten des Mannes wohlwollend-duldsamer zu sein, als das der Frau, welche meistens die Geschlechtsgenossin, von der sie erfährt, daß sie ein Männerherz in Flammen gesetzt, recht grünen

Blicks zu betrachten pflegt, auch wenn dieses Herz ihr selber ganz gleichgültig ist.

An freundschaftlichem guten Willen zum Verständnis fehlte es mir also nicht, mochte mir das Verstehen im Sinne der Einfühlung auch durch die Natur verbaut sein. Mein Gott, der kleine Schwerdtfeger! Seine Gesichtsbildung hatte doch schließlich etwas Möpsliches, seine Stimme war gaumig, und mehr vom Jungen hatte er, als vom Mann, – das schöne Blau seiner Augen, seinen richtigen Wuchs und sein einnehmendes Geigen und Pfeifen, nebst seiner allgemeinen Nettigkeit, bereitwillig zugegeben. Also denn, Ines Rodde liebte ihn, nicht blind, aber in desto tieferem Leide; und innerlich verhielt ich mich dazu, wie ihre spöttische, gegen das andere Geschlecht durchaus hochnäsige Schwester Clarissa: Auch ich hätte »Hopp!« zu ihm sagen mögen. »Hopp, Mensch, was denken Sie sich? Springen Sie gefälligst!«

Nur war das mit dem Springen, auch wenn Rudolf die Verpflichtung dazu anerkannt hätte, nicht so einfach. Denn da war ja Helmut Institoris, der Bräutigam oder Bräutigam in spe, Institoris, der Bewerber, – und damit komme ich auf die Frage zurück, seit wann denn Inessens schwesterliche Beziehung zu Rudolf sich ins Leidenschaftliche gewandelt hatte. Mein menschliches Ahnungsvermögen sagte es mir: Es war damals geschehen, als Dr. Helmut sich ihr, der Mann dem Weibe, genähert und um sie zu werben begonnen hatte. Ich war überzeugt und bin es geblieben, daß Ines sich nie in Schwerdtfeger verliebt hätte ohne den Eintritt Institoris', des Freiers, in ihr Leben. Der warb um sie, aber er tat es gewissermaßen für einen anderen. Denn der mäßige Mann konnte zwar durch sein Werben und die damit verbundenen Gedankenreihen das Weib in ihr erwecken, – so weit reichte es.

Aber nicht für sich konnte er es erwecken, obgleich sie ihm aus Vernunftgründen zu folgen bereit war, – so weit reichte es nicht bei ihm. Sondern ihre erweckte Weiblichkeit wandte sich sofort einem anderen zu, für den ihr Bewußtsein so lange nur gelassen-halbgeschwisterliche Gefühle gekannt hatte, und für den nun ganz andere in ihr frei wurden. Keine Rede davon, daß sie ihn für den Rechten, den Würdigen gehalten hätte. Sondern ihre Melancholie, die das Unglück suchte, fixierte sich auf ihn, den sie mit Widerwillen hatte sagen hören: »Es sind schon so viele unglücklich!«

Und sonderbar übrigens! Sie nahm von der Bewunderung des ungenügenden Bräutigams für das geistlos triebhafte »Leben«, die ihrer Gesinnung doch so entgegen war, etwas in ihre Verfallenheit an den anderen hinein, hinterging ihn gewissermaßen mit seiner eigenen Geistesrichtung. Denn stellte nicht Rudolf etwas dar wie das liebe Leben in den Augen ihrer wissenden Schwermut?

Gegen Institoris, einen bloßen Dozenten des Schönen, hatte er den Vorteil der Kunst selbst, dieser Nährerin der Leidenschaft und Verklärerin des Menschlichen, auf seiner Seite. Denn die Person des Geliebten wird natürlich dadurch erhöht, und die Gefühle für ihn ziehen begreiflicherweise immer wieder neue Nahrung daraus, wenn mit dem Eindruck seiner Person fast stets berauschende Kunsteindrücke verbunden sind. Ines verachtete im Grunde den Schönheitsbetrieb der sinnenfrohen Stadt, in welche die mütterliche Neugier auf größere Sittenfreiheit sie verpflanzt hatte, aber sie nahm um ihres bürgerlichen Unterkommens willen an den Festen einer Gesellschaft teil, die ein einziger großer Kunstverein war, und gerade das war der Ruhe gefährlich, die sie suchte. Mein Gedächtnis bewahrt prägnante und ängstliche Bilder aus dieser Zeit. Ich sehe uns, die Roddes, die Knöterichs etwa dazu und mich selbst nach der besonders glänzenden Aufführung einer Tschaikowsky-Symphonie im Zapfenstößer-Saal in einer der vordersten Reihen unter der Menge stehen und applaudieren. Der Dirigent hatte das Orchester zum Aufstehen veranlaßt, damit es, zusammen mit ihm, den Dank des Publikums für seine schöne Arbeit entgegennehme. Schwerdtfeger, nicht weit links vom Konzertmeister (dessen Platz er binnen kurzem einnehmen sollte), stand, sein Instrument im Arm, erhitzt und strahlend gegen den Saal gewandt und grüßte nickend, in nicht ganz zulässiger Intimität, persönlich zu uns herüber, während Ines, auf die einen Blick zu werfen ich mir nicht versagen konnte, schräg vorgeschobenen Kopf, den Mund in schwieriger Schalkheit gespitzt, ihre Augen hartnäckig auf einen anderen Punkt dort oben, auf den Kapellmeister, nein, irgendwohin weiter weg, auf die Harfen, gerichtet hielt. Oder: Ich sehe Rudolf selbst, enthusiasmiert von der Standard-Leistung eines gastierenden Kunstgenossen, im Vordergrund eines schon fast entleerten Saales stehen und eifrig zum Podium emporklatschen, wo jener Virtuos sich zum zehnten Mal verneigt. Zwei Schritte von ihm entfernt, zwischen den durcheinandergerückten Stühlen, steht Ines, die an diesem Abend so wenig wie wir anderen mit ihm in Berührung gekommen, sieht ihn an und wartet darauf, daß er's genug sein lasse, sich wende, sie bemerke und sie begrüße. Er läßt nicht ab und bemerkt sie nicht. Vielmehr, aus dem Augenwinkel sieht er dennoch nach ihr, oder, wenn das zu viel gesagt ist: seine blauen Augen haben keinen ganz ungestörten Blick auf den Helden dort oben, sie werden, ohne daß sie wirklich in den Winkel gingen, leicht nach der Seite abgezogen, wo sie steht und wartet, aber ohne daß er sein begeistertes Tun unterbräche. Noch ein paar Sekunden, und sie wendet sich, bleich, Zornesfalten zwischen den Brauen, auf dem Fleck und eilt davon. Sogleich gibt er es auf, den Star noch einmal hervorzuklatschen und folgt ihr. An der Tür holt er sie ein. Sie setzt eine Miene auf, die kalte Überraschung bekundet, darüber, daß er hier, daß er überhaupt auf der Welt ist, verweigert ihm Hand, Blick und Wort und eilt weiter.

Ich sehe ein, daß ich diese Quisquilien und Krümel-Abfälle meiner Beobachtung hier garnicht hätte aufnehmen dürfen. Sie sind nicht buchgerecht, sie mögen in den Augen des Lesers etwas Läppisches haben, und er mag sie mir als lästige Zumutungen verargen. Er rechne es mir wenigstens an, daß ich hundert andere, ähnliche unterdrücke, die sich ebenfalls in meiner Wahrnehmung, derjenigen eines mitleidigen Menschenfreundes, gleichsam verfingen und dank dem Unglück, zu dem sie akkumulierten, schon garnicht aus meiner Erinnerung zu lösen sind.

(... Münchener Trambahn der Linie 10, die Katastrophe nimmt ihren Lauf ...)

Der Wagen hielt, und ich begab mich von der vorderen Plattform, wo ich einstieg, ins Innere. Gleich bei der Schiebetür, links von meinem Eintritt, fand ich einen freien Platz, den offenbar ein Aussteigender eben verlassen. Die Tram war vollbesetzt, es standen sogar bei der hinteren Tür zwei Herren im Gange und hielten sich an Riemen. Den Großteil der Fahrgäste mochten heimkehrende Konzertbesucher bilden. Unter ihnen, inmitten der Bank mir gegenüber, saß Schwerdtfeger, seinen Geigenkasten aufgestellt zwischen den Knien. Gewiß hatte er mich hereinkommen sehen, mied aber meinen Blick. Unterm Mantel trug er ein weißes Cachenez, das seine Frackschleife bedeckte, war aber nach seiner Gewohnheit ohne Hut. Er sah hübsch und jung aus mit seinem lockig aufstrebenden Blondhaar, die Gesichtsfarbe erhöht von getaner Arbeit, dergestalt, daß in dieser ehrenwerten Erhitzung die blauen Augen sogar ein wenig verschwollen wirkten. Auch das aber kleidete ihn, so gut wie die leicht aufgeworfenen Lippen, mit denen er so meisterlich zu pfeifen verstand. Ich bin nicht schnell von Umsicht; nur nach und nach stellte sich mir heraus, daß sich noch andere Bekannte im Wagen befanden. Ich tauschte einen Gruß mit Dr. Kranich, der auf Schwerdtfegers Seite, aber weit von ihm bei der rückwärtigen Tür seinen Platz hatte. Ein gelegentliches Vorbeugen ließ mich zu meiner Überraschung Ines Institoris gewahren, die auf derselben Seite wie ich, mehrere Plätze vor mir, gegen die Mitte hin, Schwerdtfegern schräg gegenüber, saß. Ich sage: zu meiner Überraschung, denn ihr Heimweg war dies ja nicht. Da ich aber, wieder ein paar Plätze weiter, ihre Freundin, Frau Binder-Majoresku, bemerkte, die weit draußen in Schwabing, noch hinter dem »GroßenWirt« wohnte, so kalkulierte ich, daß Ines bei ihr den Abendtee zu nehmen gedachte.

Begreiflich wurde mir nun aber, warum Schwerdtfeger seinen hübschen Kopf meist nach rechts gewandt hielt, sodaß sich mir nur sein etwas zu stumpfes Profil bot. Nicht allein den Mann zu ignorieren, den er als Adrians anderes Ich betrachten mochte, lag ihm ob, und im Stillen machte ich ihm Vorwürfe, weil er nun gerade mit diesem Wagen hatte fahren müssen, – ungerechte Vorwürfe wahrscheinlich, da nicht gesagt war, daß er ihn zugleich mit Ines bestiegen hatte. Sie konnte, so gut wie ich, nach ihm hereingekommen sein, oder, wenn es umgekehrt gewesen war, so hatte er bei ihrem Anblick nicht gut Reißaus nehmen können.

Wir passierten die Universität, und eben stand der Schaffner in seinen Filzstiefeln vor mir, um meinen Zehner entgegenzunehmen und mir meinen Gradaus-Schein in die Hand zu schieben, als das Unglaubliche und, wie alles völlig Unerwartete, zunächst ganz Unverständliche geschah. Ein Schießen ging los im Wagen, flache, scharfe, schmetternde Detonationen, eine nach der anderen, drei, vier, fünf, in wilder betäubender Schnelligkeit, und drüben sank Schwerdtfeger, seinen Geigenkasten zwischen den Händen, erst an die Schulter und dann in den Schoß der rechts neben ihm sitzenden Dame, die sich, wie auch die zu seiner Linken, entsetzt von ihm wegbog, während ein allgemeiner Tumult, mehr Flucht und kreischende Panik, als geistesgegenwärtiges Einschreiten, den Wagen erfüllte und vorn der Wagenführer, Gott weiß, warum, in einem fort wie toll auf die Glocke trat, – mag sein, um einen Schutzmann herbeizurufen. Natürlich war keiner in Hörweite. Ein fast gefährliches Gedränge entwickelte sich in dem zum Stehen gekommenen Wagen, da manche Passagiere das Freie suchen wollten, andere von den Plattformen, neugierig oder tatenlustig, hereinstrebten. Die beiden Herren, die im Gang gestanden, hatten sich zusammen mit mir auf Ines geworfen – viel zu spät natürlich. Wir brauchten ihr den Revolver nicht zu »entwinden«; sie hatte ihn fallen lassen oder vielmehr von sich geworfen, und zwar in der Richtung ihres Opfers. Ihr Gesicht war weiß wie ein Blatt Papier, mit scharf umgrenzten hochroten Flecken auf den Wangenknochen. Sie hielt die Augen geschlossen und lächelte irr, mit gespitztem Munde.

Saul Fitelberg

Impresario für Adrian Leverkühn,
Doktor Faustus

Ich war am früheren Nachmittag in Pfeiffering eingetroffen, und bei der Rückkehr von einem Spaziergang ins Feld, den wir, Adrian und ich, nach dem Tee, also kurz nach vier, unternommen, bot sich uns zu unserer Verwunderung der Anblick eines auf dem Hof, bei der Ulme haltenden Automobils, – keiner gewöhnlichen Autodroschke, sondern eines Gefährtes von mehr privatem Ansehen, wie man es, samt Chauffeur, von einem Fuhrgeschäft stunden- und tagweise mietet. Jener, der Chauffeur, auch mit Andeutungen von Herrschaftlichkeit in seiner Tracht, stand rauchend neben seinem Wagen und lüftete, als wir vorübergingen, seine Schirmmütze mit breitem Lächeln, wahrscheinlich im Gedenken an die Späße des wunderlichen Gastes, den er uns gebracht. Im Haustor trat Frau Schweigestill uns entgegen, eine Besuchskarte in der Hand und mit erschrocken gedämpfter Stimme redend. Ein »Weltmann« sei da, teilte sie uns mit, – das Wort hatte, besonders da es geflüstert wurde, als rasche Bestimmung eines Menschen, den man nur eben eingelassen, etwas wunderlich Geisterhaftes und Sibyllinisches für mich. Vielleicht sollte es zur Erläuterung der anspruchsvollen Bezeichnung dienen, daß Frau Else den

Wartenden gleich darauf einen »spinnerten Uhu« nannte. »Scher Madam« habe er ihr gesagt, dann aber »petite Maman«, und die Clementine habe er in die Wange gezwickt. Sie habe das Kind vorläufig, bis der Weltmann weg sei, in ihrem Zimmer eingeschlossen. Wegschicken habe sie ihn denn doch nicht können, da er im Auto von München gekommen sei. Er warte im großen Wohnzimmer.

Mit bedenklichen Mienen reichten wir einander die Karte, die über ihren Träger alle wünschenswerte Auskunft gab. »Saul Fitelberg. Arrangements musicaux. Représentant de nombreux artistes prominents.« Ich war froh, zu Adrians Bedeckung zur Stelle zu sein. Ungern dachte ich ihn mir allein diesem »Repräsentanten« ausgeliefert. Wir begaben uns zum Nike-Saal.

Fitelberg stand schon in der Nähe der Tür, und obgleich Adrian mich zuerst eintreten ließ, richtete sich die ganze Aufmerksamkeit des Mannes sogleich auf jenen: nach einem flüchtigen Blick durch seine Hornbrille auf mich bog er sogar seinen feisten Oberkörper zur Seite, um hinter mir nach demjenigen auszulugen, dessentwegen er sich in die Unkosten einer zweistündigen Autofahrt gestürzt hatte. Natürlich ist es kein Kunststück, zwischen einem vom Genius Gezeichneten und einem schlichten Gymnasialprofessor zu unterscheiden; aber die rasche Orientierungsfähigkeit des Mannes, die Fixigkeit, mit der er ungeachtet meines Vorantritts meine Nebensächlichkeit erkannte und sich an den Rechten hielt, hatte trotzdem etwas Eindrucksvolles.

»Cher Maître«, begann er lächelnden Mundes, mit hartem Akzent, aber ungemein flüssig zu plappern, »comme je suis heureux, comme je suis ému de vous trouver! Même pour un homme gâté, endurci comme moi, c'est toujours une expérience touchante de rencontrer un

231

grand homme. – Enchanté, Monsieur le professeur«, fügte er nebenbei hinzu und reichte mir, da Adrian mich vorstellte, lässig die Hand, worauf er sich gleich wieder an die rechte Adresse wandte.

»Vous maudirez l'intrus, cher Monsieur Leverkühn«, sagte er, indem er den Namen auf der dritten Silbe betonte, so, als würde er Le Vercune geschrieben. »Mais pour moi, étant une fois à Munich, c'était tout à fait impossible de manquer ... Oh, ich spreche auch deutsch«, unterbrach er sich mit derselben, recht angenehm zu hörenden harten Lautbildung. »Nicht gut, nicht musterhaft, aber zur Verständigung ausreichend. Du reste, je suis convaincu, daß Sie das Französische vollkommen beherrschen, – Ihre Kompositionen von Gedichten Verlaines sind der beste Beweis dafür. Mais après tout, wir sind auf deutschem Boden – auf einem wie deutschen, wie heimlichen, wie charaktervollen! Ich bin entzückt von dem Idyll, in das Sie, Maître, weise genug waren, sich einzuschließen ... Mais oui, certainement, setzen wir uns, merci, mille fois merci!«

Er war ein wohl vierzigjähriger fetter Mann, nicht bauchig, aber fett und weich von Gliedern, mit weißen, gepolsterten Händen, glattrasiert, vollgesichtig, mit Doppelkinn, stark gezeichneten, bogenförmigen Brauen und lustigen Mandelaugen voll mittelmeerischen Schmelzes hinter der Hornbrille. Bei gelichtetem Haar hatte er gute, weiße Zähne, die man, da er immer lächelte, immer sah. Gekleidet war er sommerlich elegant, in einen auf Taille gearbeiteten, bläulich gestreiften Flanellanzug, zu dem er Schuhe aus Leinen und gelbem Leder trug. Die Kennzeichnung, die Mutter Schweigestill ihm verliehen, war heiter gerechtfertigt durch die bequeme Sorglosigkeit seiner Manieren, diese erquickliche Leichtigkeit, die, wie

Saul Fitelberg,
Doktor Faustus (1947)

seinem raschen, leicht verwischten, immer ziemlich hoch, zuweilen im Diskant einsetzenden Sprechen, so seinem ganzen Gehaben eigentümlich war und zu der Feistheit seiner Person einen gewissen Widerspruch bildete, während sie sich doch auch wieder harmonisch mit ihr verband. Ich nenne sie erquicklich, diese ihm in Fleisch und Blut übergegangene Leichtigkeit, weil sie einem tatsächlich das komisch-tröstliche Gefühl einflößte, daß man das Leben ganz unnötig schwer nähme. Immer schien sie ausdrücken zu wollen: »Aber warum denn nicht? Was denn weiter? Hat nichts zu sagen! Seien wir vergnügt!« Und unwillkürlich gab man sich Mühe, ihm in dieser Gesinnung zu folgen.

(...)

»Maître«, sagte er, »ich verstehe vollkommen, wie Sie an der stilvollen Abgeschiedenheit hängen müssen, die Sie sich zum Aufenthalt erwählt haben, – o, ich habe alles gesehen, den Hügel, den Teich, das Kirchdorf, et puis, cette maison pleine de dignité avec son hôtesse maternelle et vigoureuse. Madame Schweigestill! Mais ça veut dire: ›Je sais me taire. Silence, silence!‹ Comme c'est charmant! Wie lange leben Sie schon hier? Zehn Jahre? Ununterbrochen? Kaum unterbrochen? C'est étonnant! Oh, sehr begreiflich! Und dennoch, figurez-vous, bin ich gekommen, Sie zu entführen, Sie zu vorübergehender Untreue zu verführen, Sie auf meinem Mantel durch die Lüfte zu führen und Ihnen die Reiche dieser Welt und ihre Herrlichkeit zu zeigen, mehr noch, sie Ihnen zu Füßen zu legen ... Verzeihen Sie meine pompöse Ausdrucksweise! Sie ist wirklich ridiculement exagérée, besonders was die ›Herrlichkeit‹ betrifft. Es ist keineswegs so weit her, – keineswegs eine so aufregende Sache mit dieser Herrlichkeit, – das sage ich, der ich doch kleiner Leute Kind bin, aus sehr bescheidenen, um nicht zu sagen: miesen Verhältnissen stamme, – nämlich aus Ljublin mitten in Polen, von wirklich ganz kleinen jüdischen Eltern, – ich bin Jude, müssen Sie wissen: Fitelberg, das ist ein ausgesprochen mieser, polnisch-deutsch-jüdischer Name, – nur daß ich ihn zu dem Namen eines angesehenen Vorkämpfers avantgardistischer Kultur und, ich kann wohl sagen, eines Freundes großer Künstler gemacht habe. C'est la vérité pure, simple et irréfutable. Der Grund ist, daß ich von jung auf nach dem Höheren, dem Geistigen und Amüsanten gestrebt habe, – nach dem Neuen vor allen Dingen, das noch das Skandalöse ist, aber das ehren- und zukunftsvoll Skandalöse, das morgen das Höchstbezahlte, die große Mode, die Kunst sein wird. A qui le dis-je? Au commencement était le scandale.

Gottlob, das miese Ljublin liegt weit dahinten! Seit mehr als zwanzig Jahren schon lebe ich in Paris, – was glauben Sie, ich habe dort sogar einmal ein ganzes Jahr lang an der Sorbonne philosophische Vorlesungen gehört. Aber à la longue langweilte mich das. Nicht als ob nicht auch die Philosophie skandalös sein könnte. O doch, sie kann es. Aber sie ist mir zu abstrakt. Und dann habe ich das dunkle Gefühl, daß man die Metaphysik lieber in Deutschland studieren sollte. Darin wird mein geehrtes vis-à-vis, der Herr Professor, mir vielleicht recht geben ... Das Nächste war, daß ich ein ganz kleines, exklusives Boulevard-Theater leitete, un creux, une petite caverne für hundert Personen, nommé ›Théâtre des fourberies gracieuses‹. Ist das nicht ein bezaubernder Titel? Aber was wollen Sie, die Sache war ökonomisch nicht haltbar. Die wenigen Plätze mußten so teuer sein, daß wir gezwungen waren, sie alle zu verschenken. Wir waren anstößig genug, je vous assure, aber dabei zu high-brow, wie die Engländer sagen. Mit James Joyce, Picasso, Ezra Pound und der Duchesse de Clermont-Tonnère als Publikum allein kommt man nicht aus. En un mot, die Fourberies gracieuses mußten nach sehr kurzer Spielzeit wieder schließen, aber für mich war das Experiment nicht fruchtlos gewesen, denn es hatte mich immerhin mit den Spitzen des Pariser Kunstlebens, Malern, Musikern, Dichtern, in Verbindung gebracht – in Paris, das darf ich selbst an dieser Stelle wohl sagen, schlägt gegenwärtig der Puls der lebendigen Welt, – es hatte mir auch, in meiner Eigenschaft als Direktor, den Zutritt zu mehreren aristokratischen Salons eröffnet, in denen diese Künstler verkehrten ...

(...)

Enfin, die Beziehungen, die ich den Fourberies verdankte, kamen mir zustatten und vervielfältigten sich noch, als ich dann mein Büro zur Organisation von Aufführungen zeitgenössischer Musik eröffnete. Das Beste war: ich hatte mich selber gefunden, denn wie Sie mich da sehen, bin ich Impresario, bin es von Geblüt, bin es notwendiger Weise, – es ist meine Lust und mein Stolz, j'y trouve ma satisfaction et mes délices, das Talent, das Genie, die interessante Persönlichkeit herauszustellen, die Trommel dafür zu rühren, die Gesellschaft dafür zu begeistern, oder, wenn nicht zu begeistern, so doch zu erregen, – denn das ist alles, wonach sie verlangt, et nous nous rencontrons dans ce désir, – die Gesellschaft will aufgeregt, will herausgefordert, in pro und contra auseinandergesprengt sein, für nichts ist sie so dankbar wie für den amüsanten Tumult, qui fournit le sujet für Zeitungskarikaturen und unendliches Geschwätz, – der Weg zum Ruhm führt in Paris über die Verrufenheit, – eine rechte Première muß so verlaufen, daß mehrmals während des Abends alles von den Plätzen springt und die Majorität brüllt: ›Insulte! Impudence! Bouffonnerie ignominieuse!‹, während sechs, sieben initiès, Erik Satie, einige Surrealisten, Virgil Thomson, aus den Logen rufen: ›Quelle précision! Quel esprit! C'est divin! C'est suprême! Bravo! Bravo!‹

Ich fürchte, Sie zu erschrecken, messieurs, – wenn nicht Maître Le Vercune, so doch vielleicht den Herrn Professor. Aber erstens beeile ich mich hinzuzufügen, daß noch nie ein solcher Konzertabend wirklich vor der Zeit abgebrochen werden mußte, – daran ist im Grunde auch den Allerentrüstetsten nichts gelegen, im Gegenteil, sie wünschen, sich noch wiederholt zu entrüsten, darin besteht der Genuß, den ihnen der Abend bereitet, und übrigens bewährt merkwürdiger Weise die kleine Zahl der Kundigen eine überlegene Autorität. Zweitens aber ist ja keineswegs gesagt, daß es bei jeder Veranstaltung fortgeschrittenen Charakters zugehen muß, wie ich andeutete. Bei genügender publizistischer Vorbereitung, hinreichender Einschüchterung der Dummheit im Voraus, kann man einen durchaus würdigen Verlauf garantieren, und gerade wenn man heute einen Angehörigen der ehemals feindlichen Nationen, einen Deutschen präsentiert, ist auf ein vollkommen höfliches Verhalten des Publikums zu rechnen …

Das ist eben die gesunde Spekulation, auf die mein Vorschlag, meine Einladung sich gründet. Ein Deutscher, un boche qui par son génie appartient au monde et qui marche à la tête du progrès musical! Das ist heutzutage eine extrem pikante Herausforderung an die Neugier, die Vorurteilslosigkeit, den Snobism, die gute Erziehung des

Publikums, – desto pikanter, je weniger dieser Künstler sein nationales Gepräge, sein Deutschtum verleugnet, je mehr er Gelegenheit gibt zu dem Ausruf ›Ah, ça c'est bien allemand, par exemple!‹ Denn das tun Sie, cher Maitre, pourquoi pas le dire? Sie geben diese Gelegenheit auf Schritt und Tritt, – nicht so sehr in Ihren Anfängen, zur Zeit von cette ›Phosphorescence de la mer‹ und Ihrer komischen Oper, aber später von Werk zu Werk immer mehr. Gewiß denken Sie, daß ich vor allem Ihre grimmige Disziplin im Auge habe, et que vous enchaînez votre art dans un système de règles inexorables et néo-classiques, indem Sie sie zwingen, sich in diesen eisernen Fesseln – wenn nicht mit Anmut, so doch mit Geist und Kühnheit zu bewegen. Aber wenn es das ist, was ich meine, so meine ich zugleich mehr als das, indem ich von Ihrer qualité d'Allemand spreche, – ich meine – wie mich ausdrükken? – eine gewisse Viereckigkeit, rhythmische Schwerfälligkeit, Unbeweglichkeit, grossièreté, die altertümlich deutsch sind – en effet, entre nous, man findet sie auch bei Bach. Werden Sie mir meine Kritik übelnehmen? Non, j'en suis sûr! Sie sind zu groß dazu. Ihre Themen – sie bestehen fast durchweg aus geraden Werten, Halben, Vierteln, Achteln; sie sind zwar synkopiert und hinübergebunden, verharren aber gleichwohl in einer oft maschinell arbeitenden, stampfenden, hämmernden Unwendigkeit und Uneleganz. C'est ›boche‹ dans un degré fascinant. Glauben Sie ja nicht, daß ich es tadle! Es ist einfach énormément caractéristique, und in der Serie von Konzerten internationaler Musik, die ich vorbereite, ist diese Note ganz unentbehrlich.

Sehen Sie, da breite ich meinen Zaubermantel aus. Ich werde Sie nach Paris führen, nach Brüssel, Antwerpen, Venedig, Kopenhagen. Man wird Sie mit dem intensivsten

Interesse empfangen. Ich stelle die besten Orchester und Solisten zu Ihrer Verfügung.

(...)

Aber was rede ich viel von der vornehmen Gesellschaft und ihrer Neugier! Ich sehe wohl, daß es mir nicht gelingt, damit Ihre Neugier, cher Maitre, zu entzünden. Wie sollte ich auch? Ich habe gar nicht im Ernst den Versuch gemacht. Was geht Sie die vornehme Gesellschaft an? Entre nous – was geht sie mich an? Geschäftlich – dies und das. Aber innerlich? Nicht so viel. Dieses Milieu, dieses Pfeiffering, und das Zusammensein mit Ihnen, Maître, tragen nicht wenig dazu bei, mir die Gleichgültigkeit, die Geringschätzung bewußt zu machen, die ich jener Welt der Frivolität und Oberflächlichkeit entgegenbringe. Ditesmoi donc: Stammen Sie nicht aus Kaisersaschern an der Saale? Was für eine ernste, würdige Herkunft! Nun, ich, ich nenne Ljublin meinen Geburtsort, – auch eine würdige, altersgraue Stätte, von der man einen Fonds von sévérité ins Leben mitnimmt, un état d'âme solennel et un peu gauche ... Ach, ich bin der Letzte, Ihnen die elegante Gesellschaft preisen zu wollen. Aber Paris wird Ihnen Gelegenheit geben, die interessantesten, stimulierendsten Bekanntschaften zu machen unter Ihren Brüdern in Apoll, Ihren Mitstrebenden und Pairs, Malern, Schriftstellern, Sternen des Balletts, Musikern vor allem. Die Spitzen europäischer Erfahrung und des artistischen Experiments, sie alle sind meine Freunde, und sie sind bereit, die Ihren zu sein, Jean Cocteau, der Dichter, Massine, der Tanzmeister, Manuel de Falla, der Komponist, Les Six, die sechs Größen der neuen Tonkunst, – diese ganze hohe und amüsante Sphäre des Wagnisses und des Affronts, sie wartet nur auf Sie, Sie gehören dazu, sobald Sie nur wollen ...

(...)

Meine Herren, ich bin schrecklich abgekommen. Aber das will sagen: ich bin abgekommen von meinem Vorhaben. Nehmen Sie meine Plauderhaftigkeit als Ausdruck der Tatsache, daß ich auf den Plan verzichtet habe, der mich herführte! Ich habe mich davon überzeugt, daß er undurchführbar ist. Sie werden, Maître, meinen Zaubermantel nicht besteigen. Ich werde Sie nicht als Ihr manager in die Welt führen. Sie lehnen es ab, und das sollte mir eine größere Enttäuschung sein, als es tatsächlich ist. Sincèrement, ich frage mich, ob es überhaupt eine ist. Nach Pfeiffering kommt man vielleicht zu einem praktischen Zweck, – aber dieses ist stets und notwendig von zweitrangiger Bedeutung. Man kommt, selbst wenn man ein Impresario ist, in erster Linie pour saluer un grand homme. Kein sachlicher Fehlschlag kann dies Vergnügen mindern, besonders nicht, wenn ein gut Teil positiver Genugtuung auf dem Grund der Enttäuschung liegt. So ist es, cher Maître, unter anderem bereitet Ihre Unzugänglichkeit mir auch Genugtuung, und zwar vermöge des Verständnisses, der Sympathie, die ich ihr unwillkürlich entgegenbringe. Ich tue es gegen mein Interesse, aber ich tue es, – als Mensch möchte ich sagen, wenn das nicht eine zu weite Kategorie wäre, ich sollte mich spezieller ausdrücken.

Sie wissen wohl garnicht, Maître, wie deutsch Ihre répugnance ist, die sich, wenn Sie mir erlauben, en psychologue zu sprechen, aus Hochmut und Inferioritätsgefühlen charakteristisch zusammensetzt, aus Verachtung und Furcht, – sie ist, möchte ich sagen, das Ressentiment des Ernstes gegen den Salon der Welt. Nun, ich bin Jude, müssen Sie wissen, – Fitelberg, das ist ein eklatant jüdischer Name. Ich habe das Alte Testament im Leibe, und das ist eine nicht weniger ernsthafte Sache, als das Deutschtum – es schafft im Grunde geringe Disposition für die Sphäre der Valse brillante. Zwar ist es ein deutscher Aberglaube, daß es draußen nur Valse brillante gibt und Ernst nur in Deutschland. Und doch, man ist als Jude im Grunde skeptisch gesinnt gegen die Welt, zugunsten des Deutschtums, auf die Gefahr hin natürlich, Fußtritte einzuhandeln für seine Neigung. Deutsch, das heißt ja vor allem: volkstümlich – und wer glaubte einem Juden Volkstümlichkeit? Nicht nur, daß man sie ihm nicht glaubt, – man gibt ihm ein paar über den Schädel, wenn er die Zudringlichkeit hat, sich darin zu versuchen. Wir Juden haben alles zu fürchten vom deutschen Charakter, qui est essentiellement anti-sémitique, – Grund genug für uns natürlich, uns zur Welt zu halten, der wir Unterhaltungen und Sensationen arrangieren, ohne daß das besagte, daß wir Windbeutel oder auf den Kopf gefallen sind. Wir wissen sehr wohl zwischen Gounods Faust und dem von Goethe zu unterscheiden, auch wenn wir französisch sprechen, auch dann …

Meine Herren, ich sage das alles nur aus Verzicht, wir haben geschäftlich ja ausgeredet, ich bin schon so gut wie fort, ich habe den Türgriff schon in der Hand, wir sind ja längst auf den Füßen, ich plaudere nur noch pour prendre congé. Gounods Faust, meine Herren, wer wollte die Nase darüber rümpfen? Ich nicht und Sie nicht, wie ich zu meinem Vergnügen sehe. Eine Perle – une marguerite, voll der entzückendsten musikalischen Erfindungen. Laisse-moi, laisse-moi contempler – bezaubernd! Auch Massenet ist bezaubernd, lui aussi. Besonders reizend muß er als Pädagoge gewesen sein, – als Professor am Conservatoire, man kennt Geschichtchen darüber. Von Anfang an sollten seine Kompositionsschüler zu eigener Produktion angeregt werden, ganz gleich, ob ihr technisches Können ausreichte, einen fehlerlosen Satz zu schreiben. Human, nicht wahr? Deutsch ist es nicht, aber human. Ein Junge kam zu ihm mit einem frisch komponierten Lied, – frisch und von einiger Begabung zeugend. ›Tiens!‹ sagte Massenet. ›Das ist wirklich ganz nett. Höre, du hast doch gewiß eine liebe kleine Freundin. Spiel es der vor, es wird ihr gewiß gefallen, und das Weitere wird sich dann schon finden.‹ Es ist ungewiß, was unter dem ›Weiteren‹ zu verstehen ist, – alles Mögliche wahrscheinlich, die Liebe betreffend und die Kunst. Haben Sie Schüler, Maître? Die hätten es gewiß nicht so gut. Aber Sie haben gleich gar keine. Bruckner hatte welche. Er hatte selbst von frühan mit der Musik und ihren heiligen Schwierigkeiten gerungen, wie Jakob mit dem Engel, und eben das verlangte er von seinen Studenten. Jahre lang mußten die das heilige Handwerk, die Grundelemente der Harmonie und des strengen Satzes üben, bevor ihnen erlaubt war, ein Lied zu singen, und zu einer lieben kleinen Freundin hatte diese Musik-Pädagogik nicht die geringste Beziehung. Man ist ein einfaches, kindliches Gemüt, aber die Musik ist einem die geheimnisvolle Offenbarung höchster Erkenntnisse, ein Gottesdienst, und der musikalische Lehrberuf ein priesterliches Amt …

Comme c'est respectable! Pas précisément humain, mais extrêmement respectable. Sollen wir Juden, die wir ein priesterliches Volk sind, auch wenn wir in Pariser Salons minaudieren, uns nicht zum Deutschtum hingezogen fühlen und uns nicht ironisch stimmen lassen von ihm gegen die Welt und die Kunst für die kleine Freundin? Volkstümlichkeit wäre für uns eine den Pogrom herausfordernde Frechheit. Wir sind international – aber wir sind pro-deutsch, sind es wie niemand sonst in der Welt, schon weil wir garnicht umhinkönnen, die Verwandtschaft der Rolle von Deutschtum und Judentum auf Erden wahrzunehmen. Une analogie frappante! Gleicherweise sind sie verhaßt, verachtet, gefürchtet, beneidet, gleichermaßen befremden sie und sind befremdet. Man spricht vom Zeitalter des Nationalismus. Aber in Wirklichkeit gibt es nur zwei Nationalismen, den deutschen und den jüdischen, und der aller anderen ist Kinderspiel dagegen – wie das Stockfranzosentum eines Anatole France die reine Mondänität ist im Vergleich mit der deutschen Einsamkeit – und dem jüdischen Erwähltheitsdünkel … France – ein nationalistischer nom de guerre. Ein deutscher Schriftsteller könnte sich nicht gut ›Deutschland‹ nennen, so nennt man höchstens ein Kriegsschiff. Er müßte sich mit ›Deutsch‹ begnügen – und da gäbe er sich einen jüdischen Namen, – oh, la, la!

Meine Herren, dies ist nun wirklich der Türgriff, ich bin schon draußen. Ich sage nur eines noch. Die Deutschen sollten es den Juden überlassen, pro-deutsch zu sein. Sie werden sich mit ihrem Nationalismus, ihrem Hochmut, ihrer Unvergleichlichkeitspuschel, ihrem Haß auf Einreihung und Gleichstellung, ihrer Weigerung, sich bei der Welt einführen zu lassen und sich gesellschaftlich anzuschließen, – sie werden sich damit ins Unglück bringen, in ein wahrhaft jüdisches Unglück, je vous le jure. Die Deutschen sollten dem Juden erlauben, den médiateur zu machen zwischen ihnen und der Gesellschaft, den Manager, den Impresario, den Unternehmer des Deutschtums – er ist durchaus der rechte Mann dafür, man sollte ihn nicht an die Luft setzen, er ist international, und er ist pro-deutsch … Mais c'est en vain. Et c'est très dommage! Was rede ich noch? Ich bin längst fort.

Cher Maître, j'etais enchanté. J'ai manqué ma mission, aber ich bin entzückt. Mes respects, Monsieur le professeur. Vous m'avez assisté trop peu, mais je ne vous en veux pas. Mille choses à Madame Schwei-ge-still. Adieu, adieu ...«

Der Teufel

Adrian Leverkühns Vertrag, *Doktor Faustus*

(Aus den geheimen Aufzeichnungen des Komponisten Adrian Leverkühn, die sein Freund, der Erzähler Serenus Zeitblom, gefunden hat …)

Hatte den ganzen Tag, schmerzhafte Creatur, mit dem leidigen Hauptweh im Dunkeln gelegen und mehrmals würgen und speien müssen, wie's bei schweren Anfällen ist, aber gegen den Abend kam Besserung unverhofft und fast plötzlich. Konnte die Suppe behalten, die die Mutter mir brachte (›Poveretto!‹), trank auch wohlgemut ein Glas von dem Roten danach (›Bevi, bevi!‹) und war meiner auf einmal so sicher, daß mir sogar eine Zigarette gönnte. Hätte auch ausgehen können, wie es Tags vorher abgesprochen worden. Dario M. wollt uns einführen drunten im Club der höheren Praenestenser Bürger, uns präsentieren, uns die Räume zeigen, das Billard, das Lesezimmer. Wollten den Guten nicht kränken und hatten ihm zugesagt, – was denn nun ausging an Sch. allein, da ich durch den Anfall entschuldigt. Vom Pranzo weg stapft er ohne mich sauren Mundes an Darios Seite die Gasse hinab zu den Acker-, den Pfahlbürgern, und ich blieb für mich.

Saß allein hier im Saal, nahendt bei den Fenstern, die

mit den Läden vermacht, vor mir die Länge des Raums, bei meiner Lampe und las Kierkegaard über Mozarts Don Juan.

Da fühl ich mich auf den Plotz von schneidender Kälte getroffen, so als säße Einer im winterwarmen Zimmer und auf einmal ginge ein Fenster auf nach außen gegen den Frost. Kam aber nicht von hinter mir, wo die Fenster sind, sondern fällt mich von vorn an. Rucke auf vom Buch und schau in den Saal, sehe, daß wohl Sch. schon zurückgekehrt, denn ich bin nicht mehr allein: Jemand sitzt im Dämmer auf dem Roßhaarsofa, das mit Tisch und Stühlen nahe der Tür ungefähr mitten im Raume steht, wo wir morgens das Frühstück nehmen, – sitzt in der Sofaecke mit übergeschlagenem Bein, aber es ist nicht Sch., ist ein Anderer, kleiner als er, lange so stattlich nicht und überhaupt kein rechter Herr. Aber fortwährend dringt mich die Kälte an.

»Chi è costà!« ist, was ich rufe mit etwas verschnürter Kehle, aufgestützt mit den Händen den Armen des Stuhls, so, daß das Buch mir von den Knieen zu Boden fällt. Antwortet die ruhige, langsame Stimme des anderen, eine gleichsam geschulte Stimme mit angenehmer Nasenresonanz:

»Sprich nur deutsch! Nur fein altdeutsch mit der Sprache heraus, ohn' einige Bemäntelung und Gleißnerei. Ich versteh es. Ist gerad recht meine Lieblingssprache. Manchmal versteh ich überhaupt nur deutsch. Hol dir übrigens den Paletot, auch den Hut und das Plaid. Es geht kalt zu dir. Du wirst schnattern, mag es auch nicht zum Verkühlen sein.«

»Wer sagt Du zu mir?« frage ich aufgebracht.

»Ich«, sagt er. »Ich, mit Gunst. Ach, du meinst, weil du niemandem du sagst, nicht einmal deinem Humoristen, dem Gentleman, außer allein dem Kindgespiel, dem Getreuen, der dich mit Vornamen nennt, du aber nicht ihn? Laß das gut sein. Es ist schon so ein Verhältnis mit uns, zum Du sagen. Wird es nun? Holst du dir etwas Warmes?«

Ich starre ins Halblicht, fasse ihn zornig ins Auge. Ist ein Mann, eher spillerig von Figur, längst nicht so groß wie Sch., aber auch kleiner als ich, – eine Sportmütze übers Ohr gezogen, und auf der andern Seite steht darunter rötlich Haar von der Schläfe hinauf; rötliche Wimpern auch an geröteten Augen, käsig das Gesicht, mit etwas schief abgebogener Nasenspitze; über quer gestreiftem Trikothemd eine karierte Jacke mit zu kurzen Ärmeln, aus denen die plumpfingrigen Hände kommen; widrig knapp sitzende Hose und gelbe, vertragene Schuhe, die man nicht länger putzen kann. Ein Strizzi. Ein Ludewig. Und mit der Stimme, der Artikulation eines Schauspielers.

»Wird es?« wiederholt er.

»Ich wünsche vor allem zu wissen«, sage ich mit bebender Beherrschung, »wer sich herausnimmt, hier einzudringen und bei mir Platz zu nehmen.«

»Vor allem«, wiederholt er. »Vor allem ist gar nicht schlecht. Aber du bist überempfindlich gegen jedweden Besuch, den du für unerwartet achtest und unerwünscht. Ich komme ja nicht, dich zur Gesellschaft zu holen, dich zu beschmeicheln, daß du zum musikalischen Kränzchen stößt. Sondern um die Geschäfte mit dir zu besprechen. Holst du dir deine Sachen? Es ist kein Reden beim Zähneklappern.«

Saß einige Sekunden noch, ohne ihn aus den Augen zu lassen. Und der Frost, von ihm her, dringt mich an, schneidend, daß ich mich schutzlos und bloß fühle davor

Der Teufel, ein Strizzi,
Doktor Faustus (1947)

in meinem leichten Anzug. So ging ich. Stehe tatsächlich auf und geh durch die nächste Tür zur Linken, wo mein Schlafzimmer ist (das andere ist weiterhin an derselben Seite), nehme aus dem Spind den Wintermantel, den ich in Rom trage an Tramontana-Tagen, und der hat mitkommen müssen, denn ich sonst nicht weiß, wo ihn lassen; setz auch den Hut auf, greife das Reiseplaid und kehre, so ausgerüstet, an meinen Platz zurück.

Nach wie vor sitzt er an dem seinen.

»Ihr seid noch da«, sage ich, indem ich den Mantelkragen hochschlage und mir das Plaid um die Kniee schlinge, »selbst nachdem ich gegangen und wiedergekommen? Das wundert mich. Denn nach meiner starken Vermutung seid ihr nicht da.«

»Nicht?« fragt er wie geschult, mit Nasenresonanz. »Wie denn nicht?«

Ich: »Weil es höchst unwahrscheinlich ist, daß Einer sich hier am Abend zu mir setzt, deutsch redend und Kälte lassend, angeblich, um Geschäfte mit mir zu erörtern, von denen ich nichts weiß und nichts wissen will. Viel wahrscheinlicher ist, daß eine Krankheit bei mir im Ausbruch ist und ich den Fieberfrost, gegen den ich mich einhülle, in meiner Benommenheit hinausverlege auf eure Person und euch sehe, nur um in euch seine Quelle zu sehen.«

Er, ruhig und überzeugend wie ein Schauspieler lachend: »Was für ein Unsinn! Was für einen intelligenten Unsinn du redest! Es ist recht, was auf gut altdeutsch Aberwitz heißt. Und so künstlich! Eine gescheite Künstlichkeit, wie aus deiner Oper gestohlen! Aber wir machen hier doch keine Musik, augenblicklich. Außerdem ist es pure Hypochondrie. Bilde dir doch, bitte, keine Schwachheiten ein! Sei ein bißchen stolz und gib nicht gleich deinen fünf Sinnen den Laufpaß! Bei dir ist keine Krankheit im Ausbruch, sondern bist nach dem bißchen Anfall von der besten jugendlichen Gesundheit. Übrigens, pardon, ich möchte nicht taktlos sein, denn was heißt Gesundheit. Aber so, mein Lieber, bricht deine Krankheit nicht aus. Du hast keine Spur von Fieber, und ist gar kein Anlaß, daß du je welches haben solltest.«

Ich: »Ferner, weil ihr mit jedem dritten Wort, das ihr sagt, euere Nichtigkeit bloßstellt. Ihr sagt lauter Dinge, die in mir sind und aus mir kommen, aber nicht aus euch. Ihr äfft den Kumpf nach mit Redensarten und sehet nicht dabei aus, als wäret ihr je in einer Universität, auf einer Hohen Schulen gewesen und hättet neben mir auf dem Affenbänklein gesessen. Ihr sprecht vom armen Gentleman und von dem, dem ich Du sage, sogar von Solchen, die mir Du gesagt haben ganz unverdankt. Und von der Oper sprecht ihr auch noch. Woher solltet ihr denn das alles wissen?«

Er (lacht wieder geübt und kopfschüttelnd, wie über eine köstliche Kinderei): »Woher sollte ich? Aber du siehst doch, daß ich es weiß. Und daraus willst du zu deiner eigenen Unehre schließen, daß du nicht recht siehst? Das heißt doch wirklich alle Logik auf den Kopf stellen, wie man sie auf der Hohen Schulen lernt. Statt aus meiner Informiertheit zu folgern, daß ich nicht leibhaftig bin, solltest du lieber schließen, daß ich nicht nur leibhaftig, sondern auch der bin, für den du mich die ganze Zeit schon hältst.«

Ich: »Und für wen halte ich euch?«

Er (höflich vorwurfsvoll): »Aber geh, das weißt du doch! Solltest dich auch nicht so verquanten, daß du tust, als ob du mich nicht schon lange erwartet hättest. Weißt doch so gut wie ich, daß unser Verhältnis denn doch einmal nach einer Aussprache drängt. Wenn ich bin – und das gibst du nun, denke ich, zu, – so kann ich nur Einer sein. Meinst du mit Wer ich bin: Wie ich heiße? Aber du hast ja all die skurrilen Necknämchen noch von der Hohen Schulen her im Gedächtnis, von deinem ersten Studium her, als du noch nicht die hl. Geschrift vor die Tür und unter die Bank gelegt hattest. Hast sie alle am Schnürchen und magst darunter wählen, – ich habe ja fast nur solche, fast nur Necknämchen, mit denen man mir, so zu reden, mit zwei Fingern unter dem Kinn spielt: Das kommt von meiner kerndeutschen Popularität. Man läßt sie sich ja gefallen, die Popularität, nicht wahr, auch wenn man sie nicht gesucht hat und im Grund überzeugt ist, daß sie auf einem Mißverständnis beruht. Ist immer schmeichelhaft, ist immer wohltuend. Suche dir also, wenn du mich schon nennen willst, obgleich du ja meistens die Leute gar nicht bei Namen nennst, weil du aus Uninteressiertheit ihren Namen nicht weißt, – suche dir unter den bäurischen Zärtlichkeiten eine aus nach Belieben! Nur eine will und mag ich nicht hören, weil sie entschieden eine boshafte Nachrede ist und nicht im geringsten auf mich paßt. Wer mich den Herrn Dicis et non facis nennt, der wohnt in der Fehlhalde. Soll zwar auch ein Fingerspiel sein unterm Kinn, ist aber eine Verleumdung. Ich tue schon, was ich sage, halte aufs Tüpfelchen mein Versprechen, das ist geradezu mein Geschäftsprinzip, ungefähr wie die Juden die verlässigsten Händler sind, und wenns zum Betruge kam, nun, so ist es ja sprichwörtlich, daß immer ich, der an Treu und Redlichkeit glaubt, der Betrogene war ...«

Ich: »Dicis et non es. Ihr wollt wirklich da vor mir in dem Sofa sitzen und von außen her zu mir reden auf gut Kumpfisch, in altdeutschen Brocken? Ausgerechnet hier in Welschland wollt ihr mich visitieren, wo ihr gänzlich aus euerer Zone seid und nicht im geringsten populär? Was für eine absurde Stillosigkeit! In Kaisersaschern hätt ich euch mir gefallen lassen. Zu Wittenberg oder auf der Wartburg, sogar in Leipzig noch wärt ihr mir glaubhaft gewesen. Aber doch hier nicht, unter heidnisch-katholischem Himmel!«

Er (kopfschüttelnd und bekümmert mit der Zunge schnalzend): »T, t, t, immer dieselbe Zweifelsucht, immer derselbe Mangel an Selbstvertrauen! Wenn du den Mut hättest, dir zu sagen: ›Wo ich bin, da ist Kaisersaschern‹, gelt, so stimmte die Sache auf einmal, und der Herr Ästheticus brauchte nicht mehr über Stillosigkeit zu seufzen. Potz Strahl! Du hättest schon recht, so zu sprechen, hast nur eben den Mut nicht dazu oder tust so, als fehlte er dir. Selbstunterschätzung, mein Freund, – und mich unterschätzest du auch, wenn du mich dermaßen einschränkst und willst mich gänzlich zum deutschen Provinzler machen. Ich bin zwar deutsch, kerndeutsch meinetwegen, aber doch eben auf alte, bessere Art, nämlich von Herzen kosmopolitisch. Willst mich hier wegleugnen und bringst die alte deutsche Sehnsucht und den romantischen Wandertrieb garnicht in Anschlag nach dem schönen Lande Italia! Deutsch soll ich sein, aber daß es mich auf einmal auf gut Dürerisch nach der Sonne fröre, das will der Herr mir nicht gönnen, – nicht einmal, wo ich doch außerdem, von der Sonne ganz abgesehen, dringlich schöne Geschäfte hier habe, von wegen einer feinen, erschaffenen Creatur …«

Hier kam ein unaussprechlicher Ekel mich an, so daß ich wild zusammenschauderte. War aber kein rechter Unterscheidt zwischen den Ursachen meines Schauderns; mochte zugleich und in Einem damit auch vor Kälte sein, dann sich der Froststrom von ihm her jäh verschärft hatte, sodaß es mir durch das Manteltuch ins Mark der Knochen schnitt. Unwillig frage ich:

»Könnt ihr denn das Unwesen nicht abstellen, diesen eisigen Zug?!«

Er darauf: »Leider nein. Es tut mir leid, dir hierin nicht gefällig sein zu können. Ich bin nun einmal so kalt. Wie sollte ich's sonst auch aushalten und es wohnlich befinden dort, wo ich wohne?«

Ich, unwillkürlich: »Ihr meint in der Hellen und ihrer Spelunck?«

Er (lacht wie gekitzelt): »Ausgezeichnet! Derb und deutsch und schalkhaft gesagt! Hat ja noch viele hübsche Benennungen, gelehrt-pathetische, die der Herr Ex-Theologus alle kennen, sowie Carcer, Exitium, Confutatio, Pernicies, Condemnatio und so fort. Aber die zutraulich deutschen und humoristischen, ich kann mir nicht helfen, bleiben mir immer die liebsten. Übrigens lassen wir für erst noch den Ort und seine Beschaffenheit! Ich seh' dir's am Gesichte an, daß du im Begriffe bist, mich danach zu fragen. Das steht aber in weitem Felde und ist nicht im Geringsten brennend – du verzeihst mir das Scherzwort, daß es nicht brennend ist! – es hat Zeit damit, reichliche, unabsehbare Zeit, – Zeit ist das Beste und Eigentliche, das wir geben, und unsere Gabe das Stundglas, – ist ja so fein, die Enge, durch die der rote Sand rinnt, so haardünn sein Gerinnsel, nimmt für das Auge gar nicht ab im oberen Hohlraum, nur ganz zuletzt, da scheints schnell zu gehen und schnell gegangen zu sein, – aber das ist so lange hin, bei der Enge, daß es der Rede und des Darandenkens nicht wert ist. Nur eben daß das Stundglas gestellt ist, der Sand immerhin zu rinnen begonnen hat, darüber wollt ich mich gern mit dir, mein Lieber, verständigen.

(...)

Habe dir viel Zeit und Weile gewidmet, das Ding mit dir
durchzureden, – verhoffentlicht erkennst du's an. Bist
aber auch ein attraktiver Fall, das bekenne ich frei. Von
früh an hatten wir ein Auge auf dich, auf deinen ge-
schwinden, hoffärtigen Kopf, dein trefflich ingenium und
memoriam. Da haben sie dich die Gotteswissenschaften
studieren lassen, wie's dein Dünkel sich ausgeheckt, aber
du wolltest dich bald keinen Theologum mehr nennen,
sondern legtest die hl. Geschrift unter die Bank und hiel-
test es ganz hinfort mit den figuris, characteribus und in-
cantationibus der Musik, das gefiel uns nicht wenig. Denn
deine Hoffart verlangte es nach dem Elementarischen,
und du gedachtest es zu gewinnen in der dir gemäßesten
Form dort, wo's als algebraischer Zauber mit stimmiger
Klugheit und Berechnung vermählt und doch zugleich
gegen Vernunft und Nüchternheit allzeit kühnlich gerichtet ist. Wußten wir denn aber nicht, daß du zu gescheit
und kalt und keusch seist fürs Element, und wußten wir
nicht, daß du dich darob ärgertest und dich erbärmlich
ennuyiertest mit deiner schamhaften Gescheitheit? So
richteten wir's dir mit Fleiß, daß du uns in die Arme liefst,
will sagen: meiner Kleinen, der Esmeralda, und daß du
dir's holtest, die Illumination, das Aphrodisiacum des
Hirns, nach dem es dich mit Leib und Seel und Geist so
gar verzweifelt verlangte. Kurzum, zwischen uns
braucht's keinen vierigen Wegscheid im Spesser Wald und
keine Zirkel. Wir sind im Vertrage und im Geschäft, – mit
deinem Blut hast du's bezeugt und dich gegen uns versprochen und bist auf uns getauft – dieser mein Besuch
gilt nur der Konfirmation. Zeit hast du von uns genommen, geniale Zeit, hochtragende Zeit, volle vierundzwan-

zig Jahr ab dato recessi, die setzen wir dir zum Ziel. Sind
die herum und vorüber gelaufen, was nicht abzusehen,
und ist so eine Zeit auch eine Ewigkeit, – so sollst du geholt sein. Herwiderumb wollen wir dir unterweilen in allem untertänig und gehorsam sein, und dir soll die Hölle
frommen, wenn du nur absagst allen, die da leben, allem
himmlischen Heer und allen Menschen, denn das muß
sein.«

Ich (äußerst kalt angeweht): »Wie? Das ist neu. Was
will die Klausel sagen?«

Er: »Absage will sie sagen. Was sonst? Denkst du,
Eifersucht ist nur in den Höhen zuhause und nicht auch
in den Tiefen? Uns bist du, feine, erschaffene Creatur,
versprochen und verlobt. Du darfst nicht lieben.«

Ich (muß wahrlich lachen): »Nicht lieben! Armer Teufel! Willst du dem Ruf deiner Dummheit Ehre machen
und dir selbst ein Schellen anhängen als einer Katzen, daß
du Geschäft und Versprechen gründen willst auf einen so
nachgiebigen, so verfänglichen Begriff wie – Liebe? Will
der Teufel die Lust prohibieren? Wo nicht, so muß er die
Sympathie in Kauf nehmen und sogar die Caritas, sonst
ist er betrogen wie es im Buche steht. Was ich mir zugezo-
gen, und weswegen du willst, ich sei dir versprochen, –
was ist denn die Quelle davon, sag, als die Liebe, wenn
auch die von dir mit Zulassung Gottes vergiftete? Das
Bündnis, worin wir nach deiner Behauptung stehen, hat
ja selbst mit Liebe zu tun, du Dummkopf. Willst, daß
ich's wollte und in den Wald ging, an den vierigen Wegscheid, um Werkes willen. Aber man sagt ja, Werk habe
selbst mit Liebe zu tun.«

Er (durch die Nase lachend): »Do, re, mi! Sei versichert, daß deine psychologischen Finten bei mir nicht
besser verfangen, als die theologischen! Psychologie – daß

Gott erbarm', hältst du's noch mit der? Das ist ja schlechtes, bürgerliches neunzehntes Jahrhundert! Die Epoche ist ihrer jämmerlich satt, bald wird sie das rote Tuch für sie sein, und der wird einfach eins über den Schädel bekommen, der das Leben stört durch Psychologie. Wir leben in Zeiten hinein, mein Lieber, die nicht chikaniert sein wollen von Psychologie … Dies beiseite. Mein Bedingnis war klar und rechtschaffen, bestimmt vom legitimen Eifer der Hölle. Liebe ist dir verboten, insofern sie wärmt. Dein Leben soll kalt sein – darum darfst du keinen Menschen lieben. Was denkst du dir denn? Die Illumination läßt deine Geisteskräfte bis zum Letzten intakt, ja steigert sie zeitweise bis zur hellichten Verzückung, – woran soll es am Ende denn ausgehen, als an der lieben Seele und am werten Gefühlsleben? Eine Gesamterkältung deines Lebens und deines Verhältnisses zu den Menschen liegt in der Natur der Dinge, – vielmehr sie liegt bereits in deiner Natur, wir auferlegen dir beileibe nichts Neues, die Kleinen machen nichts Neues und Fremdes aus dir, sie verstärken und übertreiben nur sinnreich alles, was du bist. Ist etwa die Kälte bei dir nicht vorgebildet, so gut wie das väterliche Hauptwee, aus dem die Schmerzen der kleinen Seejungfrau werden sollen? Kalt wollen wir dich, daß kaum die Flammen der Produktion heiß genug sein sollen, dich darin zu wärmen. In sie wirst du flüchten aus deiner Lebenskälte …«

Ich: »Und aus dem Brande zurück ins Eis. Es ist augenscheinlich die Hölle im Voraus, die ihr mir schon auf Erden bereitet.«

Er: »Es ist das extravagante Dasein, das einzige, das einem stolzen Sinn genügt. Dein Hochmut wird es wahrlich nie mit einem lauen vertauschen wollen. Schlägst du mir's dar? Eine werkgefüllte Ewigkeit von Menschenleben lang sollst du's genießen. Lief das Stundglas aus, will ich gut Macht haben, mit der feinen geschaffenen Creatur nach meiner Art und Weise und nach meinem Gefallen zu schalten und walten, zu führen und zu regieren, – mit allem, es sei Leib, Seel, Fleisch, Blut und Gut in alle Ewigkeit …«

Da war er wieder, der unbändige Ekel, der mich schon einmal vorher gepackt, und der mich schüttelte, zusammen mit der gletscherhaft verstärkten Welle von Frost, die wieder von dem knapp behosten Mannsluder auf mich eindrang.

Sextus Anicius Probus

Habetis Papam: *Der Erwählte*

Nach so vielen Jahren starb, wie ich las, in dem berühmten und trümmerreichen Rom jener, der dort als Folger des Apostelfürsten und Vikar Christi gewaltet, die dreifache Krone getragen und mit dem Hirtenstabe die Völker geweidet hatte. Aus seinem Tode aber und aus der brennenden Frage, wer nach ihm den heiligen Sitz einnehmen und die Macht, zu lösen und zu binden, ererben sollte, entspannen sich große und blutige Streitigkeiten, welche Gott nicht schlichten zu wollen schien. Denn sein Geist senkte sich nicht vereinigend auf die Kurie von Geistlichen, Adel und Bürgerschaft herab, sondern ein Schisma spaltete das Volk, und zwei feindliche Fraktionen, von denen jede ihren Anwärter auf den Thron der Welt als den einzig Würdigen ausrief, standen in heftiger Erregung gegeneinander. Die eine wollte einen gewissen Presbyter vornehmer Herkunft namens Symmachus zum Papst, die andere den sehr beleibten Archidiakonus Eulalius, der ebenso wie Symmachus vor Ehrbegier zitterte.

Der Heilige Geist hatte an der Aufstellung keines von beiden irgendwelchen Anteil, sie war bloßes Menschenwerk, und mit Beschämung muß ich gestehen, daß Bestechung mit Gold dabei einschlägig und parteiliches Machtstreben die Triebfeder von allem war. Darum ließ sich das Göttliche auch nicht erleuchtend und entscheidend auf die Wählerschaft nieder, sondern diese lief in streitbarer Wut auseinander, die Parteien bewaffneten sich, und ein wilder Stadtkrieg brach aus, der auf Plätzen, Straßen und leider auch in den Kirchen geführt wurde, und bei dem die Türme der Brücken sowohl wie aufgehöhte und ausgebaute Denkmäler der Alten als Festungen und Verschanzungen dienten. Ich sage euch, es war eine große Schande.

(...)

Nun lebte in Rom ein frommer Mann aus altem Geschlecht, das früher als die meisten das Kristentum angenommen hatte: Sextus Anicius Probus, schon betagt, über fünfzig, und ebenso reich an Gütern wie an öffentlichen Ehren. Zusammen mit seiner Gemahlin Faltonia Proba bewohnte er den Palast seiner Väter, die alle Konsuln, Präfekten und Senatoren gewesen waren; ein gewaltig großes, mehrere Millien bedeckendes Anwesen in der fünften Region, an der Via Lata, das dreihundertundsechzig Zimmer und Hallen, eine Pferderennbahn sowie marmorne Thermen einschloß und von weiten Gärten umgeben war. Die Bäder waren nicht länger mit Wasser gespeist, das Hippodrom auch längst außer Gebrauch und die meisten der dreihundertsechzig Räume leer und in verwahrlostem Zustande, – nicht weil es dem Besitzer an Mitteln und dienenden Händen gefehlt hätte, die sämtlich wohl zu unterhalten, sondern weil seinen Augen Verfall, Zerrüttung und das Hinsinken des sehr Großen unter der Wucht seiner eigenen Größe als das Zeitgerechte, Notwendige und Gottgewollte erschien. Zwar fehlte es in den wenigen Gemächern, die er mit seiner Ehefrau bewohnte, nicht an schöner Behaglichkeit, weder an Ruhelagern, die mit kostbaren Stoffen des Morgenlandes bedeckt waren, noch an Geräten in Goldschnitzerei, Sesseln von antiker Gestalt, bronzenen Kandelabern und Schreinen, worin edle Vasen, goldene Becher und rosige Trinkmuscheln standen. Aber diese Zimmergruppe war eine Insel der Wohnlichkeit, umgeben von weitläufiger Wüstenei, von Höfen mit teilweise eingestürzten Säulenordnungen und Brunnen, deren Figurenschmuck zerbrochen am Boden lag, und von veröderten Sälen mit schadhaften Mosaikböden, wo die Goldtapeten zerrissen von den Wänden hingen und die Verkleidungen aus feinem Silberblech zerbeult davon abstanden. So waren Probus und Proba es gewohnt und fanden es angemessen.

Auch die Gärten, in welche der Palast eingebettet lag, waren verwildert und verwachsen bis zur Undurchdringlichkeit, aber desto lauschigere Plätze gab es darin, zu denen man sich zwischen wucherndem Buschwerk und von Schlinggewächsen halb erstickten Bäumen durchschlagen mochte, und besonders liebte der Anicier eine von Lorbeergebüsch dicht umdrängte Marmorbank mit Pansköpfen, von der man, vorbei an einer von ihrem Sockel gefallenen Amor-Statue reizenden Leibes, mit Pfeil und Bogen und ohne Kopf, auf eine kleine, in buntem Unkraut stehende Wiesenfreiheit blickte. Dort saß der würdige Mann, bekümmert, wie er war, über die Verwaistheit der Kirche und die allgemeine Ratlosigkeit, an einem schon sommerlich warmen Apriltage nach dem Speisen. Am Morgen hatte er in der seinem Palaste nahe gelegenen Basilika der Apostel Philippus und Jakobus sich mit Inbrunst an den allgemeinen Gebeten beteiligt. Jetzt mochte er wohl im Duft des erwärmten Lorbeers eingeschlummert sein; denn er hatte ein Traumgesicht, das ihn

Sextus Anicius Probus,
Der Erwählte (1951)

jedoch nicht von seiner Stätte entführte, sondern wo er saß, da sah und hörte er, was ihn aufs tiefste bewegte, so daß man eher als von einem Traum von einer Vision und Offenbarung zu sprechen genötigt ist.

Vor ihm im Klee der Wiese stand ein blutendes Lamm und redete zu ihm. Es blutete aus der Seite, tat sein ergreifendes Lammesmaul auf und sprach mit zitternder, aber überaus süß zu Gemüte gehender Stimme:

»Probe, Probe, höre mich! Großes will ich dir verkünden.«

Dem Probus schossen die Tränen in die Augen bei des Lammes Stimme, und sein Herz füllte sich mit Liebe zum Überströmen.

»Du Lamm Gottes«, sagte er, »gewiß, ich höre! Mit ganzer Seele höre ich, aber du blutest, dein Blut färbt dein sanftes Vlies und rinnt in den Klee. Kann ich nicht etwas für dich tun, deine Wunde waschen und sie mit Balsam pflegen? Innig verlangt mich nach solchem Liebesdienst.«

»Laß das gut sein«, sprach das Lamm. »Es ist sehr notwendig, daß ich blute. Höre du, was ich dir zu verkünden habe! Habetis Papam. Ein Papst ist euch erwählt.«

»Teures Lamm«, antwortete Probus im Traum oder in der Entrückung, »wie das? Symmachus und Eulalius sind beide tot, die Kirche ist ohne Haupt, die Menschheit entbehrt des Richters, und der Stuhl der Welt steht leer. Wie soll ich deine lieben Worte verstehen?«

»Wie sie lauten«, sagte das Lamm. »Euer Gebet ist erhört und die Wahl geschehen. Du aber bist erwählt, es zuerst zu vernehmen und deine Maßregeln danach zu treffen. Glaube nur! Der Erwählte muß auch glauben, so schwer es ihm fallen möge. Denn alle Erwählung ist schwer zu fassen und der Vernunft nicht zugänglich.«

»Ich bete an«, sprach Probus, schluchzend ob der rüh-

renden Süßigkeit der Stimme des Lammes, und sank vor
der Bank auf die Knie. »Laß mich vernehmen: Wie heißt
er?«

»Gregorius«, antwortete das Lamm.

»Gregorius«, wiederholte der alte Mann überwältigt.
»Da ich es höre, ist mir, als ob er gar nicht anders heißen
könnte, geliebtes Lamm. Willst du mich in deiner Güte
auch wissen lassen, wo er ist?«

»Fern von hier«, erwiderte das Lamm. »Und du bist er-
sehen, ihn einzuholen. Auf, Probe! Suche ihn von Land
zu Land in der Kristenheit und laß dich keine Mühen der
Reise gereuen, sie führe nun hoch über öde Gebirgspässe
oder über reißende Flüsse. Auf einem wilden Stein sitzt
der Erwählte ganz allein seit vollen siebzehn Jahren. Suche und hole ihn, denn ihm gehört der Stuhl.«

»Ich will suchen mit allen meinen Kräften«, versicherte
Probus. »Aber, rührendes Lamm, die Kristenheit ist so
weit und groß. Muß ich sie ganz durchforschen, bis ich
auf den Stein stoße, den der Erwählte einnimmt? In meiner Menschenschwäche zage ich vor der Sendung.«

»Wer da sucht, der wird finden«, sagte das Lamm mit
besonders zu Herzen gehender Stimme, und auf einmal
mischte sich in den bitteren Duft des Lorbeers, worin der
Römer gesessen hatte, Rosenduft, so stark und lieblich,
daß man nur ihn noch wahrnahm. Denn jeder Blutstrop-
fen, der aus des Lammes Wunde und von seinem lockigen
Fell zu Boden rann, verwandelte sich dort in eine voll er-
blühte rote Rose, deren es bald sehr viele waren.

»Übersteige mutig die Alpen«, fuhr das Lamm, in den
Rosen stehend, zu reden fort. »Ziehe durchs Alamannen-
land, ohne dich etwa von dem berühmten Sankt Gallen
verlocken zu lassen, dort zu säumen, und richte dich weiter gen Abend und Mitternacht, gegen das Nordmeer.

Kommst du in ein Land, das an dieses grenzt und fünf Jahre lang mit Krieg überzogen war, von dem eine festhaltende Hand es befreite, so bist du recht. Wende dich gegen seine Hügel und Berge, Wälder, Wildnisse und Einöden. In einer solchen kehre ein, in dem Haus eines Fischers auf dem Wert eines Sees. Bei ihm wirst du Weisung empfangen. Du hast gehört. Glaube und gehorche!«

Damit verschwand das Lamm nebst den Rosen seines Blutes; Probus aber fand sich noch immer mit gefalteten Händen vor der Bank mit den Pansköpfen kniend, die Wangen naß von Tränen, die die süße Stimme des Lammes und die ergreifenden Bewegungen seines Maules beim Sprechen ihm entlockt hatten. Er spürte mit der Nase in der Luft nach einem Rest von Rosenduft, und wirklich schien ihm für kurze Zeit noch eine Spur davon vorhanden, überwogen und bald gänzlich verdrängt allerdings vom Geruch des Lorbeers.

»Was ist mir da geschehen?« fragte er sich. »Es war eine Vision – die erste, die mir je zuteil wurde, denn es liegt sonst gar nicht in meiner Art. Faltonia pflegt mich einen trockenen Mann zu nennen, und es ist wahr: sie ist weit geistvoller als ich und studiert mit philosophischer Kühnheit den Origines, obgleich seine Theorien verdammt worden sind. Aber etwas Derartiges wie mir soeben ist ihr nie zugestoßen. Der Rosenduft ist nun ganz entschwunden, aber mein Herz wallt immer noch über von Liebe zu dem Lamm, und ich kann nicht zweifeln, daß es mir die Wahrheit verkündet hat, und daß uns wirklich ein Papst erwählt ist, den ich suchen soll. Gleich muß ich Faltonien alles erzählen, erstens damit sie sieht, welcher außerordentlicher Erlebnisse meine Seele fähig ist, und zweitens, um ihre Meinung zu hören über die praktischen Folgerungen, die ich aus dem Vernommenen zu ziehen habe.«

Damit machte er sich auf von seinen Knien und eilte so rasch, wie ein über Fünfzigjähriger sich noch bewegen mag, dem Palaste zu, wo er in einem der zehn oder zwölf wohnlichen Gemächer seine Gattin fand, wie sie der starkgeistigen Beschäftigung oblag, den Origines zu exzerpieren. Mit Erstaunen gewahrte die Matrone seine große Bewegung und hörte aufmerksam seinem überstürzten Berichte zu, den er mit vielen »Denke dir!«, »Stelle dir vor!« und »Achte wohl!« versah.

»Sextus«, sagte sie schließlich, »das scheint in der Tat bemerkenswert. Du bist ein eher trockener Mann, und wenn dir plötzlich ein solches Gesicht widerfährt, so kommt ihm möglicherweise ernste Bedeutung zu. Das Rosenblut ist poetisch, und aus dir selbst bringst du keine Poesie hervor; sie muß außerhalb deiner Persönlichkeit ihren Ursprung haben. Andererseits würde ich es für gewagt ansehen, wenn du so ohne weiteres den Eingebungen deiner Einsamkeit folgtest und bei deinen Jahren dich in das Abenteuer einer Reise zu den Kimmeriern stürztest, die ewig in Nacht und Dunkel tappen. Du bist zum Glauben ermahnt worden, aber es ist gewagt, allein zu glauben, und Handlungen, welche auf Grund eines ganz einsamen und persönlichen Glaubens geschehen, fallen leicht ins Närrische. Auch könntest du dich ohne die Zustimmung der Öffentlichkeit gar nicht auf die Suche nach dem Erwählten machen und ihn herbeiführen, wenn du ihn finden solltest. Werden aber deine Mitbürger dem, was sie die Ausgeburt eines Nachmittagsschläfchens nennen mögen, genügend Wichtigkeit beimessen, um dich mit der Reise zu beauftragen?«

»Ich bezweifle es selbst, Faltonia. Aber ich gestehe, daß ich mehr von dir erhofft hatte als eine kritische Analyse meiner Lage, nämlich einen Rat.«

»Du hast unrecht, Probus, einen solchen von mir zu erwarten. Es handelt sich um eine kirchliche Angelegenheit, sogar um die alleroberste, und du weißt, daß in der Kirche das Weib schweigen soll. Ob es nicht besser stünde um die Kirche, wenn verständige Frauen darin ein Wort mitzureden hätten, das wollen wir allerdings dahingestellt sein lassen.«

»Deine Bitterkeit betrübt mich, Faltonia. Es ist aber wohl so, daß deine Gewohnheit, bei der theoretischen Zergliederung der Dinge stehenzubleiben, dich zu einem Ratschluß nicht kommen läßt, und daß du dich darum hinter das Schweigegebot für Frauen in kirchlichen Fragen zurückziehst.«

»Sehr scharfsinnig. Es scheint, lieber Sextus, daß du heute den ganzen Tag über deine Verhältnisse lebst. Und dabei versäumst du, des Einfachsten und Nächstliegenden zu gedenken, das anzuregen ich längst im Begriffe bin, indem ich die dem Weibe gebührende Zurückhaltung mit gutem Rat verbinde. Unterrede dich über dein Erlebnis mit deinem Freunde Liberius. Er, als hoher Kleriker, dessen Charakter und Intelligenz ich anerkenne, obgleich er die Lehren des Origines verwirft und eine kristliche Philosophie nicht für Kristentum erachtet, ist durchaus der Mann, sich in deine Lage zu versetzen und dir zu sagen, wie er selbst sich in derselben verhalten würde.«

Dieser Vorschlag leuchtete dem Probus sogleich als gut und richtig ein. Der Mann, von dem Faltonia sprach, Liberius, war Kardinal-Presbyter von Sancta Anastasia sub Palatio, ein hoch angesehener Prälat, sogar dem Gremium angehörig, dem während der Sedisvakanz die Verwaltung der Kirche oblag, und wirklich dem Probus in alter Freundschaft verbunden. Der Gedanke, sich ihm zu eröffnen, war dem Heimgesuchten wohltätig und willkommen.

»Faltonia«, sagte er, »du hast vortrefflich gesprochen. Verzeih, daß ich mich, indem ich dich in deinen Studien unterbrach, zuerst an dich wandte! Auf keinen Fall kann ich es bereuen, denn wenn du mir eigentlichen Rat auch vorenthieltest, so hast du mir doch den besten Weg gezeigt, ihn zu erlangen. Sogleich will ich mich zu Liberius tragen lassen.«

Nach diesen Worten schlug er mit dem Klöppel gegen eine bronzene Dröhnscheibe und gab den eintretenden Dienern Befehl, in Eile seine Sänfte zu rüsten. Er bestieg sie in einem der Höfe mit den hinfälligen Säulenordnungen, indem er die Träger zu rascher Gangart ermahnte. In einem knieweichen Trabe, um die Sänfte so wenig wie möglich zu erschüttern, trugen sie ihn durch das berühmte Rom, dessen Gassen sich zwischen ungeheueren, halb in Schutt liegenden Ruinen von Prachtbauten anderer Zeiten hindurchwanden, und wo überall die Marmorstatuen von Kaisern, Göttern und großen Bürgern verstümmelt herumlagen und darauf warteten, in die Kalkgrube geworfen zu werden, daß man Mörtel aus ihnen brenne. Vor dem gedeckten Tragstuhl und seinen vier Trägern liefen noch zwei Diener her, denen es oblag, der Sänfte des Patriziers mit Rufen und Gebärden freie Bahn durch das Straßenvolk zu schaffen. Sie waren jedoch angewiesen, es nicht auf herrische Weise, sondern eher auf eine flehende, beschwörende zu tun.

Anna von Tümmler

Töchterliche Freundin für *Die Betrogene*

Im Frühling geboren, ein Maienkind, hatte Rosalie ihr
fünfzigstes Wiegenfest mit ihren Kindern und zehn oder
zwölf Hausfreunden, Damen und Herren, an blumenbe-
streuter Tafel in einem mit bunten Lampions geschmück-
ten Wirtsgarten vor der Stadt bei Gläserklang und teils
gemütvollen, teils scherzhaften Toastsprüchen begangen
und war fröhlich gewesen mit den Fröhlichen – nicht ganz
ohne Anstrengung; denn seit längerem schon, und so gerade an diesem Abend, litt ihr Wohlbefinden unter orga-
nisch-kritischen Vorgängen ihrer Jahre, dem stockenden,
bei ihr unter seelischen Widerständen sich vollziehenden
Erlöschen ihrer physischen Weiblichkeit. Es schuf ihr
ängstliche Wallungen, Unruhe des Herzens, Kopfweh,
Tage der Schwermut und einer Reizbarkeit, die ihr auch
an jenem Festabend einige der zu ihren Ehren gehaltenen
launigen Herrenreden als unleidlich dumm hatten erscheinen lassen. Sie hatte deswegen leicht verzweifelte
Blicke mit ihrer Tochter getauscht, bei der es, wie sie
wußte, keiner besonderen Disposition zur Unduldsam-
keit bedurfte, um dergleichen Bowlenhumor peinlich zu
finden.
Sie stand auf sehr herzlichem, vertrautem Fuß mit die-

sem Kinde, das ihr, dem Sohne an Jahren so weit voran, zu einer Freundin geworden war, vor der sie auch mit den Nöten ihres Übergangszustandes nicht schweigsam zurückhielt. Anna, jetzt neunundzwanzig, bald dreißig schon, war unverheiratet geblieben, was Rosalie aus einfachem Egoismus, weil sie die Tochter lieber als Hausgenossin und Lebensgefährtin behielt, als sie einem Manne abzutreten, nicht ungern sah. Höher gewachsen als ihre Mutter, hatte Fräulein von Tümmler dieselben kastanienfarbenen Augen wie jene, – und dieselben doch nicht, da ihnen die naive Lebendigkeit der mütterlichen fehlte, ihr Blick vielmehr von sinnender Kühle war. Anna war mit einem Klumpfuß geboren, der, in ihrer Kindheit einmal ohne nachhaltigen Erfolg operiert, sie immer von Tanz und Sport, eigentlich von aller Teilnahme an jugendlichem Leben ausgeschlossen hatte. Eine ungewöhnliche Intelligenz, in der Anlage gegeben, verstärkt durch die Benachteiligung, mußte aufkommen für das Versagte. Sie hatte mit Leichtigkeit, bei nur zwei oder drei privaten Unterrichtsstunden am Tage, das Gymnasium absolviert, die Reifeprüfung bestanden, dann aber keine Wissenschaft weiter verfolgt, sondern sich der bildenden Kunst, zunächst der Plastik, hierauf der Malerei zugewandt und dabei schon als Schülerin eine höchst geistige, die bloße Naturnachahmung verschmähende, den Sinneseindruck ins streng Gedankliche, abstrakt Symbolische, oft ins kubisch Mathematische transfigurierende Richtung eingeschlagen. Frau von Tümmler betrachtete die Bilder ihrer Tochter, in denen sich das Hochentwickelte dem Primitiven, das Dekorative dem Tiefsinnigen, ein sehr verfeinerter Sinn für Farbenkombinationen dem Asketischen der Gestaltung vereinte, mit betrübter Hochachtung.

»Bedeutend, sicher bedeutend, liebes Kind«, sagte sie.

Anna von Tümmler,
Die Betrogene (1953)

»Professor Zumsteg wird es schätzen. Er hat dich in dieser Malweise bestärkt und hat das Auge und den Verstand dafür. Man muß das Auge und den Verstand dafür haben. Wie nennst du es?«

»Bäume im Abendwind.«

»Das gibt doch einen Wink dafür, wohin deine Absichten gingen. Sollten diese Kegel und Kreise auf grau-gelbem Grunde die Bäume – und diese eigentümliche Linie, die sich spiralförmig aufwickelt, den Abendwind vorstellen? Interessant, Anna, interessant. Aber guter Gott, mein Kind, die liebe Natur, was macht ihr aus ihr! Wolltest du doch ein einziges Mal dem Gemüt etwas bieten mit deiner Kunst, etwas fürs Herz malen, ein schönes Blumenstilleben, einen frischen Fliederstrauß, so anschaulich, daß man seinen entzückenden Duft zu spüren meinte, bei der Vase aber stünden ein paar zierliche Meißener Porzellanfiguren, ein Herr, der einer Dame eine Kußhand zuwirft, und alles müßte sich in der glänzend polierten Tischplatte spiegeln ...«

»Halt, halt, Mama! Du hast ja eine ausschweifende Phantasie. Aber so kann man doch nicht mehr malen!«

»Anna, du wirst mir nicht einreden wollen, daß du etwas Herzerquickendes dieser Art nicht malen könntest, bei deiner Begabung.«

»Du mißverstehst mich, Mama. Es handelt sich nicht darum, ob ich es könnte. Man kann es nicht. Der Stand von Zeit und Kunst läßt es nicht mehr zu.«

»Desto trauriger für Zeit und Kunst! Nein, verzeih, mein Kind, ich wollte das nicht so sagen. Wenn es das fortschreitende Leben ist, das es verhindert, so ist keine Trauer am Platze. Im Gegenteil wäre es traurig, hinter ihm zurückzubleiben. Ich verstehe das vollkommen. Und ich verstehe auch, daß Genie dazu gehört, sich eine so vielsagende Linie wie deine da auszudenken. Mir sagt sie nichts, aber ich sehe ihr deutlich an, daß sie vielsagend ist.«

Anna küßte ihre Mutter, indem sie die Palette und den nassen Pinsel in ihren Händen weit von ihr abhielt. Und Rosalie küßte sie auch, in der Seele froh darüber, daß die Tochter in ihrem zwar abgezogenen und, wie ihr schien, abtötenden, aber doch handwerklich-praktischen Tun, im Malerkittel, Trost und Ausgleich fand für vielen Verzicht.

Wie sehr ein hinkender Gang dem anderen Geschlecht die sinnliche Teilnahme an einer Mädchenerscheinung verkümmert, hatte Fräulein von Tümmler früh erfahren und sich dagegen mit einem Stolz gewappnet, der nun wieder, wie es so geht, in Fällen, wo trotz ihrem Gebrechen die Neigung eines jungen Mannes sich ihr hatte zuwenden wollen, sie durch kalt abweisenden Unglauben entmutigt und im Keim erstickt hatte. Einmal, bald nach vollzogenem Aufenthaltswechsel, hatte sie geliebt – und sich ihrer Leidenschaft qualvoll geschämt, da sie der körperlichen Schönheit des jungen Mannes galt, eines Chemikers von Ausbildung, nach dessen Sinn es gewesen war, die Wissenschaft möglichst bald zu Gelde zu machen, so daß er es nach Ablegung des Doktorexamens schnell zu einer ansehnlich-einträglichen Position in einer Düsseldorfer chemischen Fabrik gebracht hatte. Seine bräunliche Mannespracht, bei einem offenen, auch die Männer gewinnenden Wesen und soviel Tüchtigkeit, war Gegenstand der Schwärmerei aller Mädchen und Frauen der Gesellschaft, der Verhimmelung durch Gänse und Puten; und Annas schnödes Leid war es nun gewesen, zu schmachten, wo alle schmachteten, und sich durch ihre Sinne zu einem Allerweltsgefühl verurteilt zu finden, für dessen Tiefe sie vor sich selbst vergebens um Eigenwürde kämpfte.

Übrigens unterhielt Dr. Brünner (so hieß der Herrliche), gerade weil er sich als praktischen Streber kannte, eine gewisse korrigierende Neigung zum Höheren und Aparten und bemühte sich eine Zeitlang unverhohlen um Fräulein von Tümmler, plauderte in Gesellschaft mit ihr über Literatur und Kunst, raunte ihr mit seiner einschmeichelnden Stimme abschätzig-mokante Bemerkungen zu über diese und jene seiner Verehrerinnen und schien einen Bund mit ihr schließen zu wollen gegen die ihn lüstern belästigende, durch kein Gebrechen verfeinerte Durchschnittlichkeit. Wie es um sie selber stand, und welche qualvolle Beglückung er ihr durch die Verspottung anderer Frauen bereitete, davon schien er keine Ahnung zu haben, sondern nur Schutz zu suchen und zu finden in ihrer intelligenten Nähe vor den Beschwernissen verliebter Nachstellung, deren Opfer er war, und um ihre Achtung zu werben eben dafür, daß er Wert legte auf diese Achtung. Die Versuchung, sie ihm zu gewähren, war groß und tief gewesen für Anna, obgleich sie wußte, daß ihr nur daran lag, ihre Schwäche für seinen Mannesreiz damit zu beschönigen. Zu ihrem süßen Entsetzen hatte sein Werben angefangen, nach wirklicher Werbung, nach Wahl und Antrag auszusehen, und Anna mußte sich immer gestehen, daß sie ihn rettungslos geheiratet hätte, wenn es zum entscheidenden Wort gekommen wäre. Dieses blieb aber aus. Ihn sich hinwegsetzen zu lassen über ihren Körperschaden und dazu noch über ihre bescheidene Mitgift, hatte sein Ehrgeiz nach dem Höheren nicht zugereicht. Er hatte sich bald von ihr gelöst und eine reiche Fabrikantentochter aus Bochum geehelicht, in deren Stadt und väterliches Chemikaliengeschäft er denn auch zum Jammer der Düsseldorfer Frauenwelt und zu Annas Erleichterung verzogen war.

Rosalie wußte von diesem schmerzlichen Erlebnis ihrer Tochter und hätte davon gewußt, auch wenn diese damals nicht eines Tages, in einer Anwandlung hemmungsloser Ergießung, an ihrem Busen über das, was sie ihre Schmach nannte, bittere Tränen vergossen hätte. Frau von Tümmler besaß, obgleich sonst nicht sehr klug, einen ungewöhnlichen, nicht etwa boshaften, sondern rein sympathetischen Scharfblick für alles weibliche Leben, das seelische und das physische, für alles, was die Natur dem Weibe auferlegt hat, so daß ihr in ihrem Kreise nicht leicht ein Vorgang und Zustand dieses Bezirks entging. Sie erkannte an einem vermeintlich unbeobachteten Vorsichhinlächeln, einem Erröten oder einem Aufglänzen der Augen, welches Mädchen für welchen jungen Mann eingenommen war und berichtete der vertrauten Tochter, die nichts davon wußte und kaum davon wissen wollte, über ihre Wahrnehmungen. Instinktweise, zu ihrem Vergnügen oder Bedauern, war ihr bekannt, ob eine Frau in ihrer Ehe Zufriedenstellung fand oder es daran fehlte. Eine Schwangerschaft stellte sie mit Sicherheit im alleranfänglichsten Stadium fest, wobei sie, wohl weil es sich um Erfreulich-Natürliches handelte, in den Dialekt fiel und sagte: »Da is wat am kommen.« Es freute sie, zu sehen, daß Anna dem jungen Bruder, der die oberen Gymnasialklassen besuchte, gern bei seinen Schulaufgaben half; denn, vermöge einer so naiven wie treffenden psychologischen Gewitztheit erriet sie die Genugtuung, die dieser überlegene Dienst am Männlichen der Verschmähten bewußt oder unbewußt bereitete.

Man kann nicht sagen, daß sie an dem Sohn, einem lang aufgeschossenen Rotkopf, der dem verstorbenen Vater ähnlich sah und übrigens für die humanistischen Studien wenig veranlagt war, sondern vielmehr von Brücken- und Wegebau träumte und Ingenieur werden wollte, besonderen Anteil genommen hätte. Eine kühle, nur obenhin und mehr der Form wegen sich erkundigende Freundlichkeit war alles, was sie ihm entgegenbrachte. Der Tochter dagegen, der hing sie an, ihrer einzigen wirklichen Freundin. Bei Annas Verschlossenheit hätte man das Vertrauensverhältnis zwischen den beiden einseitig nennen können, wenn nicht die Mutter ohnehin alles von ihres gehemmten Kindes Seelenleben, der stolzen und bitteren Resignation dieser Seele gewußt und daraus das Recht und die Schuldigkeit abgeleitet hätte, sich ihr ebenfalls rückhaltlos aufzuschließen.

Ohne Empfindlichkeit, mit gutem Humor, nahm sie dabei so manches liebevoll-nachsichtige, auch wehmütig-spöttische, sogar etwas gepeinigte Lächeln der töchterlichen Freundin in den Kauf und ließ sich, selbst gütig, gern gütig behandeln, zum Lachen bereit über die eigene Herzenseinfalt, die sie ja doch für das Glücklich-Rechte hielt, so daß sie zugleich über sich selbst und über Annas verzogene Miene lachte. So war es oft, besonders wenn sie ihrer Naturinnigkeit die Zügel schießen ließ, für die sie das geistige Mädchen immerfort zu gewinnen trachtete.

Felix Schimmelpreester

Pate des *Felix Krull*

Jetzt werde ich von meinem Paten Schimmelpreester sprechen, einem nicht alltäglichen Manne. Um seine Person
zu beschreiben, so war er untersetzt von Gestalt und trug
sein früh ergrautes und gelichtetes Haar dicht über dem
einen Ohr gescheitelt, so daß es fast gänzlich nach einer
Seite über den Schädel gestrichen war. Sein rasiertes Gesicht mit der hakenförmigen Nase, den gekniffenen Lippen und den übergroßen, kreisrunden und in Zelluloid
gefaßten Brillengläsern zeichnete sich noch besonders dadurch aus, daß es über den Augen nackt, das heißt ohne
Brauen war, und zeugte im ganzen von einer scharfen und
bitteren Sinnesart, wie denn zum Beispiel mein Pate seinem Namen eine sonderbar hypochondrische Deutung
zu geben pflegte. »Die Natur«, sagte er, »ist nichts als
Fäulnis und Schimmel, und ich bin zu ihrem Priester bestellt, darum heiße ich Schimmelpreester. Warum ich aber
Felix heiße, das weiß Gott allein.« Er stammte aus Köln,
wo er ehemals in den ersten Häusern verkehrt und als
Festordner im Karneval eine hervorragende Rolle gespielt
hatte. Aber durch irgendwelche Umstände oder Vor-
kommnisse, die niemals aufgeklärt wurden, war er genötigt worden, das Feld zu räumen, und hatte sich in unser

Städtchen zurückgezogen, wo er sehr bald, schon mehrere Jahre vor meiner Geburt, der Hausfreund der Meinen geworden war. Ein regelmäßiger und unentbehrlicher Teilnehmer an unseren Abendgesellschaften, genoß er große Achtung bei allen unseren Gästen. Die Damen kreischten und suchten sich mit vorgehaltenen Armen zu schützen, wenn er sie, verkniffenen Mundes, aufmerksam und doch gleichgültig, wie man Dinge prüft, durch seine Eulenbrille fixierte. »Hu, der Maler!« riefen sie, »wie er schaut! Jetzt sieht er alles und bis ins Herz hinein. Gnade, Professor, und nehmen Sie doch Ihre Augen fort!« Aber wie sehr man ihn bewunderte, so dachte er doch selber von seinem Berufe nicht eigentlich hoch und tat häufig recht zweifelhafte Äußerungen über die Natur des Künstlers. »Phidias«, sagte er, »auch Pheidias genannt, war ein Mann von mehr als durchschnittsmäßigem Talent, wofür schon die Tatsache spricht, daß er des Diebstahls überführt und in das Athener Gefängnis gesteckt wurde; denn er hatte sich des Unterschleifs an dem Gold- und Elfenbeinmaterial schuldig gemacht, das man ihm für seine Athena-Statue anvertraut hatte. Perikles, der ihn entdeckt hatte, ließ ihn aus dem Prison entwischen (womit dieser Kenner bewies, daß er sich nicht nur auf die Kunst, sondern, was viel wichtiger ist, auch auf das Künstlertum verstand), und Phidias oder Pheidias ging nach Olympia, wo ihm der große Zeus aus Gold und Elfenbein in Auftrag gegeben wurde. Was tat er? Er stahl wieder. Und im Gefängnis zu Olympia verstarb er. Eine auffallende Mischung. Aber so sind die Leute. Sie wollen wohl das Talent, welches doch an und für sich eine Sonderbarkeit ist. Aber die Sonderbarkeiten, die sonst noch damit verbunden – und vielleicht notwendig damit verbunden – sind, die wollen sie durchaus nicht und verweigern ihnen jedes

Verständnis.« Soweit mein Pate. Ich habe mir diese Äußerung wörtlich gemerkt, weil er sie oft mit denselben Redewendungen wiederholte.

Wie berichtet, so lebten wir in herzlicher Wechselneigung, ja ich darf sagen, daß ich seine besondere Gunst genoß, und heranwachsend diente ich ihm häufig als Vorbild für seine Kunstgemälde, was mich um so mehr ergötzte, als er mich dazu in die verschiedensten Trachten und Verkleidungen steckte, von denen er eine reichhaltige Sammlung besaß. Seine Werkstatt, eine Art Trödelspeicher mit großem Fenster, war unter dem Dache des abgesonderten Häuschens unten am Rheine gelegen, das er mit einer alten Aufwärterin mietweise bewohnte, und dort »saß« ich ihm, wie er es nannte, stundenlang auf einem roh gezimmerten Podium, während er an seiner Leinwand pinselte, schabte und schuf. Ich erwähne, daß ich ihm auch mehrmals nackend Modell stand für ein großes Tableau aus der griechischen Sagenkunde, welches den Speisesaal eines Mainzer Weinhändlers zu verschönern bestimmt war. Hierbei erntete ich viel Lob von seiten des Künstlers, denn ich war überaus angenehm und göttergleich gewachsen, schlank, weich und doch kräftig von Gliedern, goldig von Haut und ohne Tadel in Hinsicht auf schönes Ebenmaß. – Diese Sitzungen bilden immerhin eine eigenartige Erinnerung. Aber noch unterhaltender, meine ich, war es doch, wenn ich mich verkleiden durfte, was nicht nur in meines Paten Werkstatt geschah. Oft nämlich, wenn er gedachte, das Abendbrot bei uns einzunehmen, schickte er einen Ballen voll bunter Garderobe, Perücken und Waffen vor sich her, um sie mir nach Tische nur zum Vergnügen anzuprobieren und meine Erscheinung auch wohl, wie es ihm am besten gefiel, auf einen Pappendeckel zu werfen. »Er hat einen Kostüm-

Felix Schimmelpreester,
Bekenntnisse des Hochstaplers Felix Krull (1954)

kopf«, pflegte er zu sagen und meinte damit, daß alles mir zu Gesichte stünde, jede Verkleidung sich gut und natürlich an mir ausnähme. Denn, wie ich auch hergerichtet war – als römischer Flötenbläser in kurzem Gewande, das schwarze Kraushaar mit Rosen bekränzt; als englischer Edelknabe in knappem Atlas, mit Spitzenkragen und Federhut; als spanischer Stierfechter mit Glitzerjäckchen und Kalabreser; als jugendlicher Abbé der Puderzeit mit Käppchen, Beffchen, Mäntelchen und Schnallenschuhen; als österreichischer Offizier in weißem Waffenrock nebst Schärpe und Degen oder als deutscher Gebirgsbauer in Wadenstrümpfen und Nagelschuhen, den Gamsbart am grünen Hut: jedesmal schien es, und auch der Spiegel versicherte mich dessen, als ob ich gerade für diesen Aufzug recht eigentlich bestimmt und geboren sei; jedesmal gab ich, nach dem Urteile aller, ein vortreffliches Beispiel der Menschenart ab, die ich eben vertrat; ja, mein Pate wies darauf hin, daß mein Gesicht mit Hilfe von Tracht und Perücke sich nicht nur den Ständen und Himmelsstrichen, sondern auch den Zeitaltern anzupassen scheine, von denen ein jedes, wie er uns belehrte, seinen Kindern ein allgemeines physiognomisches Gepräge verleihe, – während ich doch, wenn man unserem Freunde glauben durfte, als florentinischer Stutzer vom Ausgang der Mittelzeit so sehr einem zeitgenössischen Gemälde entsprungen schien wie im Schmuck jener pomphaften Lockenwolke, mit welcher ein späteres Jahrhundert die vornehme Herrenwelt beschenkte. – Ach, das waren herrliche Stunden! Wenn ich aber nach beendeter Kurzweil meine schale und nichtige Alltagskleidung wieder angelegt hatte, so befiel mich wohl eine unbezwingliche Trauer und Sehnsucht, ein Gefühl unendlicher und unbeschreiblicher Langerweile, das mich den Rest des Abends mit ödem Gemüt in tiefer und wortloser Niedergeschlagenheit hinbringen ließ.

Nur soviel für jetzt über Schimmelpreester.

(... Felix Krull wird in die Welt ziehen. Sein Pate Schimmelpreester vermittelt ihn nach Paris, ins Hotel »Saint James and Albany«, Rue Saint Honoré unweit der Place Vendôme. Der Herr Generaldirektor Stürzli, ein alter Freund des Paten, setzt den talentierten Kostümkopf erst als Liftboy, dann als Kellner ein. Dass dies ein abenteuerlicher Job ist, wenn man Krull heißt, davon erzählt der Betroffene in der nächsten Episode ...)

Lord Kilmarnock

Letzte Liebe: *Felix Krull*

Der Lord, der vierzehn Tage bei uns wohnte und an einem meiner Tischchen für Einzelpersonen speiste, war ein Mann von sichtlicher Vornehmheit, um die Fünfzig, mäßig hoch gewachsen, schlank, äußerst akkurat gekleidet, mit noch ziemlich dichtem, eisenfarbig ergrautem, sorgfältig gescheiteltem Haar und einem gestutzten, ebenfalls leicht ergrauten Schnurrbart, der den bis zur Anmut feinen Schnitt des Mundes der Beobachtung freigab. Gar nicht fein geschnitten und wenig aristokratisch war die überstarke, fast klobige Nase, die, einen tiefen Einschnitt bildend zwischen den etwas schräg gesträubten Brauen, den grün-grauen Augen, welche sich mit einer gewissen Anstrengung und Überwindung offen zeigten, gerade und schwer aus dem Gesicht hervorsprang. War dies zu bedauern, so erfreute wiederum die stets peinlich saubere, letzte Weichheit erzielende Rasur von Wangen und Kinn, die überdies von einer Creme glänzten, mit der der Lord sich nach der Säuberung einrieb. Fürs Taschentuch benutzte er ein Veilchenwasser, dessen Duft von unglaublicher, mir sonst nie vorgekommener Natürlichkeit und Frühlingsfrische war.

Sein Eintritt in den Saal war immer von einer Befangen-

heit, die bei einem so großen Herrn hätte befremden können, seinem Ansehen aber, wenigstens in meinen Augen,
keinen Abbruch tat. Zuviel Würde stand ihr entgegen,
und sie ließ nur vermuten, es sei etwas Besonderes mit
ihm und er fühle sich darum bemerkt und beobachtet.
Seine Stimme war sanft, und ich begegnete ihr mit einer
noch sanfteren, um zu spät gewahr zu werden, daß das
nicht gut für ihn war. Sein Wesen war von der melancholisch umflorten Freundlichkeit eines Mannes, der viel ge-
litten hat; und sollte die ein gut gearteter Mensch nicht erwidern, wie ich es zartsinnig-pfleglich bei seiner Bedienung tat? Es war aber nicht gut für ihn. Wenig zwar sah er
mich an bei den kurzen Bemerkungen über das Wetter,
das Menu, auf die sich anfangs beim Service unser Austausch beschränkte, – wie er überhaupt seine Augen wenig gebrauchte, sie zurückhielt und schonte, gerade als ob
er besorgte, sich durch ihren Gebrauch in Ungelegenheiten zu stürzen. Eine Woche dauerte es, bis die Beziehungen zwischen uns sich lockerten und aus dem Rahmen des
rein Formellen und Konventionellen traten; bis ich mit
einem Vergnügen, dem es an Besorgnis nicht fehlte, Anzeichen persönlicher Teilnahme an mir bei ihm wahrnahm, – eine Woche: das ist wohl das Minimum an Zeit,
dessen eine Seele bedarf, um im täglich wiederholten Um-
gang mit einer fremden Erscheinung gewisse Veränderun-
gen zu erfahren – besonders bei so sparsamem Gebrauch
der Augen.

Nun fragte er, wie lange ich hier schon diente, fragte
nach meiner Herkunft, meinem Alter, dessen zarte Ziffer
er mit einem gerührt-achselzuckenden »Mon Dieu!«
oder »Good heavens!« – er sprach ebensooft englisch wie
französisch – zur Kenntnis nahm. Wenn ich also deutsch
sei von Geburt, erkundigte er sich, warum ich dann den

französischen Namen Armand trüge. Ich trüge ihn nicht, antwortete ich, ich führte ihn bloß, gemäß einer Verfügung von oben. In Wirklichkeit hieße ich Felix. »Ah, hübsch«, sagte er. »Wenn es nach mir ginge, würde Ihnen Ihr wirklicher Name zurückgegeben.« Und es stimmte nicht recht mit seiner überlegenen Stellung überein und gab mir den Eindruck leichter Unbalanciertheit, daß er die Mitteilung hinzufügte, sein eigener Taufname sei Nectan – welches nämlich der Name eines Königs der Pikten, der Urbevölkerung Schottlands, gewesen sei. Ich beantwortete dies zwar mit einer Mimik achtungsvollen Interesses, aber die Frage drängte sich auf, was ich damit anfangen sollte, daß er Nectan hieß. Es war mir nichts nütze, denn ich hatte ihn Mylord zu nennen und nicht Nectan.

Nach und nach erfuhr ich, daß er auf einem Schloß unweit der Stadt Aberdeen zu Hause sei, wo er allein mit einer älteren, leider kränklichen Schwester lebte, daß er außerdem aber ein Sommerhaus an einem der Seen der Highlands besitze, in einer Gegend, wo die Leute auch gälisch sprächen (er konnte es auch ein wenig), und wo es sehr schön und romantisch sei, die Berghänge jach und zerklüftet, die Luft mit würzigen Heidekrautdüften erfüllt. Übrigens sei es auch nahe Aberdeen sehr schön, die Stadt biete jedwede Unterhaltung für den, dem es darum zu tun sei, die Luft wehe kräftig und rein von der Nordsee. Ferner bekam ich zu wissen, daß er die Musik liebe und Orgel spiele. Im Hause am Bergsee zur Sommerzeit sei es freilich nur ein Harmonium.

Für diese Eröffnungen, die nicht gesprächig-zusammenhängend, sondern unterderhand, hie und da, hingeworfen und fragmentarisch kamen und, mit Ausnahme etwa von »Nectan«, als übertriebene Mitteilsamkeit nicht auffallen konnten bei einem Alleinreisenden, der zum

Plaudern niemanden hat als den Kellner, war die Gelegenheit am günstigsten, wenn das Lunch serviert war und der Lord, wie er mittags zu tun pflegte, seinen Kaffee nicht in der Halle nahm, sondern dazu, ägyptische Zigaretten rauchend, an seinem Tischchen in dem fast leeren Saale sitzen blieb. Von dem Kaffee nahm er stets mehrere Täßchen, hatte aber vorher weder etwas getrunken, noch irgend ausgiebig gegessen. Tatsächlich aß er fast nichts, und man mußte sich wundern, wie er bei dem, was er zu sich nahm, überhaupt bestehen konnte. Mit der Suppe zwar nahm er einen guten Anlauf: starke Consommé, Mockturtle- und Oxtail-Soup verschwanden rasch aus seinem Teller. Von sonst allem aber, was ich an guten Dingen ihm auflegte, kostete er nur einen oder zwei Bissen, zündete sich sofort wieder eine Zigarette an und ließ jedes Gericht fast unberührt abtragen. Auf die Dauer konnte ich eine Bemerkung darüber nicht unterdrücken.

»Mais vous ne mangez rien, Mylord«, sagte ich bekümmert. »Le chef se formalisera, si vous dédaignez tous ses plats.«

»Was wollen Sie, es fehlt an Appetit«, antwortete er. »Es fehlt immer daran. Nahrungsaufnahme – ich habe eine ausgesprochene Abneigung dagegen. Vielleicht ist sie das Zeichen einer gewissen Selbstverneinung.«

Das Wort, das ich noch nie gehört hatte, erschreckte mich und forderte meine Höflichkeit heraus.

»Selbstverneinung?!« rief ich leise. »Darin, Mylord, kann niemand Ihnen folgen und zustimmen. Es muß unbedingt dem lebhaftesten Widerspruch begegnen!«

»Wirklich?« frug er und wandte mir langsam den von unten, von der Tischplatte her gegen mein Gesicht aufsteigenden Blick zu. Sein Blick hatte immer etwas Erzwungenes und etwas von Überwindung. Doch diesmal war seinen Augen anzusehen, daß die Anstrengung gern geschah. Sein Mund lächelte mit feiner Schwermut. Darüber aber sprang mir gerade und schwer die überdimensionierte Nase entgegen.

Wie kann man nur, dachte ich, einen so feinen Mund und eine so klobige Nase haben?

»Wirklich!« bestätigte ich in einiger Verwirrung.

»Vielleicht, mon enfant«, sagte er, »erhöht Selbstverneinung die Fähigkeit zur Bejahung des Anderen.«

Damit stand er auf und ging aus dem Saal. In mancherlei Gedanken blieb ich am Tischchen zurück, das ich abräumte und neu instand setzte.

Es litt wenig Zweifel, daß die tägliche mehrmalige Berührung mit mir für den Lord nicht gut war. Aber ich konnte sie weder abstellen noch sie unschädlich machen, indem ich aus meinem Verhalten zu ihm alle zarte Zuvorkommenheit tilgte, es steif und schnöde gestaltete und so Gefühle verwundete, die ich großgezogen hatte. Mich über sie lustig zu machen, war ich weit weniger noch in der Lage als im Falle der kleinen Eleanor, freilich auch nicht in der, mich nach ihrem Wesen auf sie einzulassen. Dies ergab einen beschwerlichen Konflikt, der zur Versuchung werden sollte durch den unerwarteten Antrag, den er mir machte, – unerwartet, was seinen sachlichen Inhalt betraf, wenn auch sonst keineswegs.

Es geschah gegen Ende der zweiten Woche, beim Kaffee-Service nach dem Diner, in der Halle. Ein kleines Orchester konzertierte nahe dem Eingang zum Saal hinter einem Pflanzengehege. Entfernt davon, am anderen Ende des Raumes hatte der Lord ein etwas für sich stehendes Tischchen gewählt, das er übrigens schon mehrmals benutzt und auf das ich ihm seinen Mokka gestellt hatte. Als ich wieder an ihm vorbeiging, verlangte er nach einer Zigarre. Ich brachte ihm zwei Schachteln mit Importen, beringten und unberingten. Er betrachtete sie und sagte:

»Welche soll ich denn nehmen?«

»Der Händler«, antwortete ich, »empfiehlt diese.« Und ich deutete auf die beringten. »Persönlich würde ich, wenn es erlaubt ist, eher zur anderen raten.«

Ich konnte es nicht unterlassen, ihm Gelegenheit zur Courtoisie zu geben.

»So werde ich mich an Ihr Urteil halten«, sagte er denn auch, griff aber noch nicht zu, sondern ließ mich die beiden Kistchen weiter ihm darbieten und blickte auf sie nieder.

»Armand?« fragte er leise in die Musik hinein.

»Mylord?«

Er änderte die Anrede und sagte:

»Felix?«

»Mylord befehlen?« frug ich lächelnd.

»Sie hätten nicht Lust«, kam es von ihm, ohne daß er die Augen von den Zigarren erhoben hätte, »den Hoteldienst mit einer Stellung als Kammerdiener zu vertauschen?«

Da hatte ich es.

»Wie das, Mylord?« fragte ich scheinbar verständnislos.

Er wollte gehört haben »Bei wem?« und antwortete mit leichtem Achselzucken:

»Bei mir. Das ist sehr einfach. Sie begleiten mich nach Aberdeen und Schloß Nectanhall. Sie entledigen sich dieser Livree und tauschen ein Zivil von Distinktion dafür ein, das Ihre Stellung markiert und sie von der anderen Dienerschaft unterscheidet. Es ist allerlei Dienerschaft da: Ihre Pflichten würden sich ganz auf die Betreuung meiner Person beschränken. Sie würden immer um mich

Nectan Lord Kilmarnock,
Bekenntnisse des Hochstaplers Felix Krull (1954)

sein, auf dem Schloß und im Sommerhaus in den Bergen. Ihr Salaire«, fügte er hinzu, »wird vermutlich das Doppelte und Dreifache des hier bezogenen ausmachen.«

Ich schwieg, ohne daß er mich durch einen Blick zum Reden angespornt hätte. Vielmehr nahm er mir eins der Kistchen aus der Hand und verglich diese Sorte mit der anderen.

»Das will sehr sorgfältig überlegt sein, Mylord«, ließ ich mich schließlich vernehmen. »Ich brauche nicht zu sagen, daß Ihr Anerbieten mich außerordentlich ehrt. Aber es kommt so überraschend ... Ich muß um Bedenkzeit bitten.«

»Zum Bedenken«, erwiderte er, »ist wenig Zeit. Wir haben Freitag: ich reise im Laufe des Montag. Kommen Sie mit mir! Es ist mein Wunsch.«

Er nahm eine der von mir empfohlenen Zigarren, betrachtete sie rund herum und führte sie an die Nase. Kein Beobachter hätte erraten, was er dabei sagte. Er sagte leise:

»Es ist der Wunsch eines einsamen Herzens.«

Welcher Unmensch will mir meine Ergriffenheit verargen? Und dabei wußte ich schon, daß ich mich nicht entschließen würde, diesen Seitenpfad einzuschlagen.

»Ich verspreche Eurer Lordschaft«, murmelte ich, »daß ich die gegebene Frist zur Überlegung sorgfältig nutzen werde.« Und zog mich zurück.

Er hat, dachte ich, eine gute Zigarre zu seinem Kaffee. Diese Verbindung ist äußerst behaglich, und das Behagen ist immerhin eine mindere Form des Glücks. Mit der muß man sich unter Umständen begnügen.

Der Gedanke war ein stiller Versuch, ihm behilflich zu sein, sich zu helfen. Aber es kamen nun einige sehr bedrückende Tage, denn bei jeder Hauptmahlzeit und auch nach dem Tee blickte der Lord einmal auf und fragte: »Nun?« Entweder schlug ich nur die Wimpern nieder und hob die Schultern, als seien sie schwer beladen, oder ich antwortete sorgenvoll:

»Noch bin ich nicht zur Entscheidung gediehen.«

Sein feiner Mund wurde zusehends bitterer. Aber mochte seine leidende Schwester auch einzig sein Glück im Auge haben – bedachte er die penible Rolle, die ich unter der zahlreichen Dienerschaft, von der er gesprochen, und selbst unter der gälischen Gebirgsbevölkerung zu spielen haben würde? Nicht die Laune des großen Herrn, sagte ich mir, würde der Hohn treffen, sondern das Spielzeug seiner Laune. Insgeheim, bei allem Mitgefühl, beschuldigte ich ihn des Egoismus.

(… Am folgenden Sonntag, dem Vorabend der Abreise, fragt Lord Kilmarnock von Nectanhall ein letztes Mal. Felix Krull gibt eine unbefriedigende Antwort …)

Er senkte das Haupt und hob es nur langsam wieder, um mir nach seiner Art, die voller Selbstbezwingung war, in die Augen zu blicken.

»Felix!« sagte er, »Sie fürchten nicht, die größte Fehlentscheidung Ihres Lebens zu treffen?«

»Eben das fürchte ich, Mylord, und daher mein Entschluß.«

»Weil Sie sich der Stellung, die ich Ihnen biete, nicht gewachsen fühlen? Ich sollte mich sehr täuschen, wenn Sie nicht mit mir in dem Gefühl übereinstimmten, daß Sie noch für ganz andere Stellungen geboren sind. Meine Anteilnahme an Ihnen eröffnet Möglichkeiten, die Sie bei Ihrem Nein nicht in Rechnung stellen. Ich bin kinderlos und Herr meiner Handlungen. Es gibt Fälle von Adoption … Sie könnten eines Tages als Lord Kilmarnock und Erbe meiner Besitzungen erwachen.«

Das war stark. Er ließ wahrhaftig alle Minen springen. In meinem Kopfe tummelten sich die Gedanken, aber zur Zurücknahme meiner Absage ordneten sie sich nicht. Es würde eine mißliche Lordschaft sein, die seine Anteilnahme mir da in Aussicht stellte, mißlich in den Augen der Leute und nicht von der rechten Durchschlagskraft. Aber das war nicht die Hauptsache. Die Hauptsache war, daß ein Instinkt, seiner selbst sehr sicher, Partei nahm in mir gegen eine mir präsentierte und obendrein schlackenhafte Wirklichkeit – zugunsten des freien Traumes und Spieles, selbstgeschaffen und von eigenen Gnaden, will sagen: von Gnaden der Phantasie. Wenn ich als Knabe erwacht war mit dem Beschluß, ein achtzehnjähriger Prinz namens Karl zu sein, und an dieser reinen und reizenden Erdichtung, solange ich wollte, in Freiheit festgehalten hatte – das war das Rechte gewesen, und nicht, was dieser Mann mit der starrenden Nase mir in seiner Anteilnahme bot.

Ich habe sehr rasch, abgekürzt und mit der Eile, die damals meine Gedanken antrieb, zusammengefaßt, was in mir vorging. Ich sagte fest:

»Verzeihen Sie mir, Mylord, wenn ich meine Antwort auf die Wiederholung meiner besten Reisewünsche beschränke.«

Da erbleichte er, und plötzlich sah ich sein Kinn erzittern.

Der Unmensch, wo ist er, der mich schilt, weil bei diesem Anblick auch mir die Augen sich röteten, vielleicht sogar feuchteten, aber nein, doch wohl nur etwas röteten? Anteilnahme ist Anteilnahme – ein Kujon, der gar keine Dankbarkeit dafür aufbringt. Ich sagte:

»Aber Mylord, nehmen Sie es sich nicht so zu Herzen! Sie haben mich getroffen und mich regelmäßig gesehen und Anteilnahme gefaßt an meiner Jugend, und ich bin aufrichtig erkenntlich dafür, aber es steht doch recht zufällig um diese Anteilnahme, sie könnte ebensogut auf einen anderen gefallen sein. Bitte – ich möchte Sie nicht verletzen, noch mir die Ehre schmälern, aber wenn ich auch ganz genauso, wie ich geschaffen bin, nur einmal da bin – jeder ist ja nur einmal da –, so laufen doch von meinem Alter und natürlichen Bau Millionen herum, und abgerechnet das bißchen Einmaligkeit ist einer wie der andere beschaffen. Ich kannte eine Frau, die nahm ausdrücklich in Bausch und Bogen Anteil an dem ganzen Genre, – es wird bei Ihnen im Grunde ebenso sein. Das Genre ist allezeit da und überall. Sie kehren nun nach Schottland zurück – als ob es da nicht reizend vertreten wäre, und als ob Sie mich nötig hätten, um Anteil zu nehmen! Dort trägt es karierte Röckchen, soviel ich weiß, zu bloßen Beinen, es muß ja ein Vergnügen sein! Dort also können Sie sich aus dem Genre einen brillanten Kammerdiener erwählen und können gälisch mit ihm plaudern und ihn am Ende gar adoptieren. Vielleicht, daß er nicht so besonders geschickt ist, den Lord abzugeben, aber das findet sich, und wenigstens ist er doch ein Landeskind. Ich stelle ihn mir so nett vor, daß ich überzeugt bin, es wird Ihnen in seiner Gesellschaft unsere zufällige Begegnung hier vollständig aus dem Sinne kommen. Lassen Sie die Erinnerung daran meine Sache sein, bei mir ist sie wohl aufgehoben. Denn ich verspreche Ihnen, daß ich dieser Tage, in denen ich Sie bedienen und Sie bei der Zigarrenwahl beraten durfte, und des gewiß flüchtigen Anteils, den Sie an mir nahmen, allezeit mit der wärmsten Ehrerbietung gedenken werde. Und essen Sie auch mehr,

Mylord, wenn ich bitten darf! Denn was die Selbstverneinung betrifft, darin kann kein Mensch von Herz und Verstand Ihnen zustimmen.«

So sprach ich, und etwas wohl tat es ihm doch, wenn er auch bei meiner Erwähnung dessen im bunten Röckchen das Haupt geschüttelt hatte. Er lächelte ganz so feinen und traurigen Mundes wie damals, als ich ihm zuerst die Selbstverneinung verwiesen hatte. Dabei nahm er einen sehr schönen Smaragd vom Finger – ich hatte ihn oft an seiner Hand bewundert und trage ihn diesen Augenblick, während ich die Zeilen hier verfasse. Nicht, daß er ihn mir an den Finger steckte, er tat das nicht, sondern gab ihn mir eben nur und sagte sehr leise und abgebrochen:

»Nehmen Sie den Ring. Ich wünsche es. Ich danke Ihnen. Leben Sie wohl.«

Dann wandte er sich und ging. Nicht genug kann ich die Dezenz dieses Mannes dem Publikum zur Würdigung empfehlen.

(… Und wir tun dies auch.)

Randnotizen zu den Figuren

Brand, Ellen: Episodische Nebenfigur im Roman *Der Zauberberg*, erschienen 1924 (s. Krokowski). Thomas Mann hatte ein großes Interesse an parapsychologischen Phänomenen, wie an fließenden Grenzen zwischen Wirklichkeiten überhaupt, und nahm selbst an okkultistischen Sitzungen teil; so beispielsweise im Dezember 1922 und zwei Mal im Januar 1923 bei einem bekannten Münchener Parapsychologen namens Albert von Schrenck-Notzing, worüber er auch ausführlich berichtet hat (*Drei Berichte über okkultistische Sitzungen* und *Okkulte Erlebnisse*, 1924). Hier trifft Thomas Mann auf den jungen Zahntechniker Willi Sch., »einen 20jährigen Burschen von unheimlichster psycho-physischer Begabung« (an Ernst Bertram, 25. 12. 1922) – das Medium, das ein Vorbild für Ellen Brand wird. Seine Erfahrungen mit der Macht der Hypnose kann der Autor auch in der Novelle *Mario und der Zauberer* anbringen (s. Die Kinder von Torre di Venere). Für eine andere Materialisation braucht Thomas Mann dann kein Medium mehr: der »Strizzi« in Adrian Leverkühns Sofaecke kommt ganz von selbst (s. Der Teufel).

Cuzzle, Rose: Episodische Nebenfigur in dem Roman *Lotte in Weimar*, erschienen 1939, begonnen 1936 in der Schweiz und beendet im amerikanischen Princeton. Erzählte Zeit: September 1816 in Weimar. Goethe hat längst seine direkten und indirekten Spuren im literarischen wie essayistischen Werk Thomas Manns hinterlassen, auch der Plan zu einem Goethe-Roman ist erwogen worden, als der Autor sich daran macht, aus der kurzen historischen Notiz über den Besuch der Charlotte Buff, verheiratete Kestner, verewigte Lotte des *Werther*-Romans, in Weimar im Mai 1816 beim inzwischen weltberühmten Geheimrat ein lustspielhaftes »Goethe-Götterspiel« (an Emil Preetorius, 30.12.1946) zu inszenieren. Für Thomas Mann ist es (nach dem *Joseph*) ein weiteres Spiel mit dem Mythos – dem Mythos deutscher Kulturtradition und des Genius als solchem; es ist ein »In-Spuren-Gehen« oder, wie er selbst formuliert, »meine imitatio Goethes: eine Identifizierung und unio mystica mit dem Vater« (*On myself*, 1940). Diese »Wahlvaterschaft«, die Mann'sche Identifikation mit dem Dichter der Deutschen schlechthin findet ihren Höhepunkt nun also gerade in Zeiten der Abkehr von Deutschland: Seit Februar 1933 lebt Thomas Mann im Exil, im Dezember 1936 wird ihm die deutsche Staatsbürgerschaft aberkannt – und Goethe, das bessere und eigentliche Deutschland soll nicht den Nationalsozialisten überlassen bleiben. Rose Cuzzle (von Goethe selbst noch am entferntesten) bildet den Auftakt im komödiantischen Reigen der Lotte aufwartenden Besucher. Die Zelebritätenzeichnerin ist eine fiktive Figur ohne historisches Vorbild, wie sie im Gewand seiner Zeit auch Thomas Mann geläufig wird, und wohl beispielhaft für den damaligen Weimartouristen, der heute auch in Lübeck vorbeischaut.

Der greise Geck: Episodische Nebenfigur in der Novelle *Der Tod in Venedig*, erschienen 1912. Der zweite große Roman nach *Buddenbrooks* lässt weiter auf sich warten. Eigentlich arbeitet Thomas Mann gerade an den Bekenntnissen des Hochstaplers Krull, als er mit seiner Frau Katia im Mai 1911 eine Reise nach Italien, davon eine Woche Venedig, unternimmt und von dort »eine recht sonderbare Sache« mitbringt (an Philipp Witkop, 18.7.1911): »ernst und rein im Ton, einen Fall von Knabenliebe bei einem alternden Künstler behandelnd. Sie sagen ›hum, hum!‹ aber es ist sehr anständig.« Ein Zusatz, der nicht zuletzt daran erinnert, wie gewagt ein solches Unternehmen – über homosexuelle Gefühle zu schreiben – zu diesem Zeitpunkt noch war. »Leidenschaft als Verwirrung und Entwürdigung war eigentlich der Gegenstand meiner Fabel«, bemerkt Thomas Mann wenige Jahre später (an Carl Maria Weber am 4. Juli 1920), und zwar dargestellt auf der psychologisch-pathologischen wie auf der symbolisch-mythologischen Ebene: Mit dem gefeierten Schriftsteller Gustav von Aschenbach – »Leistungsethiker« wie Thomas Mann selbst – habe er sich einen modernen, einen »Helden des zarten Typs« geschaffen; einen »Helden der Schwäche also, der am Rande der Erschöpfung arbeitet und sich das Äußerste abgewinnt«, um am Ende seiner Zeit an einem Ort der Sehnsucht den verwüstenden »Einbruch der Leidenschaft, die Zerstörung eines geformten, scheinbar endgültig gemeisterten Lebens« zu erfahren, das »durch den ›fremden Gott‹, durch Eros-Dionysos entwürdigt und ins Absurde gestoßen wird« (On myself, 1940). Äußerlich trägt Aschenbach die Züge des von Thomas Mann verehrten österreichischen Komponisten Gustav Mahler, der 1911 vielbeachtet stirbt, wie überhaupt alles aus Erlebtem kristallisiert worden ist – »das düstere Polesaner Schiff, der greise Geck, … Tadzio und die Seinen, … die Cholera … – alles war gegeben, war eigentlich nur einzustellen und erwies dabei aufs verwunderlichste seine kompositionelle Deutungsfähigkeit« (Lebensabriß, 1930). Der greise Geck ist das frühe Bild einer Überalterung, einer leidenschaftlich überschminkten Krankheit zum Tode – wie die schwül gärende, doch sich in Schweigen und Bellezza hüllende Stadt selbst.

Der Teufel: Nebenfigur in dem 1947 erschienenen Roman *Doktor Faustus. Das Leben des deutschen Tonsetzers Adrian Leverkühn erzählt von einem Freunde*. »Begann vormittags ›Dr. Faust‹ zu schreiben«, vermerkt Thomas Mann am 23. Mai 1943 in seinem amerikanischen Exil, in Pacific Palisades. Den Plan zu der modernen Teufelverschreibungsgeschichte eines Künstlers, eines Musikers, dem in groben Zügen die Biographie Friedrich Nietzsches gegeben wird, hegt Thomas Mann schon rund vierzig Jahre, bevor nun die politischen Ereignisse in Deutschland »den Stoff« so herauskristallisieren, dass er ihm, von der alten Faustus-Sage ausgehend, zu einer vielschichtigen Montage gerät: »das Thema der schlimmen Inspiration und Genialisierung, die mit dem Vom Teufel geholt Werden, d. h. mit der Paralyse endet. Es ist aber die Idee des Rausches überhaupt und der Anti-Vernunft damit verquickt, dadurch auch das Politische, Faschistische, und damit das traurige Schicksal Deutschlands. Das Ganze ist sehr alt-deutsch-lutherisch getönt (der Held war ursprünglich Theologe), spielt aber in dem Deutschland von gestern und heute.« (An Klaus Mann, 27. 4. 1943) Der Teufel hat schon häufiger im Werk Thomas Manns seine Spuren hinterlassen, so im *Zauberberg*, im Drama *Fiorenza* oder später im *Erwählten*, und fast immer gehört er wie hier der italienischen Sphäre an. Dort ist er wohl auch Thomas Mann selbst erschienen, wie dieser jedenfalls erklärte: während des gemeinsamen Aufenthaltes mit Bruder Heinrich im Sommer 1897 im italienischen Palestrina – wegen Kopfschmerzen sei er allein geblieben, bis er auf dem schwarzen Sofa im Steinsaal einen Fremdling habe sitzen sehen, von dem er sofort wusste, wer er war … Das Gespräch der beiden ist nicht überliefert, oder vielleicht doch – sei mutig und sag »wo ich bin, ist Kaisersaschern«, provoziert hier im Roman der Strizzi, »wo ich bin, ist Deutschland«, hatte Thomas Mann einst beim Landgang in New York gesagt … die »Wechselfälle von Glut und Frost« kommentiert er schon 1901 (am 13. 2.) das eigene Schreiben gegenüber Heinrich; und den Vorwurf der »Kälte« bekam er zeitlebens (und länger) gemacht …

Die Kinder von Torre di Venere: Ausschnitt aus der 1930 erschienenen Novelle *Mario und der Zauberer. Ein tragisches Reiseerlebnis.* Das Erlebnis einer irritierenden Atmosphäre aufgeladenen Nationalbewusstseins und eines äußerst wirksamen Zauberkünstlers im Ferienaufenthalt von 1926 im italienischen Forte dei Marmi bilden den Kernbestand der Novelle, geschrieben wird sie drei Jahre später, im August 1929, im Ferienstrandkorb des baltischen Ostseebades Rauschen – ein für Thomas Mann ungewöhnliches »Freiluftarbeiten« also, das sich direkt auf die vergleichsweise unumwundene Darstellung ausgewirkt haben mag. »Ich kann nur sagen«, schreibt Thomas Mann einem Leser mitten im Zweiten Weltkrieg (am 26. 6. 1941), »dass es viel zu weit geht, in dem Zauberer Cipolla einfach eine Maskierung

Mussolinis zu sehen, aber es versteht sich andrerseits, dass die Novelle entschieden einen moralisch-politischen Sinn hat. Der europäische Faschismus war damals im Heraufziehen, seine Atmosphäre lernte ich bei dem Besuch in Italien, der die Erzählung zeitigte, kennen, und die Tendenz der Novelle gegen menschliche Entwürdigung und Willenszwang ist denn auch in der vorhitlerisch, nationalistisch-faschistischen Sphäre Deutschlands klar genug empfunden worden, so dass in diesen Kreisen die Erzählung heftig abgelehnt wurde. Immerhin, sie ist in ihrer Gesamtheit als Kunstwerk zu betrachten, nicht als tagespolitische Allegorie.« Ein paar Monate nach Entstehen der Novelle, Ende 1929, wird Thomas Mann höchste Ehre zuteil: Er bekommt den Nobelpreis verliehen. Vorbild der erwähnten Erzähler-Kinder waren die beiden Jüngsten des Autors, Elisabeth und Michael Mann.

Ein Jäger: Episodische Nebenfigur in *Herr und Hund, Ein Idyll*, erschienen 1919, geschrieben im letzten Kriegsjahr: »Ich habe eben, nach den ›Betrachtungen‹, wieder meine ersten dichterischen Gehversuche gemacht und ›Herr und Hund, ein Idyll‹ abgeschlossen. Es sind ganz lustige Dinge darin«, schreibt Thomas Mann (an Hans von Hülsen am 15. 10. 1918). Die »Betrachtungen« sind die *Betrachtungen eines Unpolitischen*, Thomas Manns politisch-ästhetische Selbstverteidigung in Zeiten des Krieges (und der Auseinandersetzungen mit dem Bruder), ein rund 600 Seiten starkes »mühsames Gewissenswerk« (*Lebensabriß*, 1930), das ein Bedürfnis nach »Natürlichem«, Unaufgeladenem, bürgerlich Geordnetem hervorgebracht haben mag. Auch das zweite »Idyll« entsteht in dieser Zeit, der *Gesang vom Kindchen*, ein Hymnus in Versen auf die 1918 geborene Tochter Elisabeth, das fünfte Kind, das ihm doch wie ein Erstes zu Herzen geht, wie er dem Tagebuch anvertraut (28. 9. 1918). Von der Tonlage vielleicht einer der wärmsten, zwar anspielungsreichen, aber weniger *distanziert*-ironischen Texte, erscheint eines als sicher: als Hundefreund kann der Ich-Erzähler Thomas Mann ohne Maskierung unter die Leute gehen. Der reale Bauschan musste wegen einiger Krankheiten kurz nach seiner literarischen Verewigung getötet werden. Über den Jäger ist nichts weiter bekannt, mutmaßlich zog es ihn zurück in die Opernkulisse, aus der er aus dramaturgischen Gründen entliehen war.

Ein Reisender: Episodische Nebenfigur in der Erzählung *Tonio Kröger*, erschienen 1903, zwei Jahre nach dem erfolgreichen Erstlingswerk *Buddenbrooks*, und zeitlebens einer der Lieblingstexte des Autors. Es ist die stark autobiographische künstlerische Selbstorientierung des Schriftstellers Tonio Kröger alias Thomas Mann, der wie dieser – und wie es der titelgebende Name ausdrückt – von Geburt eine Temperamentsmischung mitbringt, die der Autor als besondere Möglichkeiten, aber auch besondere Gefahren in sich schließend empfindet: der Vater ein nordisches, »betrachtsames«, korrektes, wehmütiges Temperament, die Mutter »von unbestimmt exotischem Blut«, sinnlich, naiv, fahrlässig, liederlich. Er sei ein »Bürger, der sich in die Kunst verirrte«, heißt es in der Erzählung, und: »Ich sage Ihnen, daß ich es oft sterbensmüde bin, das Menschliche darzustellen, ohne am Menschlichen teilzuhaben«; vom Erkenntnisekel des zum Wissen berufenen ist die Rede im Gespräch Tonio Krögers mit der Malerin Lisaweta. Er sei kein Nihilist, gesteht der Autor: »Ich bin am Ziel, Lisaweta. Hören Sie mich an. Ich liebe das Leben …«. Mit der Sehnsucht nach dem »Normalen, Wohlanständigen und Liebenswürdigen« gibt sich der eine (Thomas Mann) eine von der Dekadenz distanzierende Ausrichtung und geht der andere (Tonio Kröger) auf Reisen nach Dänemark. Der Hamburger Kaufmann, den er dabei an der Reling trifft, bekommt allerdings lediglich die dramaturgische Funktion einer dann doch wenig verführerischen »banalen Störung«, vor deren Hintergrund sich die erhoffte Robustheit und seelisch-geistige Tiefe des Protagonisten umso schärfer abhebt: Der junge Hamburger hat, wie nicht selten Kaufleute und Ingenieure bei Thomas Mann, weder »Litteratur im Leibe« noch Vitalität.

Fitelberg, Saul: Episodische Nebenfigur in dem 1947 erschienenen Roman *Doktor Faustus* (s. Der Teufel). Als Vorbild für den Impresario, der dem Komponisten Leverkühn eine ganze

Welt zu Füßen legen (oder das Genie auf dem Niveau dieser Welt verheizen) möchte, gilt der in Rumänien geborene und 1935 nach Amerika emigrierte Film- und Theateragent Saul C. Colin, der sich lange um die Verfilmung des *Joseph*-Romans bemühte (s. Tagebuchanmerkung zum 2. 3. 1938). Über die wiederkehrende Darstellung antisemitischer Stereotypen im Werk Thomas Manns wird auch weiterhin verhandelt werden. Sehen die einen den Ehemann einer Jüdin als in den allgemeinen Vorurteilen des 19. Jahrhunderts befangen an oder als sich selbst viel zu sehr mit dem Jüdischen in seinem Außenseitertum identifizierend, um als antisemitisch gelten zu dürfen, stoßen sich andere vor allem an der Taktlosigkeit, mit der Thomas Mann es auch nach Auschwitz einfach nicht lässt. Der Autor musste sich verteidigen; seiner amerikanischen Gönnerin Agnes E. Meyer schreibt er (7. 9. 1948): »Merkwürdig! Die Besorgnis, die Sie wegen Fitelbergs äußern, hat mir zuerst unser Klaus zu bedenken gegeben, als ich das Kapitel ganz frisch im Familienkreise vorlas. Er meinte, die Figur könnte antisemitisch wirken. Andere, auch Juden, wollten das durchaus nicht zugeben, und wirklich ist Saul ja ein reizender, gescheiter Kerl, der über die Parallelität des deutschen und des jüdischen Schicksals viel Richtiges zu sagen weiss. Freilich ist er nur *ein* jüdischer Typ; es gibt weiss Gott ernstere und würdigere. Und das Schlimme ist, dass das Judentum auch in seinem anderen Vertreter [im *Doktor Faustus*], dem Fascisten Breisacher, so schlecht wegkommt! Aber das ist nun nicht mehr zu ändern. Das Buch hat es so gewollt. Und schliesslich, wie steht es denn um die *anderen* Leute darin? Es ist ja ein Aquarium voll phantastisch geformter Fische und wirklich sympathisch sind eigentlich nur Frau Schweigestill und Serenus Zeitblom.« Unter den »Verführerfiguren des Buches« sei ihm Fitelberg der liebenswürdigste, heißt es an anderer Stelle (zit. n. Tagebuch 12. 4. 1948): »Sein verfehlter Versuch, das in krankem Hochmut einsame Deutschtum in die ›Welt‹ zu entführen, erscheint mir von wirklicher höherer Komik.«

Grünlich, Bendix: Nebenfigur in Thomas Manns erstem Roman, *Buddenbrooks. Verfall einer Familie*, erschienen 1901 und zwei Jahre später bereits in der 10. Auflage verkauft. Grünlich führt sich in die alteingesessene Lübecker Kaufmannsfamilie als gute Partie ein und wird 1846 Antonie (Tony) Buddenbrooks erster Ehemann. Angeblich Hamburger Kaufmann, eigentlich Mitgiftjäger und (was das gleiche ist) schwer verschuldeter Hochstapler, hat er vor allem deren Vater, Konsul Jean Buddenbrook, blenden können; dessen eklatante Fehleinschätzung zeugt vom Verbrauch der gesunden Kaufmannsinstinkte. Es wird von nun an spürbar bergab gehen mit den Buddenbrooks. »Ichselbst hatte eigentlich bislang nicht geglaubt, daß ich jemals die Courage zu einem solchen Unternehmen finden würde. Nun aber habe ich, ziemlich plötzlich, einen Stoff entdeckt ...«, die Geschichte werde wohl »Abwärts« heißen, schreibt der 22-jährige Thomas Mann seinem Freund Otto Grautoff aus Rom (am 20. August 1897). Der »Stoff« ist mehr oder weniger die eigene Familiengeschichte über vier Generationen, die sich der Senatorensohn in den Fakten u. a. von Schwester und Mutter zusammentragen lässt. Bendix Grünlichs reales Vorbild heißt Ernst Elfeldt, er verheiratete sich auf eben solche fragwürdige Weise mit der Schwester von Thomas Manns Vater, Elisabeth, verschleuderte dann deren Mitgift und machte Bankrott.

Hieronymus: Hauptfigur in der Erzählung *Gladius Dei*, erschienen 1902 in *Die Zeit* (Wien), geschrieben 1901. Die Geschichte geht auf Thomas Manns Beschäftigung mit dem italienischen Dominikaner und Bußprediger Girolamo Savonarola (1452–1498) zurück. Dessen Auseinandersetzung mit Lorenzo de Medici über das seiner Ansicht nach allzu sinnenselig sittenverfallene Florenz der Renaissance, die für Savonarola am Galgen endet, bearbeitete Thomas Mann in seinem einzigen Drama *Fiorenza* (1905). Savonarola / Hieronymus entspricht dem Typus des radikalen Idealisten, wie Friedrich Nietzsche ihn 1887 unter dem Begriff des »asketischen Priesters« – dem »eigentlichen Repräsentanten des Ernstes« – als in seiner Lebensfeindlichkeit selbstwidersprüchlich analysiert hat (*Zur Genealogie der Moral*, Dritter Abschnitt, § 11): »hier wird ein Versuch gemacht, die Kraft zu gebrauchen, um die Quellen der Kraft zu verstopfen; hier richtet sich der Blick grün und hämisch gegen das physiologische Gedeihen selbst, in Sonderheit gegen dessen Ausdruck, die Schönheit, die Freude«. Während Nietzsche den asketischen Eiferer und dessen Ressentiment als allein machtwillig (»über das Leben selbst«) entlarvt, stellt sich Nietzsche-Kenner Thomas Mann hier an dessen Seite: Eine Kunst, die nicht leidvoll aus dem Geiste geboren ist und weniger noch zum Geistigen strebt und führt, ist selbst Verfall, ist oberflächliche Bellezza, sinnlicher Ästhetizismus und damit nicht Sache des nordisch-protestantischen Dichters – eher etwas für dessen Bruder. Solche Schönheit ist für Thomas Mann »ein ›Stück Süden‹ ziemlich verdächtiger, verächtlicher Art« (*Betrachtungen eines Unpolitischen*, »Ästhetizistische Politik«); und diese Thematik, der Ungeist der Bellezza, wird ihn Zeit seines Schaffens umtreiben (s. a. den Textausschnitt Ines Institoris). Savonarolas heidnisches Florenz der Renaissance ist für Thomas Mann der Ort, an dem er bis 1933 lebt, das oberflächlich schönheitsverliebte München zur Jahrhundertwende, wie es ohne Kunstverstand in einem »Schönheitssalon«, charmiert von »Schlechtbezahlten«, Aufsehen erregende Madonnenfotografien – Reproduktionen auch noch – ersteht (während der Staat es ja auch nicht besser weiß) ...

Huij und Tuij: Nebenfiguren in der Tetralogie *Joseph und seine Brüder*, die Thomas Mann mit Unterbrechungen zwischen 1933 und 1943 veröffentlicht. »Ich sitze tief in den Vorarbeiten zu einem kleinen, schwierigen, aber überaus reizvollen Roman: ›Joseph in Ägypten‹. Es ist die biblische Geschichte selbst, die ich real und humoristisch wiedererzählen will.« (An Félix Bertaux am 1. 8. 1926) Das Schreiben an der »kleinen« Geschichte umfasst dann mit Unterbrechungen einen Zeitraum von etwa 17 Jahren. Was hat ihn an dem Stoff gefesselt? Anregungen verschiedenster Herkunft. Schon Goethe habe ja die Geschichte des besonders gesegneten Sohnes Jaakobs für zu kurz erzählt befunden; im März 1925 kommt es zu einer ersten Ägyptenreise mit Katia und mehr als alles andere interessiert sich Thomas

Mann mittlerweile für die Verarbeitung von Mythen-Stoffen. Es ist die Neugier nach dem »menschlich Frühesten und Ältesten, dem Vorvernünftigen« (*Lebensabriß*, 1930); Mythos und Psychologie lautet dann auch die Formel, die der Autor zu seinem Verständnis einmal mehr selbst gibt: »Ich tue wohl recht, den Joseph zu einer Art von mythischem Hochstapler zu machen, der früh beginnt, sich zu ›identifizieren‹ und darin auch durch seine Umgebung verstärkt wird, die allgemein wenig geneigt ist, zwischen Sein und Bedeuten genau zu unterscheiden. Über diesen Unterschied zu streiten, wurde man erst 3000 Jahre später ›reif‹. Was mich anzieht und was ich ausdrücken möchte, ist das Gegenwärtig werden der Überlieferung als zeitloses Mysterium, das Sich selbst als Mythus erleben. Das muß aber auf leichte, humoristisch-intellektuelle Art gemacht werden; auf Pathos und religiöse Inbrunst lasse ich mich nicht ein.« (An Ernst Bertram am 28. 12. 1926) Leicht und humoristisch – die »Bettgeschwister« Huij und Tuij finden sich in Teil 3: *Joseph in Ägypten* (1936) und sie stehen zugleich für Thomas Manns nicht nachlassendes Darstellungsinteresse an der Übertretung des Inzesttabus als Zeichen der Erwähltheit; es reicht von der Novelle *Wälsungenblut* von 1906 bis zum Papst-Roman *Der Erwählte* von 1951.

Institoris, Ines, geb. Rodde: Nebenfigur in dem Roman *Doktor Faustus*, erschienen 1947 (s. Der Teufel). Tochter der Senatorin Rodde in München, bei der der Titelheld Adrian Leverkühn eine Weile in Pension lebt. »Ein trauriger Vogel, der sein eignes Nest beschmutzt.« So hatte Friedrich Mann in der regionalen Zeitung seine Bekümmerung darüber annonciert, sich selbst und die gesamte Familie nebst einigen Lübeckern in dem erfolgreichen Erstlingswerk seines Neffen wiedererkennen zu müssen. Dass er das Personal seiner literarischen Werke »fand« und nicht erfand, hat Thomas Mann immer wieder Empörung eingetragen – letztlich ohne Wirkung. Dies gilt noch einmal im Besonderen für den *Faustus*-Roman. Die beiden ins Leere liebenden Schwestern Clarissa und Ines Rodde (Letztere verheiratete Institoris) sowie ihre Mutter sind bis ins Detail den Mann'schen Angehörigen nachgezeichnet. Clarissa entspricht Thomas

Manns Schwester Carla (geb. 1881), die eine Theaterkarriere an-
strebte und nach einer demütigenden Liebeserfahrung 1910
Selbstmord begeht wie ihr Abbild im Roman. Ines ist Julia
Mann (geb. 1877), gen. Lula, die tatsächlich wohl »ohne Liebe«
den Bankier Josef Löhr heiratete. Sie hegte – verstärkt nach dem
Tod ihres Mannes, den sie für sich als Beginn des sozialen Ab-
stiegs empfand – eine depressive Neigung zu Narkotika und
attraktiven Herren. Eine treulose Affäre gilt dann auch als Aus-
löser für ihren Selbstmord 1927; der Mord des Romans ist insofern eine Abweichung. »Meine Schwester«, so Heinrich Mann,
»war die inkarnierte Konvention. Daran lag ihr mehr als an allem anderen: nicht aufzufallen; zu erscheinen wie man muß.
Daran ging sie zugrunde.« Thomas Mann sah Lula als sein
»weibliches Neben-Ich« an, zu seiner Frau Katia habe er in der
Erschütterung über ihren Tod gesagt, »das ist alles auch in mir«
(zit. n. Golo Mann, *Erinnerungen und Gedanken*) – und so hat
sich der Autor beim Schreiben der Schwesterngeschichten wohl
nicht pietätlos gefühlt.

Jacoby, Dr. Christian: Hauptfigur in der Erzählung *Luischen*,
erschienen 1900 in der Zeitschrift *Die Gesellschaft*, geschrieben
1897 in Rom, wo zu dieser Zeit auch die Arbeit am *Buddenbrooks*-Manuskript beginnt. Als Anregung gilt die Novelle
Frühlingsfluten von Iwan Turgenjew. Ein devoter überaus dicker Mann mit einer betörenden Frau, die nicht so ganz »von
Sitten« ihre demütigende Macht bis zu dessen jähem Erkennt-
nis-Infarkt ausspielt, das klingt nach einer *Fin de Siècle*-typi-
schen Grundkonstellation, überdies mit sozialkritischen Ele-
menten, wie man sie auch bei Heinrich Mann würde vermutet
haben können; tatsächlich fühlte sich der ältere Konkurrent und
Bruder auch besonders von ihr beeindruckt – von dieser »sonderbaren und häßlichen Geschichte, wie sie meiner jetzigen
Welt- und Menschenanschauung entspricht«, so Thomas Mann
brieflich an seinen Freund Otto Grautoff (am 21.7.1897): »Und
ich finde neue Formen, um noch mehr zu sagen – und ich *habe*
etwas zu sagen!«

Kilmarnock, Nectan Lord: Episodische Nebenfigur in Thomas Manns letztem, Fragment gebliebenen Roman *Bekenntnisse des Hochstaplers Felix Krull. Der Memoiren erster Teil*, erschienen ein Jahr vor seinem Tod, 1954 (s. Schimmelpreester). Melancholisch, dezent, aristokratisch und spätestens an der großen Nase eindeutig erkennbar: als Kilmarnock erweist sich Thomas Mann einmal mehr selbst. An die Szene des Zigarrenverkaufs hat sich Franz Westermeier, der Kellner aus dem Hotel Dolder in Zürich, erinnert, und ihm gilt auch der folgende Tagebucheintrag des Autors (St. Moritz, 6.8. 1950): »Der Schmerz um den auf dem Dolder hat sich in diesen Tagen, unter dem Einfluß der Luft, der herrlichen Landschaft, der Mischung von Begeisterung und Unpäßlichkeit, die der Ort mir zufügt, zu einer allgemeinen Trauer um mein Leben und seine Liebe vertieft und verstärkt«; diesen »wahnhaften und doch leidenschaftlich behaupteten Enthusiasmus für den *unvergleichlichen, von nichts in der Welt übertroffenen* Reiz männlicher Jugend, die von jeher mein Glück und Elend«, sieht Thomas Mann nun in »der Entbehrung und zwar einer nicht zu bestimmenden, wunschvoll-wunschunmöglichen« als all seinem Schaffen zugrunde liegend an – spätestens nach Erscheinen seiner Tagebücher tun dies auch viele seiner Rezipienten. Der Smaragdring, den Lord Kilmarnock dem Vielgeliebten Krull vermacht, ist als Huldigungsgeschenk nicht hoch genug einzuschätzen. Ebensolches bekommt zum Beispiel auch Adrian Leverkühn von seiner fernen Gönnerin, der Gräfin Tolna, verehrt.

Klöterjahn, Anton jr.: Nebenfigur in der 1903 erschienenen Erzählung *Tristan*; s. Spinell.

Krokowski, Dr. Edhin: Nebenfigur im Roman *Der Zauberberg*, erschienen 1924, geschrieben zwischen 1913 und 1924, inspiriert durch die längeren Aufenthalte von Katia Mann im Lungensanatorium von Davos. »Ein einfacher junger Mensch reiste im Hochsommer von Hamburg, seiner Vaterstadt, nach Davos-Platz im Graubündischen. Er fuhr auf Besuch für drei Wochen.« Lauten die ersten Sätze des Romans, der als ein groteskes Gegenstück zu der Novelle *Der Tod in Venedig* geplant war und sich im Umfang etwa so auswuchs, wie der Aufenthalt des Protagonisten Hans Castorp in der Zeit: der junge Ingenieur, der hier in der verkehrten Welt der Moribunden eines Lungensanatoriums seinen kranken Vetter Joachim Ziemßen besucht, bleibt ganze sieben Jahre. Es ist (so Thomas Mann am 3. 8. 1915 an Paul Amann) »eine Geschichte mit pädagogisch-politischen Grundabsichten, worin ein junger Mensch sich mit der verführerischsten Macht, dem Tode, auseinanderzusetzen hat und auf komisch-schauerliche Art durch die geistigen Gegensätze von Humanität und Romantik, Fortschritt und Reaktion, Gesundheit und Krankheit geführt wird« – was ihn führt, sind die dialektischen Grundsatzdebatten der Herren Lodovico Settembrini und Leo Naphta, ist seine Entfachtheit für die französierte Slawin Clawdia Chauchat, ist seine Anverwandlung an die Gesetze und Gepflogenheiten der nur krank sich am Leben haltenden grotesken Abstiegsgesellschaft des Berghofs. »Der Geist des ganzen ist humoristisch-nihilistisch, und eher schwankt die Tendenz nach der Seite der Sympathie mit dem Tode.« Der Assistenzarzt Dr. Krokowski gehört zu den Spezialisten, die nun vermehrt das Werk Thomas Manns durchziehen und dessen Themen referieren. Mit Sigmund Freud und der Seelenzergliederung hat der Autor sich etwa seit 1915 zunehmend beschäftigt. Dass Krokowskis ins Komische ausschlagender wissenschaftlicher Geist im dritten Kapitel vor Schluss bei okkulten Experimenten angelangt ist (s. Ellen Brand), zeugt von Thomas Manns uneindeutigem Verhältnis zur Freud'schen Psychoanalyse (»Die Kunst wird unmöglich, wenn sie durchschaut ist«, heißt es im Notizbuch 11 von 1916), aber auch einmal mehr von dessen darstellerischer Vorliebe für die Kräfte des Irrationalen, die hier nun also die geordnete wissenschaftliche Vernunft durchbrechen.

Mindernickel, Tobias: Hauptfigur der gleichnamigen Erzählung, die erstmals 1898 in der *Neuen Deutschen Rundschau* erschien; Thomas Mann ist gerade Redakteur des Münchener Satireblattes *Simplicissimus* und bereitet seine erste Buchpublikation vor, einen Novellenband für den S. Fischer Verlag, parallel beginnt er die *Buddenbrooks*. Mindernickel gehört zu den »echten« Sonderlingen, die dann als Miniaturerscheinungen am äußeren Bildrand auch die späteren und späten Werke Thomas Manns bevölkern und dabei oft typisierend nach ihren Ticks benannt werden: etwa »Schirmmadame« und »Puppenliese« in den *Buddenbrooks* oder »Fimmelgottlieb« in *Königliche Hoheit*. Fünfzig Jahre nach Entstehen dieser grotesken Geschichte äußert sich Thomas Mann im *Doktor Faustus* direkt zu den Sonderlingen: »Das Kennzeichen solcher altertümlich neurotischen Unterteuftheit und seelischen Geheim-Disposition einer Stadt sind die vielen ›Originale‹, Sonderlinge und harmlos Halb-Geisteskranken, die in ihren Mauern leben und gleichsam, wie die alten Baulichkeiten, zum Ortsbilde gehören. Ihr Gegenstück bilden die Kinder, die ›Jungens‹, die hinter ihnen herziehen, sie verhöhnen und in abergläubischer Panik vor ihnen davonrennen.« Die Geschichte des etwas düsteren Sonderlings Mindernickel, der zur Abreaktion seiner lebenslangen Demütigungen auf den Hund kommt, bildet dazu eine biographische Ausschnittvergrößerung. Und er hat nicht zufällig die Initialen des Autors TM bekommen. Die tiefere Bedeutung der Identifikation Thomas Manns als minderer/s Nickel soll hier nicht erörtert werden, erwähnt werden soll vielmehr, dass Mindernickels Esau nicht der einzige von Thomas Mann geschaffene und durch seine Hand auch zu Tode kommende Hund bleiben wird …

Perceval: Hund der Imma Spoelmann, der nach Katia Mann gestalteten Hauptfigur des Romans *Königliche Hoheit* von 1909, in dem Thomas Mann nicht zuletzt die eigene Werbung um die Zukünftige und das Gefühl seines symbolisch-repräsentativen Künstlerdaseins ins Märchenhafte stilisiert. Spätestens mit den Bemerkungen zur Aristokratie von Percy (in dem Stück *Herr und Hund*, 1919) wird klar, dass der gestörte Collie in der hier ausgewählten Szene als Erster erkannt hat, in die Familie der einsamen Königlichen Hoheit Klaus Heinrichs zu gehören! (Und dass er trotz seiner adligen Feinnervigkeit eine stolze und feste Seele hat, die ihn bei Schmerz die Zähne zusammenbeißen lässt, prädestiniert auch ihn für ein Thomas Mann'sches »strenges Glück«.) Die deutsch-amerikanische Millionärstochter Imma wird Klaus Heinrich heiraten wie einst im Februar 1905 die beste Partie Münchens Katia Pringsheim den Senatorensohn und angehenden Dichterfürsten Thomas Mann, der sich damit eine »Verfassung« gibt, wie er seinem Bruder schreibt (17. Januar 1906). Thomas Manns Colliehund Motz stand Modell für Percy.

Piepsam, Lobgott: Hauptfigur in der Erzählung *Der Weg zum Friedhof*, die 1900 im *Simplicissimus* erscheint. Thomas Mann hat sie unmittelbar nach Abschluss des *Buddenbrook*-Manuskriptes »noch im Zuge« und übermütig nach einer großen Anstrengung heruntergeschrieben, wie er später bemerkt; sie habe dann besonderen Anklang bei Ludwig Thoma gefunden. Der tragikomische Piepsam gehört zu den »echten« Sonderlingen wie der düstere Tobias Mindernickel (s. dort) und wie bei diesem erfährt man die Grunddisposition bzw. Biographie seines Elends, die gegen das »Leben«, das er anzeigen will, nicht ankommt. Das vielfach herausgestellte Motiv, dass Sonderlinge, Außenseiter und Randfiguren durch ihr gebrochenes Schicksal häufig von einem besonderen »Wissen« gekennzeichnet sind, das sie, ob proklamatorisch gegen provozierende Einzelpersonen oder im Selbstgespräch zum Hohngelächter der Kinder vor sich hinmurmelnd, gegen den Rest der Welt ins Feld führen, kehrt auch beim religiösen Eiferer Hieronymus (s. dort) wieder. Und auch der Schriftsteller ist ja ein »zum Wissen berufener«, wie *Tonio Kröger* sagen wird – ein Außenseiter, der ein »Verhältnis zum Leben« finden muss, wie es an anderer Stelle bei Thomas Mann heißt.

Probus, Sextus Anicius: Nebenfigur in dem späten Roman *Der Erwählte*. Er erscheint 1951 und bildet ein Nebenprodukt, das aus Thomas Manns umfangreichen Recherchen zum *Doktor Faustus* hervorgeht. Die Legende vom Papst Gregorius wird um 1200 bereits von Hartmann von Aue aufgegriffen und behandelt die ödipale Verfallsgeschichte einer Adelsfamilie durch mehrfachen Inzest, der am Ende durch extreme Buße die Gnade eines

Ausgangs zum Guten zuteil wird: Nachdem Gregor, das Kind von Geschwistern und Ehemann seiner Mutter, siebzehn Jahre auf einem Stein verbracht hat, wird er zum Papst. Die Geschichte, gewissermaßen ein Gegen-Faustus, wird von Thomas Mann an einen scheinhistorischen Ort und in ein »zeitlich ziemlich unbestimmtes übernational-abendländisches Mittelalter« verlegt. Einmal mehr war »mein eigenes Dichten ein Amplifizieren, Realisieren und Genaumachen des mythisch Entfernten, bei dem ich mir alle Mittel zunutze machte, die der Psychologie und Erzählkunst in sieben Jahrhunderten zugewachsen sind.« *(Bemerkungen zu dem Roman ›Der Erwählte‹)* Viel Travestie sei im Spiel gewesen, was auch dem für den Roman eher untypischen Auftritt des Römers Probus anhaftet (ein Mann, der dem Verfall ein Maß zu geben versteht). Thomas Manns erste erhaltene Skizze heißt *Vision* und Visionen wie die des Probus sind es immer wieder, die in seinen Werken die Geschichte vorantreiben. Der nordische Protestant wird im Übrigen 1953 mit Ergriffenheit eine private Audienz bei Papst Pius XII. wahrnehmen.

Schimmelpreester, Felix: Nebenfigur in dem 1954 erschienenen Roman *Bekenntnisse des Hochstaplers Felix Krull. Der Memoiren erster Teil*; der Geschichte des so begabten wie attraktiven jungen Mannes, der schließlich mit einem Grafen die Identität tauscht und in dessen Namen auf Reisen geht … »Einschaltungen« nannte es Thomas Mann, wenn ihm eine andere Arbeit dazwischen kam, für die das Hauptprojekt unterbrochen werden musste. Kaum ein Manuskript ist so oft und über einen solchen Zeitraum nach Beginn des Schreibens unterbrochen worden wie die Geschichte dieses »Diebes und Schwindlers« (so der ursprüngliche Titel des ersten Teiles); die Arbeit daran beginnt 1910 und endet in der vorliegenden, fragmentarischen Form 1954: »– ein sonderbarer Entwurf, auf den, wie viele erraten werden, die Lektüre der [Hochstapler-]Memoiren Manolescu's mich gebracht hatte. Es handelte sich natürlich um eine neue Wendung des Kunst- und Künstlermotivs, um die Psychologie der unwirklich-illusionären Existenzform. Was mich aber stilistisch bezauberte, war die noch nie geübte autobiographische

Direktheit, die mein grobes Muster mir nahelegte, und ein phantastischer geistiger Reiz ging aus von der parodischen Idee, ein Element geliebter Überlieferung, das Goethisch-Selbstbild-nerisch-Autobiographische, Aristokratisch-Bekennerische ins Kriminelle zu übertragen.« (*Lebensabriß*) Als Wasserzeichen den Krull'schen Memoiren eingeschrieben ist die »Lieblings-gottheit« Thomas Manns, der Götterbote Hermes, Patron des sicheren Geleits, der Wanderer und Schelme, der Händler und Diebe und vieler Mittlerdienste mehr, der Glücksbringer mit den Flügelschuhen, den Pate Schimmelpreester, auch so ein Pa-tron des Wandels, der die Begabung des Kostümkopfes Krull, des Meisters der Täuschung und freundlichen Verführung, zu fördern versteht, gerade zeichnet. Der *Krull* wird Thomas Manns letzte Prosa (s. a. Kilmarnock).

Spinell, Detlev: Eine der Hauptfiguren in der Erzählung *Tris-tan*, erschienen 1903 in dem Novellenband gleichen Titels und von Thomas Mann als »Burleske« bezeichnet. Sie ist dem Freund und Musiker Carl Ehrenberg gewidmet, mit dem zu-sammen man damals viel Wagner hörte: »Während sein Bruder« – Paul Ehrenberg – »mein Porträt malte, spielte er uns in seiner bewundernswert gebundenen und wohllautenden Art ›Tristan‹ vor«, erinnert sich Thomas Mann (im *Lebensabriß*, 1930). Das Entstehen der Novelle fällt in die Zeit der Selbstbefragung nach dem Erfolg der *Buddenbrooks*. Was ist der Dichter, fragt sich schon *Tonio Kröger* (ebenfalls 1903). Ein Verführer zum Tode vielleicht, denkt man an Detlev Spinells Wirkung auf Frau Klö-terjahn, deren angegriffene Gesundheit vollends auszehrt, nach-dem der Schriftsteller mit Wagners Oper die Kunst und die Sehnsucht in ihr wachruft. Doch Spinell scheint einfach nur ein parasitärer Narziss und Dilettant zu sein, für den alles aus-tauschbar bleibt, solange es nur ihn selbst illuminiert. Ist er ein Mann? Nein, nicht wirklich, denn, fragt man die Frau, wie To-nio Kröger es vorschlug, kann er, Herr Spinell, ihr nicht in die Augen sehen und das ist nicht männlich. Ist er überhaupt (mit)fühlend oder sieht er nur in den Spiegel und redet schön? Man möchte es in diesem Falle fast vermuten. Detlev Spinell im

Sanatorium Einfried, einer frühen Miniaturausgabe des Davoser Zauber-Berghofes, dessen Vorbild in Riva am Gardasee liegt, hält der Robustheit des schreienden »Lebens« mit dem groben Namen Klöterjahn nicht stand, aber er will es auch gar nicht, es ist unvereinbar mit der Kunst. Thomas Manns Vorbild hieß Arthur Holitscher. Der Schriftsteller war äußerst empört, sich wiedererkennbar porträtiert zu finden, und erinnerte sich an Mann'sche Nachstellungen mit dem Fernglas. Thomas Mann wiederum wollte mit Detlev Spinell einen Typus porträtiert haben, mit dem er sich auch vor sich selber warne: schönheitsfanatisch und menschlich verarmt.

von Tümmler, Anna: Eine der Hauptfiguren neben ihrer Mutter Rosalie von Tümmler, der Titelheldin in der späten Erzählung *Die Betrogene*, erschienen 1953. Die Geschichte kommt Thomas Mann durch seine Frau Katia zu Ohren: »Erinnerung K.'s an eine ältere Münchener Aristokratin, die sich leidenschaftlich in den jungen Hauslehrer ihres Sohnes verliebt. Wunderbarer Weise tritt, nach ihrem entzückten Glauben kraft der Liebe, noch einmal Menstruation ein. (...) faßt sie unter dem Eindruck der physiologischen Segnung, Verjüngung, Auferstehung, frohen und kühnen Mut. Alle Melancholie, Scham, Zagheit fällt davon ab. Sie wagt zu lieben und zu locken. Liebesfrühling, nachdem schon der Herbst eingefallen. Dann stellt sich heraus, daß die Blutung das Erzeugnis von *Gebärmutter-Krebs* war –« (6. 4. 1952 Tagebuch), Liebe als verwandelte Krankheit würde nun vielleicht Dr. Krokowski sagen (s. dort). Der makabre Stoff der Erzählung und die außerordentlich unverblümte Darstellung von Gefühlen einer Dame im Klimakterium stießen auf verhaltene Reaktionen, tatsächlich variiert der bald 80-jährige Thomas Mann hier erneut sein Thema der Heimsuchung durch eine späte, ja letzte Liebe, und schöpft auch dabei aus den Quellen eigener Erfahrungen. Mit der angeborenen Behinderung der Anna von Tümmler folgt Thomas Mann einem seiner frühesten Darstellungsprinzipien, die für das Geistige Disponierten zeichen- und schicksalhaft mit einem körperlichen Schaden auszustatten. Als asketische Künstlerin bildet die töchterliche Freundin den kontrastierenden Gegenpol zu ihrer naiven »naturinnigen« Mutter – doch tatsächlich bilden die Vertreterinnen von Geist und Leben hier auch einmal ein versöhntes Ganzes.

Weichbrodt, Sesemi: Nebenfigur in *Buddenbrooks. Verfall einer Familie*, erschienen 1901, geschrieben ab 1897 (s. a. Grünlich). Als Leiterin des Lübecker Mädchenpensionats wird sie die Lehrerin der fünfzehnjährigen Antonie (Tony) Buddenbrook. Die kleine bucklige Frau mit den drolligen Sprachgewohnheiten wird über alle Jahrzehnte des Niedergangs hinweg bis zum Ende der Geschichte ein guter Geist in freundschaftlicher Nähe zu den Buddenbrooks bleiben und mit ihrem wiederkehrenden Ausspruch »Sei glöcklich, gutes Kind!« unfreiwillig die Unglückslage karikieren, um im Sinne des Autors für die Grundstimmung »spaßiger Hoffnungslosigkeit« (an Paul Raché, 2. Dezember 1902) zu sorgen. Sesemi bekommt dann auch die Ehre der letzten – optimistischen – Worte des Romans (»Es ist so!«) und diese Entscheidung fällte der Autor bereits 1897 in Italien, in seinen ersten Notizen. Therese alias Sesemi Weichbrodts reales Vorbild heißt Therese Bousset, sie leitete zusammen mit ihrer Mutter das Lübecker Mädchenpensionat, in dem Thomas Manns Mutter Julia da Silva Bruhns nach ihrer Übersiedlung aus Brasilien als Halbwaise untergebracht worden war.